KB186673

새 문명 새 철학

새 문명 새 철학

새 문명으로 인도하는 생각과 행동의 새로운 틀

이명현 지음

철학과 현실사

차례

I __ 신문명과 신문법

Ⅱ __ 새 문명 속의 신한국인

Ⅲ __ 현명한 사람만이 때를 안다

Ⅳ __ 철학이 살아야 세상이 산다

Ⅴ __ 20세기 철학이여 안녕

머리말

　인류문명의 태초부터 진리 탐구는 학문의 궁극적 목표로 여겨졌다. 무엇보다도 철학은 바로 그런 학문적 활동의 중심에 자리 잡고 있었다. 그리고 그 탐구의 대상인 진리는 영원불변하고 절대적인 것으로 전제되었다. 너무나 오랫동안 동양과 서양을 막론하고 그렇게 믿어왔다.

　그러나 인류문명의 기나긴 발자취가 남겨놓은 흔적은 그런 영원불변하고 절대적인 것과는 다른 모습이었다. 인류문명 위에 드리운 인간의 지적 탐색은 그야말로 다양한 인간의 발자취였다. 그리하여 위대한 철학자들이 남겨놓은 언어에 의해 표현된 내용들은 그 시대를 숨 쉬며 용솟음치는 생명의 다양한 활약상을 보여주고 있다.

　한마디로 말하면 다양한 시대를 살았던 다양한 철인들이 뱉어놓은 사상들은 다양한 시대정신의 표현이자, 그 시대의 개념적 내비게이션(conceptual navigation)이었다. 그 시대의 삶의 숨결이자 생명 활동의 정신적 지도(mental map)였다. 새로운 시대의 술은 새로운 자루가 필요했다.

　이것이 내가 사상가로서 평생을 살면서 느낀 소회다. 여기에 모아놓은 글들은 그런 바탕 위에서 여기저기에 투고했던 단상들이다. 지금 인류는 그 어느 때보다도 급격한 격변의 소용돌이 속에서 헤매고 있다. 한마디로 문명의 대전환 한가운데 서 있다. 새로운 문명은 새로운 사상, 새로운 사고와 행동의 틀을 요청한다.

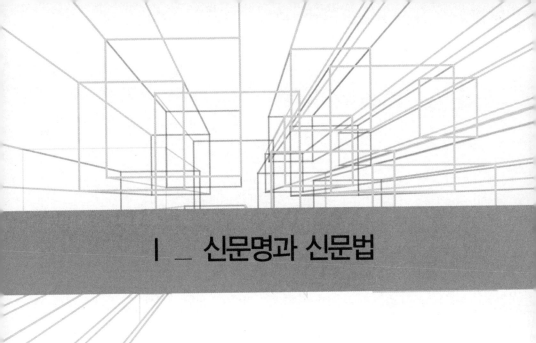

Ⅰ _ 신문명과 신문법

신문명(新文明)과 신문법(新文法)

1. 문명의 대전환

오늘이 어떤 때인가를 아는 것은 지혜에 이르는 첫 관문이요, 그때에 알맞은 처방을 마련하는 것은 지혜의 알맹이다. 그리고 그 처방을 현실화하는 작업을 하는 것은 용기 있는 인간들이 이룩해 내는 가장 덕스러운 일이다.

때를 바로 인식하는 것이 중요하다는 것을 사람들은 잘 알고 있다. 그리고 봄에는 봄에 알맞은 일을 해야 하며 여름과 가을 그리고 겨울에는 그때에 알맞은 일을 해야 한다고 쉽사리 말한다. 그러나 핵심은 바로 오늘이 어떤 때인가를 아는 것이다.

주식시장의 사람들은 말한다. 주가가 꼭대기에 있을 때는 팔고, 바닥에 있을 때는 사야 한다고. 그러나 문제는 오늘의 주가가 꼭대기에 있는지 바닥에 있는지를 아는 것이다. 그런데 이것은 너무나 어려운 일이다. 만일 오늘의 때가 어떤 때인지를 정확히 아는 사람이 주식시장에 나간다면, 그는 정녕코 주식시장의 황태자가 될 것이 분명하다.

한 가지 분명한 사실이 있다. 무른 생명을 가진 것들치고 때를 모르는 존재는 거의 없다. 산다는 것은 하늘의 때(天時)에 알맞은 몸짓을 함으로써만 가능하다. 봄이 되면 산과 들에 새싹이 움튼다. 또한 온갖 모양으로 몸을 도사리고 있는 동물들도 때에 맞추어 새로운 몸짓을 하며 고개를 쳐들고 나타난다. 그리고 한여름 밤에 온갖 기승을 부리던 모기들도 늦가을 찬바람이 불면 하룻밤 사이에 숨을 죽이고 만다. 무른 생명 있는 것(有生者)들은 때를 거역하고서는 존재할 수가 없다. 그러므로 산다는 것은 때를 알며 — 어떤 방식으로든 — 그때에 맞는 일을 하는 것이다.

한겨울에 들판의 장미가 꽃을 피우려고 한들 무슨 도움이 있겠는가. 인간도 다른 살아 있는 것들과 마찬가지로 하늘의 때(天時)를 어기고서는 존재할 수가 없다. 살아 있는 인간치고 하늘의 때를 모르는 자가 없다고 말해야 하지 않을까.

그런데 인간은 단순한 자연의 존재가 아니다. 인간은 자연을 완전히 초월할 수는 없으나, 자연 안에 그저 갇혀 있는 존재가 아니다. 인간은 자연을 밑천으로 삼고 새로운 존재세계를 창조해 가는 역사적 존재이다. 자연에 토대해 있으나, 자연과는 다른, 인간이 창조해 낸 새로운 존재세계가 바로 우리가 문화 혹은 문명이라는 말로 표현해 온 세계이다.

자연이 인간의 만듦의 행위와 관계없이 그저 존재하는 것과는 달리, 문화와 문명은 인간의 만듦의 행위의 산물로 나타난 존재세계이다. 문화와 문명은 인간이 자연을 바탕으로 삼고 만들어낸 새로운 존재세계이다. 나는 여기서 일단 문화와 문명을 구별하지 않고 '문명'이라는 말로 통칭하고자 한다. 인간이 역사를 만들어간다는 것은 바로 인간이 문명이라는, 자연과는 다른 새로운 세계를 만들어간다는 것을 의미한다. 이런 의미에서 인간의 역사는 단순한 자연사의 일부가 될 수가 없다. 인간은 자연세계 안에서 자연을 밑천으로 삼아 새로운 문명의 세계를 만들어가는 역사적 존재이다. 따라서 인간에게 요청되는 것은 단순한 하늘의 때(天時)에 대한 인식 이상의 것이다. 역사의 때에 대한 인식이 바로 그것이다.

지금 우리가 관심을 가지고 있는 것은 바로 역사의 지평에서 오늘이 어떤 때인가 하는 물음이다. 이미 말했듯이 역사의 때를 정확히 안다는 것처럼 어려운 일은 없다. 그렇다고 해서 그냥 팔짱만 끼고 있을 수도 없으며 또 그래서도 안 된다. 이것은 역사적 존재의 곤경인 동시에 역사적 존재의 책무이기도 하다.

'역사의 종언' 혹은 '말세(末世)'를 말하는 사람의 수가 어느 때보다 요즈음 많다. 물론 그 말은 엇비슷하나 그 속에 담은 뜻은 여러 가지이다. 말하는 사람도 점잖은 학자로부터 사이비 교주, 무당 등 여러 가지이다. 여러 가지 차이에도 불구하고 한 가지 공통적인 것은 무언가 '끝나 간다'는 것이다. 끝이 곧 임박했다는 것이다. 지금까지 있던 것들의 마지막 날이 가까웠다는 것이다.

혹자는 그 후에 새날이 온다고 하고, 혹자는 그것이 영원한 끝이라고 말하기도 한다. 여기서 우리는 저 공통의 목소리에 담긴 뜻을 되씹어볼 필요가 있다. 역사의 영원한 종말이 사실이라면, 우리가 거기에 대해 진지하게 논의할 필요가 없다고 나는 생각한다. 그것이야말로 우리가 어쩔 수 없는 것이요, 또 그렇게 어쩔 수 없는 것인 한, 우리가 할 수 있는 일은 아무것도 없기 때문이다. 그저 받아들이는 일밖에 아무것도 가능하지 않기 때문이다. 우리에게 남겨진 것이 있다면 각자 자신으로 돌아가 기쁜 마음으로 그 마지막을 받아들일 수 있는 마음자리를 정돈하는 일이다.

어떤 의미에 있어서 모든 인간은 근원적으로 마지막 날을 준비해야 하는 존재이다. 죽지 않는 불사자(不死者)는 아무도 없기 때문이다. 따라서 인류문명의 끝 날이 오지는 않더라도, 나와 너 그리고 어느 누구에게 나 종말의 날은 찾아오기 마련이다.

그러므로 역사에 관해 종말을 이야기할 때, 의미 있는 논의의 대상은 어떤 유형의 역사의 종말이요, 역사 자체, 문명 자체의 영원한 종말은 아니다. 우리의 흥미를 돋우는 것은 한 문명이 끝막음하고 그 뒤를 이어 나타나는 새로운 문명이 어떤 것인가, 그리고 그 문명에 대하여 어떤 준비를 해야 할 것인가 하는 문제이다.

지금까지 진행된 것과 같은 문명이 끝막음하고 새로운 문명이 시작되는 그때가 바로 오늘이라면, 오늘은 분명히 **문명의 대전환**이 일어나고 있는 때라고 하지 않을 수 없다.

사람들은 다음과 같은 몇 가지 지적을 하며 역사의 전환, 문명의 변혁을 이야기하고 있다.

농경문명은 사람과 동물의 '근육의 힘'이라는 에너지를 이용해서 움직이는 문명사회였고, 산업문명은 석탄과 석유라는 에너지에 의존하여 가동되는 문명이었으며, 지금 다가오는 문명은 그와는 다른 새로운 여러 가지 에너지를 이용하는 문명이 될 것이라고.

그리고 지금까지 산업문명에 있어서는 자본과 노동이 생산의 핵심이었으나 앞으로 다가오는 문명은 지식과 정보가 문명의 핵심적 추동력인 문명이라고.

또 여태까지의 문명은 인간의 욕망을 충족시켜 줄 대상을 얻기 위해 자연을 일방적으로 정복하고 지배하려는 자연파괴의 문명이었다면, 앞으로 다가오는 문명은 환경보호를 지상의 가치로 삼는 생태학적 문명이 되어야 한다고.

또한 지난 반세기 동안 세계는 이데올로기 대립의 역사였으나, 이제 공산주의 종주국의 붕괴로 이데올로기 투쟁의 역사는 끝나고 자본주의 시장경제만이 지배하는 문명이 도래하고 있다고.

서구 중심의 문명이 태평양 중심의 문명으로, 역사의 중심 이동이 일어나고 있다고.

이러한 지적들이 확실히 보여주는 것은 분명히 오늘은 결코 범상(凡常)한 때는 아니라는 사실이다. 굉장한 변화, 어쩌면 엄청난 변화가 지금 지구라는 땅덩어리 위에서 일어나고 있다는 것을 어느 누구도 부정할 수가 없다.

지금 우리가 앞으로 추적해 보려는 것은 이러한 여러 가지 언어로 표현되는 새로운 변화의 모습을 보다 선명하게 구조적으로 파악할 수 있게 해주는 새로운 틀이 무엇인가 하는 것이다. 그러한 역사의 새로운 변화의 큰 줄거리를 나는 '신문명(新文明)'으로 파악함과 동시에 그러한 신문명의 밑바닥에 놓인 '새로운 틀'을 나는 '신문법(新文法)'이라고 부르고자 한다.

2. 신문명의 도래: 정보지식사회

지금까지의 문명을 농경사회, 산업사회라고 대별한다면, 앞으로의 문명은 정보지식사회라고 말할 수 있을 것이다.

정보지식사회는 본질적으로 정보와 지식이 사회의 핵심적 추동력을 형성하는 사회라고 말할 수 있다. 정확히 말하면 인류 역사의 전개과정은 인간이 지식과 정보를 개발함으로써 자연의 속박으로부터 벗어날 수 있는 새로운 가능성의 영역을 확대해 온 과정이라고 볼 수 있다. 이런 시각에서 볼 때 우리가 농경사회라고 부르는 사회에 있어서도 지식과 정보의 힘은 큰 역할을 담당하고 있었다고 볼 수 있다. 농경사회도 인간이 그저 자연 안에 갇혀 있는 존재가 아니었기 때문이다. 인간의 기지(機智)를 사용하여 인간의 생존에 필요한 식물과 동물을 자기의 통제 아래 두어 관리할 뿐 아니라, 인간의 안전한 생존에 필요한 주거를 비롯한 각종의 문화적 도구를 창안해서 사용하였다. 그뿐만 아니라 어쩌면 현대인을 능가하는 학문과 예술 그리고 종교 등의 문화적 세계를 창안하여 품위 있는 삶을 향유했던 시대였다.

산업사회는 말할 것도 없이 인간의 지식과 정보를 이용하여 농업 생산이라는 자연적 생산과는 다른 공장 생산이라는 인위적 생산체계를 개발했던 시대였다. 따라서 신문명만이 정보와 지식이 활용되는 세상은 아니다. 신문명을 정보지식사회라고 부르는 데 그 어떤 타당성이 있다면 정보와 지식의 역할의 정도가 매우 높다는 의미에서 강조하는 데 그 뜻이 있을 것이다.

나는 정보지식사회의 전개를 지구촌화, 중층화(重層化), 다핵화(多核化), 다원화(多元化), 녹색화(綠色化), 질(質) 중심 등의 시각에서 특성화하고자 한다.

(1) 지구촌화

교통과 정보통신기술의 첨단화가 가져온 가장 두드러진 현상 가운데 하나는 공간의 축소화 현상이다. 옛사람들에게 지구는 엄청나게 큰 공간이었을 뿐 아니라, 지구 한 끝에서 다른 한 끝까지의 거리는 참으로 엄청난 여로(旅路)였다. 그러나 오늘 그 엄청난 거리는 몇 시간의 여행길로 변모하였으며, 지구 한쪽 끝에 있는 사람과 다른 쪽 끝에 있는 사람이 서로 얼굴을 마주보며 대화할 수 있는 지근(至近)의 공간으로 변해 버렸다. 그야말로 공간이 축소되어 버린 것이다.

그래서 그 엄청난 공간은 이제 하나의 촌락, '지구촌(global town)'이 되어버렸다. 지금까지의 인류 역사는 공간의 포로의 역사라 해도 과언이 아니다. 공간의 어떤 좌표에 놓여 있느냐가 인간의 삶에 결정적인 영향을 미쳤다. 그리고 공간과 공간을 차단하는 무서운 힘을 발휘한 것은 지세(地勢)였다. 그래서 얼마나 큰 산과 큰 물이 가로놓여 있느냐에 따라 역사의 대세와 문명의 내용이 결정되었다. 문명은 본질적으로 인간에 의해 창안

된 새로운 존재세계이다. 여기서 가장 핵심적 역할을 하는 것이 바로 인간의 두뇌로부터 나오는 지식과 정보의 힘이다. 그런데 과거에는 이러한 지식과 정보의 유통은 한 사람의 입에서 다른 사람의 귀로 직접적인 신체적 소통에 의해서 이루어지거나, 손에서 손으로 전달되는 문서에 의한 길밖에 없었다. 모두가 인간의 신체적 운동을 매개로 한 정보의 전달이었다. 이때 큰 산은 정보를 차단하거나 지연시키는 근본적인 장벽으로 등장하기 마련이다. 그러나 오늘의 첨단 정보기술의 등장은 그 모든 물리적 장벽을 무효화시키고 있다. 그리하여 하나의 열린 정보세계가 나타나고 있다.

(2) 중층화(重層化)

이러한 정보 전달체계의 혁신은 지금까지 인간과 인간을 묶는 인간의 사회적 조직체계에 근본적인 변화를 초래하고 있다. 국경이라는 장벽을 중심으로 형성되어 온 '국가'라는 권력조직에 근본적인 변화가 나타나고 있다. 국경의 문턱이 낮아지고 있다. WTO의 출범은 경제에 관한 한 이제 국경은 무력화되고 있다는 것을 보여주고 있다.

경제에 무력해진 국경을 배경으로 운영되는 국가라는 정치조직은 이제 과거와 같은 그렇게 각질화된 조직이 아니다. 연성(軟性) 조직으로 변모되어 가고 있다. 그런가 하면 국가 하위의 지방조직이 지방화(地方化)의 깃발 아래 국가의 하위 단위가 새로운 사회의 층(層)으로 형성되고 있다. 또한 '연성국가'의 연합체인 NAFTA, EU, APEC 등과 같은 중간층이 형성되고 있다.

이렇게 보면, 세계는 지구촌화를 통해 하나의 열린 정보체계로 통합되어 가고 있으며, 그 하위에 광역 국가지역조직층(EU, NAFTA 등), 그 다음에 연성국가층, 그리고 지방조직층과 종횡의 각종 시민조직층이 형성되고 있다. 지금까지 개인이라는 사회적 원자와 그 사회적 원자로 구성된 아주 딱딱한 국경이라는 껍데기로 싸인 국가라는 경성(硬性) 조직층으로 구성되었던 사회는 오늘 중층의 사회조직으로 변모되어 가고 있다.

(3) 다핵화(多核化)

오늘날 사람들은 대서양 연안의 서구 중심적 문명이 태평양 연안의 아시아 중심 문명으로, 문명의 핵심이 이동하고 있다고 말한다. 그러나 정확히 말하면 신문명에서는 문명의 핵이 하나가 아니라 다수가 될 것이다. 다핵화가 신문명의 미래상이다. 그리고 그 다핵(多核)들은 그때그때의 역할에 따라 가장 중심적인 구심점 역할을 교대로 떠맡게 될 것이다. 태평양 연안은 그러한 다핵 가운데 하나가 될 것이다. 그리고 역사의 전개와 더불어 떠맡은 역할에 따라 구심점에 서게 될 수도 있을 것이다. 문명에 하나의 중핵(中核)밖에 존재하지 않던 때는 이미 지났다.

(4) 다원화(多元化)

'외길의 시대'는 지났다. 절대적이고 유일무이(唯一無二)한 외길밖에 모르는 사람은 신문명의 시민 자격이 없다. 외길밖에 모르는 사람은 절대의 신봉자가 되거나 아니면 허무의 늪 속에서 허우적거리기 쉽다. 신문명의 성숙한 시민에게는 절대도 허무도 모두 미성숙의 징표로 인식될 뿐이다. 길이 하나가 아니라면 아무것도 아니라는 것은 인간의 인식 지평의 한계를 모르는 자의 극단적 발언일 뿐이다. 절대는 신의 자리는 될 수 있어도 인간의 자리는 아니기 때문이다. 인간의 자리를 올바로 인식하는 자는 사실의 세계와 당위의 세계에 관하여 자기의 자리에서 본 모습과 이웃의 자리에서 본 모습이 다를 수 있음을 인정할 뿐 아니라, 동등한 타당성을 부여하는 데 주저하지 않는다. 다원화는 바로 이런 의식의 표현이다. 나의 생각의 타당성의 한계를 인식하면서도 나의 생각을 당당하게 펴는 사람은 바로 다원적 사고의 지평에 서 있는 사람이다. 다원적 사고야말로 인간적인, 너무나 인간적인 열린 마음의 의식 양태이다. 이 다원적 세계 안에서 비로소 사람들은 자기의 목소리를 내는 자유인으로 살 수 있다.

(5) 녹색화(綠色化)

과학기술을 동원한 자연의 정복을 통하여 인간 욕망의 충족을 극대화할 수 있다는 믿음과 희망은 생태학적 위기 앞에서 좌절되었다. 이것이 바로 '과학기술 지상주의의 역설(paradox of techno-utopia)'이다. 이 역설은 본질적으로 '쾌락주의의 역설(paradox of hedonism)'과 궤를 같이한다. 쾌락의 극대화를 의도하여 노력하나 결국 얻는 것은 그 반대의 것이다.

독식(獨食)과 독존(獨存)은 이 세계의 근본 구조와 맞지 않는다. 자연은 인간의 일방적 정복의 대상이 아니다. 인간과 자연은 서로 살리고 살려주는 한통속의 살림, 공동 생명권 속에 놓여 있다.

자연이 질식하는 곳에서 인간만 생명의 호흡을 할 수는 없다. "자연이 호흡한다. 그러므로 내가 웃는다." 이 언명은 인간과 자연이 더불어 있음의 생명 공동체의 일원임을 천명하는 것이다. 이 언명은 바로 신문명의 시민의 자아 존재 확인 언명이다. 녹색화는 바로 이런 자연관의 표현이다.

(6) 질(質) 중심

규격화된 대량생산은 산업문명의 징표였다. 말하자면 크고 많은 것이 좋다는 의식이 중심을 이룬 시대였다. 이것은 인간의 생존을 위한 기초적 물질이 궁핍한 시대에 있어서는 너무나 당연한 인간의 의식일는지 모른다. 그러나 인간의 생존을 위한 기본적인 물질적 조건이 대부분의 인간에게 충족되고 나면, 물질의 양보다는 질에 더 큰 관심이 쏠리게 되는 것은 자연스러운 일이다. 그뿐만 아니라 물질숭배에 가까운 과도한 물질에 대한 관심도 차츰 완화됨과 동시에 물질 이외의 가치가 차지하는 비중이 높아가는 추세로 바뀌어갈 수 있다. 따라서 신문명은 지금까지의 문명과는 달리 **문화적인** 가치가 삶의 중심의 자리를 차지하게 될 수 있다. 더 나아가 녹색화 현상이 강화되면 될수록 '신금욕주의(新禁慾主義)'가 시대의 정신으로 나타날 수도 있다. 물질의 양이 중시되던 시대에 있어서는 인간의 욕망을 충족시켜 줄 대상의 확대 생산을 통해 행복을 추구하는 물질만능적 사고가 지배적이다. 그러나 녹색화 의식이 지배하는 시대에는 자연에 대한 방만한 약탈을 통한 욕망 충족에 일정한 제동이 걸리게 된다. 이러한 상황 아래서 품위 있는 삶의 방식으로 등장할 수 있는 것은 인간의 욕망의 충족을 자연의 생태학적 질서 안에 제한하려는 절제의 삶을 보다 가치 있고 품위 있는 삶으로 여기는 삶의 태도이다. 이것이 바로 우리가 여기서 신금욕주의라고 부르는 삶의 태도이다.

3. 신문법: MOW 모형과 맞물림

1) 신문법(新文法)

신문법은 신문명을 인식하고 해석하는 틀이요 구조이다. 그러나 신문법은 단순한 자의적인 가공(架空)의 건축물은 아니다. 그것은 신문명이라는 존재세계를 들여다보는 '안경(spectacles)'인 동시에 신세계의 풍경의 골격이기도 하다. 나는 'MOW 모형과 맞물림'을 그런 신문법의 하나로 제안하고자 한다.

MOW는 '창문이 열려 있는 단자(Monad with Open Window)'를 뜻하는 약자이다. 라이프니츠는 일찍이 '창문이 없는 단자'를 제안한 바 있다. 나는 여기서 창문이 있을 뿐 아니라 창문이 열려 있는 단자를 제안한다. 그리고 그런 단자들이 서로 맞물려 있는 모형을 신문명을 인식하고 해석하는 기본 틀로서 제시하고자 한다.

2) MOW의 기본 특징

(1) MOW는 소우주(Microcosmos)이다. 이런 의미에서 MOW는 전체의 구조를 잠재적으로 지니고 있다. 그러나 현실적으로는 어떤 존재의 한 부분으로 존재하며, 전체의 구조가 부분적으로 실현되어 있을 뿐이다. 여기서 실현된다(realized)고 함은 잠재적(potentiality)으로 지니고 있는 전체 구조의 어떤 부분만 활성화되었다(activated)는 것을 의미한다.

MOW는 어떤 사물의 부분이면서 동시에 어떤 사물의 전체 구조를 내포하고 있다. 하나의 장미 잎의 세포는 그 세포가 구성하는 장미의 전체의 구조를 잠재적으로 지니고 있다. 그러나 장미 잎에는 장미의 전체 모습이 실현되어 있지 않다. 장미의 잎에는 장미의 잎 부분의 모습만이 활성화되어 있을 뿐, 장미의 나머지 부분들(구조들)은 실현되어 있지 않다.

하나의 세포를 가지고 복제(cloning)가 가능한 것은 하나의 세포가 전체의 구조를 잠재적으로 가지고 있기 때문이다. 하나의 장미의 세포는 장미의 부분인 동시에 구조적으로 전체를 내포하고 있다.

(2) 하나의 MOW는 다른 MOW와 열린 창문을 통해 상호작용한다. 이때 MOW는 활성화의 원리를 통해 자기실현을 극대화하며, 균형의 원리에 의해 MOW들 사이의 형평을 유지한다. 이렇게 MOW들은 서로 맞물려 있다.

(3) MOW1과 MOW2가 맞물려 있다는 것은 서로 음양관계에 있다는 것을 의미하며, 다음과 같은 네 가지 관계를 함축한다(차별, 상호공존, 상반, 상보).

(ㄱ) MOW1은 MOW2와 다르다. (차별)
(ㄴ) MOW1 없이 MOW2는 없으며, MOW2 없이 MOW1도 없다. (상

호공존)

(ㄷ) MOW1이 갑 방식으로 작용하면, MOW2는 비(非)갑 방식으로 작용한다. (상반)

(ㄹ) MOW1과 MOW2는 서로 보완적이다. (상보)

(4) MOW는 **중층적 구조를 지닌 여러 가지 존재를 구성하는 기본단위**이다.

3) 맞물림의 관계에 있는 것들

다음의 몇 가지들은 서로 맞물림의 관계에 있다.

(1) 부분과 전체, (2) 자유와 평등, (3) 인간과 자연, (4) 인식주체와 인식대상

(1) 부분과 전체

지금까지 서양사상의 전통에 있어서 부분으로서의 개체론(individualism) 혹은 원자론(atomism)은 전체론(holism)과 대립적이거나 배타적인 관계에 놓인 것으로 이해되어 왔다. 그리하여 자본주의는 개체론의 전통과의 연결 속에서 이해되며, 사회주의와 공산주의는 전체론의 틀 속에서 이해되어 왔다.

그러나 앞에서 살펴본 MOW는 그 자체가 부분이면서 전체의 구조를 내포한 것으로 이해될 수 있음을 보았다. 부분과 전체는 서로 배타적인 것이라기보다는 하나의 사물을 어떤 관점에서 보느냐 하는 문제와 관련된 상호보완적이며 공존적인 성격의 개념으로 이해될 수 있다.

(2) 자유와 평등

자유와 평등은 각기 자유주의(liberalism)와 공동체주의(commu-nitarianism)의 깃발 아래 논의되어 왔다. 또한 역사적으로 자유주의는 개체론에 뿌리를 두고 있었으며 공동체주의는 전체론에 뿌리를 두고 있었다. 그런데 개체론과 전체론은 이미 지적했듯이 대립적이거나 배타적인 것이 아니다. 양자 양립 가능(compatible)하며, 상호보완적(complementary)인 관계, 즉 맞물림의 관계에 있다. 따라서 자유와 평등은 이러한 새로운 시각에서 재구성될 수 있을 것 같다.

서양사상에 있어서 필연의 반대 개념으로 이해된 자유는 하나의 형이상학적 가정에 불과하며, 실제의 현실적 문맥에서는 불필요한 개념이다. 실제의 도덕적, 정치적 문맥에서 요구되는 자유는 강제에 반대되는 개념으로서의 자유인 것이다. 그뿐만 아니라 무차별적 균등 배분으로 이해되는 평등은 현실적으로 어떤 상황에서나 정당화될 수 있는 개념이 아닐 뿐 아니라, 그것은 공정성을 소중히 여기는 일상인의 의식과 일치하지 않기 때문에 일상인의 정의 개념과도 거리가 있다.

지금까지 자유는 자본주의 시장경제의 문맥 속에서, 평등은 사회주의 계획경제와의 연관 속에서 논의되어 왔다. 이러한 개념의 짝지음은 미래사회에 대한 전망에서도 흔히 나타나는 현상이기도 하다. 그리하여 신문명의 성격에 대한 전망에서 우리는 자유와 평등 가운데 어느 한 가닥을 선택해야 하는 좁은 길에 들어서게 된다. 그러나 우리가 제시하는 바와 같이 자유와 평등을 맞물림의 관계 속에서 파악하게 될 때 우리는 저 좁은 길의 선택으로부터 벗어날 수 있을 것이다.

(3) 인간과 자연

지난 서구 산업문명에 있어서 자연은 과학기술을 동원한 인간의 지배와 정복의 대상이었다. 그 결과 인간이 직면하게 된 것은 '과학기술 지상주의의 역설'이라는 생태학적 곤경이었다. 이 생태학적 곤경은 인간의 존재 자체, 인류문명의 존속 자체를 위협하는 근본적인 위기이다. 따라서 이 근본적인 위기를 극복할 수 있는 대안이 마련되지 않으면 안 된다. 그 대안들 가운데 가장 근본적인 대안으로 등장하는 것이 바로 **인간의 자연에 대한 기본적 태도의 전환**이다. 자연에 대한 인간의 관계를 어떻게 설정하느냐가 가장 기본적인 문제이다.

인간과 자연의 관계를 종래의 배타적이며 적대적인 관계로부터 상호공존적이며 상호보완적인 맞물림의 관계로 우리의 인식과 태도를 전환하는 것이 무엇보다도 중요하다. 인간과 자연은 서로 다른 것이긴 하지만, 온전한 자연(integrity of nature)이 없이 인간의 생존은 불가능하다.

인간과 자연은 더불어 있음의 존재론적 관계에 놓여 있다. 인간은 홀로 있는 존재가 아니다. 인간을 홀로 있음의 관점에서 파악한 근세 이후의 인식론과 실존철학적 전제는 이런 의미에서 근원적으로 방향 설정이 잘못된 철학이라 하지 않을 수 없다.

(4) 인식주체와 인식대상

서양철학사를 통해서 볼 때 가장 오래된 논쟁의 하나가 인식주체와 인식대상의 역할에 관한 논쟁이다. 말하자면 인식주체인 인간정신의 역할과 기능을 인식대상의 물리적 세계나 실재세계와 비교하여 어떻게 보느냐가 바로 핵심 쟁점이다. 인간정신의 역할과 기능을 극단적으로 강화하려는 하나의 극단이 있는가 하면, 인식대상으로서의 물리적 세계의 역할을 전면에 부상시키려는 생각이 그 반대쪽에 있다. 전자는 관념론 혹은 반실재론, 후자는 유물론 혹은 실재론이라고 명명되어 왔다. 이 논쟁은 철학의 역사만큼이나 오래된 논쟁으로 최근까지도 계속되고 있음은 우리가 다 아는 바이다. 최근에 이르러 전자는 상대론과 제휴하며, 후자는 반상대주의(혹은 절대론)와 제휴하면서 논의가 진행되고 있다. 오늘날 관념론이 상대론과 손잡게 되는 것은 인식주체가 경험적 차원에서 논의됨으로써 인류학적인 상대론의 시각으로 방향 선회를 했기 때문이다. 전통적인 철학에서 인식주체는 보편적이며 다수가 아닌 '하나의 공통 영역'으로 이해되었다.

그리고 오늘날 인식대상의 문제는 실재론의 깃발 아래 지식의 객관성, 진리의 객관성, 더 나아가 진리의 절대적 타당성의 맥락 속에서 새롭게 부각되고 있다.

지식과 진리의 뿌리가 인식주관인 인간에 놓여 있다고 보는 관념론 쪽에서는 진리가 상대적인 것으로 파악된다. 그리고 지식의 타당성의 근거가 인식대상이라는 객관적 표준에 의해 결판이 난다고 보는 실재론 쪽에서는 진리는 객관적인 것이라는 주장을 펴게 된다.

최근의 포스트모더니즘이나 해체론은 진리에 대해 객관적 표준이나 절대적 기준을 말하는 것은 불가능하다고 본다. 그 다음에 진리에 관해 남은 선택은 사실상 아무것도 없다. 허무(nihil) 바로 그것이다. 포스트모더니스트들이 니체의 후계자로 자신들의 사상적 계보를 고백한다고 해서 전혀 놀라운 일이 아니다. 왜냐하면 니체야말로 실재론적 시각을 거부한 대표적 사상가이며, 그것을 그는 절대적 진리의 포기 선언과 동일한 것으로 이해했다. 그러고 나서 그가 선언한 것이 바로 "신은 죽었다(Gott ist tot)"는 말이었다. 신은 그에게 바로 모든 절대적인 것의 상징이며 총화였다.

니체에게 있어서 실재는 인간의 피안에 놓여 있다. 우리에게 주어진 모든 것은 관념, 표상(Vorstellung)뿐이다. (이런 생각은 그가 쇼펜하우어로부터 전수받은 것이었다. 그리고 쇼펜하우어는 그것을 칸트로부터 물려받은 것이라고 생각했다.)

실재에의 접근 가능성을 부인하는 오늘의 철학자들은 상대주의자가 되거나 허무주의자가 된다. 진리의 표준, 준거점이 되는 실재가 인간의 피안에 놓여 있다고 믿기 때문에 진리도 우리의 피안에 놓여 있는 것이 되고 만다. 그리고 남는 것은 이래도 저래도 괜찮다는 것뿐이다. 아무래도 좋다. 결국 허무의 무거운 그림자만 드리울 뿐이다.

우리가 여기서 지적하고자 하는 것은 인식주체와 인식객체는 맞물림의 관계에 있다는 것이다. 인식에 관한 한 그것은 불가분리(不可分離)의 공존관계에 있으며 보완관계에 놓여 있다. 이 둘은 서로 다른 것이지만 서로 배타적이거나 모순관계에 있는 것이 아니다. 따라서 어느 한쪽만을 붙들고 극단화하는 것은 근원적으로 방향 설정이 잘못되었다. 이러한 우리의 입장이 함축하는 것은 실재만을 붙들고 절대로 나아가려 하거나 인식주관만을 붙들고 관념론 혹은 상대론으로 나아가는 것은 옳지 않다는 것이다. 여기서 우리가 분명히 말할 수 있는 것은 '절대도 허무도 아니다'라는 것이다. 절대가 아니기에 허무라고 외치는 해체론(deconstructionism)과 포스트모더니즘(postmodernism)에게 때가 지났음(post)을 알려주는 일을 우리가 해야 한다. 말하자면 일종의 '포스트-포스트모더니즘(post-postmodernism)'의 제창이라고나 할까.

4. 신문법이 지니는 신문명에 대한 함축

MOW는 정보화 조직의 원형이다. 전통적인 중앙집중식 조직과는 달리 정보화 조직 속의 개인은 전체에 관한 정보를 가지고 있을 뿐 아니라, 그 놓인 위치에 따라 여러 가지 역할을 바꾸어가며 수행할 수 있다. 정보화 조직에 있어서는 졸병과 대장이 따로 정해져 있지 않다. 그물조직에 있어서 개인의 성격과 역할은 다른 것과의 배열에 의해서 결정된다.

예를 들어 6명이 한 팀이 되어 위치를 바꾸어가며 게임을 하는 배구팀은 우리가 여기서 '정보화 조직(information organization)'이라고 부르는 조직의 한 유형이라 볼 수 있다. 이것은 전통적인 중앙집중식 조직과 크게 대조를 이룬다. 중앙집중식 조직에 있어서는 정점에 위치한 한 사람만이 전체 정보에 접근 가능하며, 구성원의 역할과 기능이 고정되어 있다. 그러나 정보화 조직에 있어서는 부분인 모든 구성원이 전체 정보에 접근 가능하며, 그때그때의 배치에 따라 여러 가지 역할과 기능을 수행할 수 있다. '부분'과 '전체'라는 개념이 과거와 같이 상호배타적인 개념이 아님을 우리가 여기서 엿볼 수 있다.

앞으로 다가오는 신문명의 특성으로 중층화와 다핵화가 지적되었다. 우리는 앞에서 MOW는 중층화 조직의 기본단위라고 말했다. 중층화는 MOW가 다단계로 연결되어 나타나는 사회현상이다. 그러므로 미래 문명에서 중층화 현상이 나타나는 것은 신문법인 MOW가 미래 문명의 핵심 고리가 된다는 것을 뜻한다.

그리고 신문명의 특성의 하나인 다핵화 현상은 MOW 모형의 기본 특성과 깊은 연관을 가지고 있다. 다핵화가 말하는 골자의 하나는 핵심은 하나가 아니며 고정되어 있지 않다는 것이다. 그리고 그때그때의 상황과 조직에 따라 핵심 이동이 일어난다는 것이다. 이것은 정보화가 지닌 특성 때문이기도 하다. 일반적으로 정보의 통로가 닫힌 전통문명에서와는 달리 정보화 사회는 본질적으로 열린 체계이기 때문에, 정보 흡인력의 강도에 의해 핵심과 주변부가 결정된다. 그리고 정보 흡인력의 강도가 높은 곳들에 핵심이 형성된다. 따라서 전통문명에서와 같이 한곳에서만 문명의 핵심권이 형성되는 것은 아니다.

신문명의 또 다른 특징은 다원화이다. 앞에서 언급한 바와 같이 인식주체와 인식객체는 맞물림 관계에 놓여 있다. 그리하여 인식객체의 입장에 초점을 두어 극단화함으로써 나타나는 관념론도 신문법에서는 용납되지 않는다. 신문법은 지식의 객관성의 토대를 인식대상에서 찾으며 존재세계에 대한 다양한 인식시각의 가능성을 인식주체에서 발견한다.

존재세계에 대한 나의 인식의 상대적 타당성을 인정하면서도 세계에 대한 나의 생각을 당당하게 제안하는 입장이 바로 신문법이 서 있는 기본 토대이다. 견해가 다른 많은 사람들이 마주 앉아 토론을 함으로써 단순한 말장난이 아닌, 진리에의 수렴을 믿고 구도(求道)의 언어를 나누는 공동의 대화의 광장을 신문법은 제공한다.

이것은 건강한 다원주의이다. 그러나 이것은 회의론이나 불가지론(不可知論), 더 나아가 허무주의와 손잡은 천박한 다원주의가 아니다. 건강한 다원주의는 서로의 차이를 인정하면서 동시에 서로 함께 잘 살 수 있다는 공동의 유대를 믿는다.

신문법은 인간과 자연을 맞물림의 관계로 설정하고 있다. 이것은 신문명의 특색인 녹색화를 위한 기본적 토대이다. 녹색화가 이루어지기 위해서는 무엇보다도 자연에 대한 지금까지의 기본적인 태도가 전환되지 않으면 안 된다. 인간과 자연을 공동 생명권의 일원으로 파악하는 자연관의 일대 전환이 녹색화의 전제조건이다. 인간이 자연과 맞물림의 관계 속에 있을 때 더불어 잘 살 수 있는 세상이 가능케 된다.

5. 맺는 말: 신문명, 교육낙원 그리고 세계정의

헤겔은 일찍이 인류 역사를 자유의식의 발전의 역사라고 설파한 바 있다. 나는 인류 역사는 교육의 폭과 깊이의 발전의 역사라고 말하고자 한다. 인간이 동물과 다른 점이 있다면, 인간은 다른 동물과 비슷하게 본능이라는 타고난 소프트웨어(software)에 덧붙여, 세상에 태어난 후 새롭게 투입하는 소프트웨어를 가지고 삶을 헤쳐 나가는 존재이다. 세상에 태어나서 투입하는 소프트웨어가 바로 넓은 의미의 교육이다. 어떤 소프트웨어를 얼마나 많이 투입하느냐에 따라 인간의 삶의 진폭이 결정된다. 그리고 문명은 바로 새로 투입되는 소프트웨어에 의해 결정된다.

그러므로 문명의 내용과 질을 결정하는 것은 바로 교육에 있다. 교육은 문명에의 관건이다. 우리가 신문명에서 어떤 위치에 설 것인가? 대답은 간단하다. 우리의 교육이 어떤 모양으로 될 것인가에 달렸다. 공식, 비공식 교육을 모두 포함해서 말이다. 우리가 지금부터 건설해야 하는 교육은 어떤 것이어야 하는가? 한마디로 나는 그것을 '열린교육체제' 혹은 '교육낙원', '에듀토피아(Edutopia)'라고 부르고자 한다. '누구나, 언제 어디서나 자기에게 알맞은 교육을 받을 수 있는 세상', 이것이 바로 에듀토피아이다. 이런 교육체제를 구체적으로 어떻게 설계하느냐 하는 것은 우리의 다음 과제이다. 그리고 철학자들과 보통 사람들은 지금까지 '사회정의(Social Justice)'에 관해 이야기해 왔다. 그러나 우리가 지금부터 해야 할 이야기는 '세계정의(Global Justice)'이다. 온갖 사회적 장벽을 뛰어넘어 온 인류에게 동일하게 적용될 수 있는 정의가 필요하다. 신문명은 바로 그것을 요청한다. 낡은 사회정의 가지고는 통하지 않는 세상이 오고 있다. 한 사회 안에서만 통용되는 사회정의 가지고는 인류가 모두 함께 잘 사는 세상을 만들 수가 없다.

공짜는 없다. 빛이 있으면 그늘이 있기 마련이다. 신문명에도 그늘은 있기 마련이다. 새로 얻는 것이 있으면 잃는 것이 있기 마련이다. 공짜는 없다. 어디에도 없다. 신문명에 대해서 우리가 기대와 희망에만 도취할 수 없는 이유가 바로 여기에 있다.

『동서문화와 철학』(1996년 1월)

새로운 철학문화의 창조를 위한 서곡

1. 우리는 지금 어디에 서 있는가?

지금 우리는 문명의 교차로에 서 있음을 감지하고 있습니다. 지금 우리의 삶을 지배하고 있는 문명은 서구인이 주도해 온 산업문명입니다. 이제 그 산업문명이 역사의 뒷전으로 서서히 사라지고 새로운 문명이 어둠 속에서 잉태되고 있습니다. 우리는 내일의 새로운 문명의 여명을 기다리며 어둠 속에 싸여 있습니다. 아직 제 모습을 드러내지 않는 새 문명을 '탈산업사회'니 '정보화 사회'니, 혹은 '지식사회'니 하는 여러 가지 이름을 작명하여 부르고 있습니다. 아직 태어나지 않은 아기를 놓고 여러 가지 작명을 해보는 상황과 비슷하다고나 할까요. 역사의 호적에 실릴 새 문명의 공식 명칭은 후세의 역사가에게 맡겨져 있는 셈입니다. 한 가지 분명해 보이는 것은 지금 세상이 돌아가는 모습이 어제와는 사뭇 다른 방향으로 움직여가고 있다는 사실입니다. 미물인 개미도 지진과 같은 변화가 일어날 때를 미리 감지하고 대비하는데, 만물의 영장이라는 인간이 지금이 어떤 역사의 때인가를 감지하는 것은 당연한 일인지도 모르겠습니다.

때를 아는 것은 지혜 가운데 지혜가 아닐 수 없습니다. 그리고 그 때에 알맞은 일을 하는 것이야말로 사람다움의 값을 가장 잘 드러내는 일이 아닐 수 없습니다. 때의 과녁을 맞힌 행동, 그것이야말로 사유와 행위의 일치의 최고의 전형이라 할 수 있습니다.

지구 위에 여러 땅 덩어리가 있으며 그 땅 덩어리 위에서 여러 인종과 민족이 오랫동안 여러 가지 삶을 살아왔습니다만, 지난 백여 년은 확실히 서구가 주도해 온 산업문명이 인류 전체의 삶을 압도적으로 좌지우지해 왔다는 것을 아무도 부정하지 못할 것입니다. 그런데 그 서구문명은 널리 알려져 있다시피, 고대 그리스와 히브리적 전통을 이어받은 서양 중세 기독교 문명의 후예입니다. 오늘의 서구문명은 근대가 그 역사적 출발점이라 볼 수 있습니다. 그런데 근대 서구문명의 커다란 화두(話頭)는 개인(individual) 그리고 개인의 이성(reason)이라고 나는 생각합니다. 그리고 이러한 이성적 개인이 엮어가는 새로운 모듬살이인 민주주의(democracy)와 이성의 능력을 기반으로 경험의 재료를 엮어 모아 창안해 내는 새로운 지식인 과학(science)이 근대 서구인의 생각의 중심을 사로잡은 큰 두 주제였다고 보입니다. 따라서 개인, 이성, 민주주의, 과학은 서구의 근대문명을 이해하는 데 필요한 '키워드'입니다. 어쩌면 서구의 산업문명은 이러한 핵심 고리들로 엮어져 있는 삶의 양식의 총체라고 볼 수 있을지도 모르겠습니다.

물론 서구의 산업화는 먼저 장사꾼 사회로부터 출발하여, 과학과 무관한 손기술에 의존하는 초기의 손기술 산업사회에서 과학으로부터 도출된 과학기술에 의존하는 과학기술 산업사회로 이행되어 온 기술과 경제의 복합 현상이라는 것을 외면하려는 것은 아닙니다. 그러나 우리가 놓치지 말아야 할 것은 개인과 이성 그리고 과학이 한데 어우러지지 않았던들 오늘의 서구 산업문명의 탄생은 불가능했을지도 모른다는 점입니다.

개인과 이성 그리고 과학과 민주주의는 서구문명의 핵심 고리이자, 서구 근대 이후의 철학과 사상의 핵심 주제였습니다. 물론 개인(부분)을 대치할 대안으로 전체라는 범주가 등장함으로써 지난 세기에는 자유주의와 전체주의의 대결이라는 처참한 역사적 비극이 벌어지기도 했습니다.

우리는 지금 이러한 서구 중심의 산업문명의 역사의 뒷전으로 사라지는 모습을 보고 있는 셈입니다. 문명의 전환이 연극의 무대의 전환처럼 한순간에 모든 것이 완전히 뒤바뀌는 그런 전환과 변화일 수는 없습니다. 어쩌면 계절의 변화와 엇비슷하다고 할까요. 봄에서 여름으로의 변화가 어느 한순간에 이루어지는 것이 아닌 것처럼, 역사와 문명의 전환은 눈에 뜨이는 듯 마는 듯하며 변화하는 긴 과정일 것입니다. 그 전환이 백 년에 걸쳐 일어날 수도 있을 것입니다. 서양의 중세로부터 근대로 넘어가는 과정에는 긴 과도기가 있었던 것을 우리는 알고 있습니다.

우리는 근대 서구철학의 확연한 자태를 데카르트에서 볼 수 있습니다. 그런데 이러한 근대철학은 하룻밤 사이에 중세철학으로부터 탈출함으로써 이룩된 사건은 아니었습니다. 새로운 철학의 출현이 '하룻밤 사이의 해프닝'처럼 나타날 수는 없습니다.

그럼에도 한 가지 우리가 눈여겨보아야 할 것은 새로운 문명은 새로운 철학을 요구한다는 사실입니다. 철학이 새로운 역사를 알리는 새벽의 수탉 울음소리와 같은 것이든, 혹은 황혼이 깃든 후에 날기 시작하는 미네르바의 올빼미와 같은 것이든, 새 문명과 새 철학은 뗄 수 없는 관계에 있습니다. 철학은 때로는 새로운 시대의 선구적 목소리일 수도 있으며, 또 때로는 새로운 시대의 변호의 언어일 수도 있습니다.

항해에는 지도가 필요합니다. 지도 없는 항해야말로 한심한 여로(旅路)일 것입니다. 문명은 사람들의 삶의 양식입니다. 아무런 일정(日程)도 없이 굴러가는 삶은 정처 없는 삶일 것입니다. 철학은 인간과 세계에 대한 하나의 지도를 그리는 작업에 비유될 수 있습니다. 그렇기에 제대로 된 문명에는 철학이 수반되어야 합니다. 문명의 행로에도 지도가 필요하기 때문입니다.

20세기 벽두인 1900년에 세상을 하직한 니체는 신(神) 중심의 절대(絶對)의 표준에 따라 움직여온 기존의 서구문명의 종말을 "신은 죽었다(Gott ist tot)"는 말로 선언한 바 있습니다. 오늘날 프랑스의 데리다(Derrida)를 비롯한 소위 포스트모더니스트들은 기존의 서구철학의 해체를 니체의 선창에 따라 후렴까지 덧붙여 복창하고 있습니다. 서구철학의 해체 뒤에 남은 것은 아무것도 없기에 허무의 검은 그림자만이 짙게 드리울 뿐입니다. 니체는 일찍이 『힘의 의지』에서 허무주의에 대해 이렇게 적어놓았습니다. "허무주의란 무엇인가? 그것은 '왜'에 대해서 아무런 대답이 없다는 것이다."[1] 데리다는 '왜'에 대해서 대답해 줄 어떤 기준도 없음을 말합니다. 형이상학적 실재론자들은 '왜'라는 질문에 답하기 위해서 언어와 세계를 초월한 제3의 위치에서 언어와 세계의 일치 여부를 판정함으로써 가능하다고 주장했습니다. 말하자면 진리와 허위의 준거점을 실재에서 찾음으로써 '왜'에 대한 대답을 제시할 수 있다고 주장한 셈입니다. 그러나 이러한 입장에는 근본적인 어려움이 있음을 논자들은 지적했습니다. 그 제3의 위치는 '신의 관점'인데, 인간은 그러한 신적 위치에 설 수 없는 유한한 존재라는 것입니다.

형이상학적 실재론자들이 찾고자 했던 것은 사실 모든 문제들에 대한 최후의 대답, 즉 '절대적' 진리였습니다. 결국 그러한 형이상학적 실재론자들의 실패는 절대적 진리에 대한 탐색의 실패로 귀결됩니다. 그래서 절대적 진리에의 염원은 하나의 초월적 가상(假想)으로 드러난 셈입

---

1) F. Nietzsche, *Der Wille zur Macht*, § 2.

니다. 여기서 데리다와 같은 포스트모더니스트로부터 우리가 암시받을 수 있는 교훈이 있다면, 그것은 아마도 근대의 철학적 발상법이 더 이상 유효하지 않다는 점일 것입니다. 해체론(deconstruction)은 결국 지금까지 위세를 떨쳤던 서구 사상의 사상누각(砂上樓閣)이 무너졌음을 알리는 목소리인 셈입니다.

2. 새로운 철학문화의 묘밭을 찾아서

근대 서구철학의 출발점은 개인이었습니다. "나는 생각한다. 고로 존재한다." 데카르트는 이렇게 나의 의식을 철학함의 출발점으로 삼았습니다. 이것은 개체론의 인식론적 표현이라 볼 수 있습니다. 데카르트의 '나의 의식'의 화두는 근대 이후 서양의 철학적 발상법을 압도적으로 지배해 왔습니다. 그것은 비단 합리론 진영에 속한 철학자에 한정되지 않았습니다. 경험론 진영도 마찬가지였습니다. 데카르트의 합리론적 인식론을 계승한 후설의 현상학(Phänomenologie)에서 뿐 아니라, 현대판 경험론인 현상론(Phenomenalism)에 있어서도 '나의 의식'은 그 발상의 단초에 놓여 있습니다.

비트겐슈타인은 이런 '나의 의식'을 철학의 출발점으로 삼는 철학적 입장을 사적 언어(private language)의 가능성을 믿는 입장과 동일하다고 해석했습니다. 그러고 나서 그는 사적 언어가 불가능함을 보임으로써 '나의 의식'은 철학의 출발점이 될 수 없음을 보여주려고 했습니다. 한마디로 말해서 '나의 의식'을 토대로 삼고 세워진 철학의 고층건물은 '허공 위의 건물(Luftgebäude)'이라고 비트겐슈타인은 진단했습니다.[2] 이런 점에서 비트겐슈타인도 근대 이후 '나의 의식'에 토대한 서양철학

---

2) L. Wittgenstein, *Philosophical Investigation*, § 118.

의 해체를 선언한 셈입니다.

그러면 새로운 철학의 씨앗을 뿌릴 묘밭을 어디에서 찾을 수 있을 것입니까? 아니, 철학의 출발점을 '나의 의식'이 아닌 어디에서 찾을 수 있을 것입니까?

'나의 의식'의 철학은 일인칭의 철학이며 의식과 물질의 단절을 전제로 하는 발상법입니다. 일인칭의 철학은 인간의 인식론적 오만의 한 표현이라고 나는 봅니다. 또한 그것은 개체가 완전히 독자적이고 자기충족적인 존재의 단위일 수 있다는 개체주의(individualism)의 표현입니다. 그러나 인간 개인이 과연 그런 자기충족적인 존재일 수가 있습니까? 한 인간의 탄생은 또 다른 두 인간의 존재에 의해서만 가능합니다. 따라서 한 인간의 존재는 적어도 복수의 인간존재를 전제할 뿐 아니라, 복수의 인간존재에 의존되어 있습니다.

'나의 의식'의 철학은 한 인간의 의식 그 자체가 자기완결적이고 자기충족적인 인식체제라는 것을 전제하고 있습니다. 이러한 전제 속에 숨어 있는 것은 인간 개개인이 지니고 있는 이성의 능력에 대한 절대적인 신뢰입니다. 신의 능력에 가까운 이성의 능력에 대한 신뢰입니다. 이것이야말로 인간에 대한 지나친 기대가 아닐 수 없으며 또한 오만의 소치가 아닐 수 없습니다. 근대 서구철학의 밑바닥에는 이러한 인간 능력에 대한 과신(過信)과 오만이 자리 잡고 있음을 우리가 엿볼 수 있습니다.

우리는 **철학의 출발점**을 나만의 세계나 너만의 세계가 아니라, 너와 내가 서로 만나는 곳에서, 그리고 만나서 이야기하는 가운데서 찾고자 합니다. 너와 내가 만나서 이야기하는 그곳에서 철학은 시작하는 것이라는 말입니다.[3]

---

3) 이명현, 「철학은 문법이다」, 『한민족과 2000년대의 철학』, 제12회 한국철학자 연합대회, 1999, pp.243-250.

철학은 말을 주고받을 수 있을 때 가능합니다. 말 없는 철학이란 혼자만의 수행은 될 수 있어도 이론과 논리를 세워 갑론을박할 수는 없을 것입니다. 말을 주고받는다는 것은 너와 나의 존재를 전제합니다. 너만 존재하거나 나만 존재해서는 말을 주고받을 수 없습니다. 말은 본디 주고받음에서 생명을 얻습니다. 의사소통이란 말을 주고받음에서 가능합니다. 의사소통의 필요가 없을 때 말은 생명을 잃고 맙니다.

언어는 너와 나의 존재를 전제합니다. 언어가 가능한 지평은 너와 나의 공존의 지평입니다. 그것은 더불어 있음의 지평입니다. 그것은 또한 상호주관성의 지평이며 동시에 의식 이외의 존재에도 열려 있는 지평입니다.

데카르트는 나의 의식에서 출발하여 타인의 의식과 외부 세계를 확보하려는 철학적 논리게임을 수행했습니다. 그러나 그러한 논리게임은 공회전하는 엔진과 같이 아무런 실질적인 일을 수행한 것이 아니라고 보입니다. '나이롱 박수'와 같이 이름만 박수이지 진짜 박수는 아닌 것과 그 사정이 같습니다. 데카르트는 엉뚱한 곳에서 확실성의 담보를 찾으려 했습니다. 사실은 그가 논리게임에 의해 최종적으로 확보했다는 그 지평이 철학의 단단한 시발점인 셈입니다.

너와 내가 말을 주고받는 더불어 있음의 현장이야말로 인간이 현실적으로 호흡하며 살아가는 현장입니다. 그러나 이 현장 안에서 이루어지는 모든 것이 백 퍼센트 확실한 것일 수 없습니다. 너와 내가 서로 가르치고 배움으로써 너의 모자람과 나의 모자람을 극복하여 조금씩 개선되어 가는 그런 이야기가 바로 인간의 삶의 이야기입니다. 내가 혼자서 나의 머릿속에서 그 어떤 논리적 추론을 통해 절대적 진리에 도달할 수 있다고 믿는 것은 너무나 오만스러운 환상이 아닐 수 없습니다. 그것은 너무나 인간적인 염원일 수는 있어도 인간적인 것과는 너무나 거리가 먼 것입니다.

3. 인간적인 너무나 인간적인 인식을 찾아서: 다차원적 인식

영원의 빛 아래서 모든 사물을 투명하게 총람하는 것을 우리는 절대적 인식이라 할 수 있을 것입니다. 사람들은 예로부터 이런 절대적 인식에 도달하고자 백방으로 노력해 왔습니다. 그러나 유감스럽게도 그들이 손에 쥔 것은 절대의 것이 아니라, 자신의 처지에서 자기가 볼 수 있었던 부분적인 것에 지나지 않았습니다.

인간은 근원적으로 시간과 공간 그리고 봄의 틀(개념과 관심)에 따라 사물을 볼 수밖에 없는 유한한 존재입니다. 따라서 인간의 봄은 시간과 공간의 좌표의 조건을 어떻게 선택하느냐에 따라, 또한 어떤 봄의 틀로 보느냐에 따라 보이는 내용이 다르게 되는 것입니다. 인간은 어디에서 보느냐, 어느 때에 보느냐, 그리고 어떤 관심을 가지고 보느냐, 또 어떤 개념 틀을 사용하느냐에 따라서 그의 봄이 결정됩니다. 결국 인간의 봄은 이러한 여러 가지 조건 아래서 보는 봄입니다. 영원의 빛 아래서 보는 봄이 아니라, 조건들 아래서 보는 봄이라는 말입니다. 이런 조건에 묶여 있다는 뜻에서 인간은 제한되어 있는 존재, 유한한 존재입니다.

우리는 그러한 조건들을 차원이라는 말로 바꾸어 표현할 수도 있습니다. 앞에서 지적한 '봄의 틀'은 바로 이러한 봄의 차원에 상응하는 것이라 볼 수 있습니다. 이런 뜻에서 인간의 봄은 차원 의존적인 봄입니다. 따라서 차원의 선택에 따라서 '여러 가지 인식들'이 가능하게 된다고 볼 수 있습니다. 이런 차원에서 보면 이런 이야기가 되고, 저런 차원에서 보면 저런 이야기가 되는 것입니다.

나는 이런 차원 의존적인 인식을 다차원적 인식이라고 부르고자 합니다. 그런데 다차원적 인식은 인식 상대론이나 인식의 허무주의를 부르짖는 입장과 근본적으로 다릅니다. 인식 상대론이나 인식 허무주의는 인식의 무기준과 인식의 자의성을 주장하며, 따라서 '아무래도 된다'고 주장함으로써 인식의 객관성을 의심하며 부정합니다.

그러나 다차원적 인식은 인식의 객관성을 부정하지 않습니다. 앞의 인식의 허무주의는 '절대'가 아니면 '아무렇게 해도 좋다'는 두 극단의 한쪽을 주장하는 셈입니다. 절대를 못 붙들면 허무밖에 없다는 것입니다. 절대도 허무도 인간의 제자리는 아니라고 나는 생각합니다. 유한한 인간존재에 부합하는 자세는 허무의 심연을 딛고 넘어서서 실재의 모습에 보다 가까이 접근하려는 구도(求道)의 자세일 것입니다.

앞에서 우리는 너와 나의 더불어 있음의 광장이 철학의 묘밭임을 확인했습니다. 이 더불어 있음의 광장에서 우리는 인식의 지평을 더욱 넓혀가는 것입니다. 인식은 그렇다고 인간들만의 '합의' 사항은 아닐 것입니다. 그것은 언어 안에 갇혀 있다고 믿는 사람들의 주장입니다. 언어 가능성의 영역은 이미 너와 나의 의식의 지평일 뿐 아니라, 의식과 함께 있는 세계가 존재하고 있는 지평입니다. 따라서 우리는 말함으로써 세계와 만나는 것입니다. 세계는 너와 나로부터 차단되어 있는 그 어떤 배후의 실재가 아닙니다. 여기서 실재는 인식의 조건(차원)에 따라 여러 가지 모양으로 나타날 수 있을 것입니다. 이런 입장에 굳이 이름을 달자면 인간의 얼굴을 가진 실재론(realism with human face)이라 할 수 있을 것입니다.

4. 21세기를 위한 신문법

1) 인간과 자연의 더불어 있음을 위한 전체 구조 상호연관성의 문제

오늘 인류는 역사상 어느 때보다도 가장 풍요한 지식을 축적해 놓고 있습니다. 그러나 오늘이 그 축적의 총량에 있어서는 가장 풍요한 지식의 시대이지만, 개인적 차원에서는 아마도 지식의 빈곤의 시대가 아닌가 싶습니다. 전체적으로는 풍요의 시대이지만 개인적으로 빈곤한 까닭은 분업화, 전문화 때문입니다. 오늘날 지식인은 어느 한 분야에서만 전문가를 자처할 뿐 다른 분야에서는 무식꾼에 지나지 않습니다. 분업적 전문화가 지식의 풍요 속에 지식의 빈곤이라는 현상을 초래한 것입니다.

앞으로 다가오는 사회를 우리가 지식사회라고 합니다만, 지식의 전체적 모습을 제대로 파악하지 못한다면, 그 지식사회라는 것이 무엇을 위해 어디로 움직여 갈지 가늠하기가 매우 어려울 것입니다.

철학은 애당초 존재세계에 대한 전체적 조망을 얻고자 하는 탐구로 자처해 왔으나, 칸트 이후부터 형이상학에 대한 비판이 거세지면서 존재세계에 대한 직접적 탐구는 분과 학문에 이관해 버리고, 메타이론적 탐구로 존재세계 전체에 대한 관심을 대치해 버렸던 것입니다. 이 결과 존재세계 전체에 관한 실질적 탐구는 인간의 지적 탐구에서 실종되어 버린 것 같습니다. 그것은 누구의 관심사도, 어느 학문 영역의 관심사도 아닌 무주공산(無主空山)이 되어버린 것입니다. 존재세계 전체에 대한 실질적 인식의 부재, 이것은 대단히 불행스러운 사태가 아닐 수 없습니다. 더욱이 앞으로 다가오는 사회가 지식 중심 사회라고 할 때 더욱 위험천만한 상황이 아닐 수 없습니다. 각 부분 영역들에 대해서는 아는 사람이 많으나, 전체적으로 아는 사람이 없는 상황에서는 어떤 재앙도 가능합니다. 사실 오늘의 환경문제라고 불리는 과학기술이 결과한 재앙들은 전체 구조 상호연관성에 대한 무지가 낳은 재앙입니다. 오늘날의 대부분의 환경 재앙은 화학공학으로부터 유래한다고 볼 수 있는데, 그것은 새로운 분자 결합에 의해 만들어진 인공적 물질이 자연과 인간의 보다 큰 구조 속에서 문제를 일으키기 때문에 나타나는 재앙입니다. 부분적인 관점에서 본 이익이 보다 큰 전체 연관 구조 속에서는 해악으로 귀결된 것입니다.

선무당이 사람 잡는다는 옛말은 단순히 웃어넘길 우스갯소리가 아닙니다. 오늘날 생물의 분자 현상에만 혈안이 되어 있는 소위 생명공학 전문가들은 인류문명에 엄청난 재앙을 준비하고 있는지도 모릅니다. 자연과 인간 세계의 전체 구조 상호연관을 고려하지 않은 채 '부분적 성공'에 도취하여 앞으로 무슨 재앙을 인류에게 몰고 올는지 알 수가 없습니다. 부분에 대한 분업적 전문화의 하나의 관점을 넘어서서 자연과 인간에 대한 상호연관 구조에 대한 관점을 넘나드는 다차원적 사고가 요청됩니다.

21세기 철학은 모름지기 전체 구조 상호연관적 문제에 철학적 관심을 돌려야 할 것입니다. 아마도 이것은 21세기의 문명의 진로에 관계된 가장 중대한 문제가 아닐 수 없습니다. 이것은 인간과 자연이 어떻게 더불어 온전하게 존재할 수 있는가의 문제입니다. 그것은 바로 자연과 인간의 참된 더불어 있음이 가능케 되는 조건을 탐구하는 일입니다.

2) 사람과 사람의 새로운 모듬살이의 방식들과 새 규범 질서의 창조: 지구촌 정의와 다름의 철학

정보통신기술의 발전과 교통수단의 발전은 지구 공간을 매우 축소시켜 지구 위의 세계인들을 '한 동네 사람'으로 만들어놓았습니다. 그러나 인류가 오늘 가지고 있는 규범의 질서는 옛날의 규범 그대로입니다. 말하자면 옛날에 칸을 막아놓고 제각기 살던 그 옛 방식은 그대로 둔 채 공간의 구조만 하나로 열려 있습니다. 규범은 닫혀 있는데 공간만 열려 있는 상태에서 지구촌 시대의 개막을 우리가 오늘 이야기하고 있습니다.

오늘의 세계를 주도한다고 하는 세력은 '국경 없는 세계 경제'를 목청 높여 외쳐대고 있습니다만, 세계 경제가 제대로 돌아가기 위한 새로운 규범의 질서와 마음의 자세는 갖추어지지 않았습니다. 그러면서 시장의 경쟁 논리만 외쳐대고 있습니다. 세계 경제가 지구촌 사람 모두에게 사람다운 삶을 누리게 해주는 좋은 제도가 되려면 지구촌을 위한 새로운 규범 질서가 마련되어야 합니다. 공정한 게임(fair play)이 이루어지려면 제대로 된 규칙이 먼저 마련되어야 합니다. '자유경쟁'이란 말이 제 값을 얻으려면 공정한 게임 규칙이 먼저 정립되어야 합니다. 공정한 규칙이 없는 '자유경쟁'은 위장된 약육강식의 현장 이외에 아무것도 아닙니다.

인간은 아직도 한 사회의 울타리 안에서만 통용되는 규범 질서의 차원에 머물러 있습니다. 그것도 실천의 수준이라기보다는 이론의 수준에 머물러 있습니다. 보편적 인간을 말하지만, 보편적 차원의 규범적 질서를 실현하지 못했습니다. 그래서 정의(justice)를 말하지만, 그것도 한 사회 안에서만 적용되는 사회정의(social justice)입니다. 분배의 정의를 말해 왔지만, 지구촌 온 동네 사람들에게 동일하게 적용될 수 있는 **지구촌 정의**(global justice)는 아직도 요원한 실정입니다. 이러한 지구촌 정의의 규범 질서의 부재(不在) 속에서 들먹이는 '세계 경제'란 한낱 위장된 약육강식의 허구일 수가 있음을 우리가 주목해야 할 것입니다. 특히 최근 세계 경제의 슬로건을 앞세우고 이루어지는 국제 금융시장은 자본주의 자체의 위기로 귀결될 수도 있다는 커다란 우려를 낳고 있는 실정입니다. 그 위기의 씨앗은 지구촌 정의의 부재(不在)에 있습니다. 따라서 **21세기 철학은 지구촌 정의의 철학을 실현함으로써 지구촌 사람들이 더불어 사람답게 사는 새로운 열린 지구촌 공동체의 실현에 철학적 노력을 경주해야 할 것입니다.**

그리고 앞으로 인종과 종교 사이의 차이가 불화와 갈등, 더 나아가 죽음의 아수라장을 만들어놓는 오늘의 상황이 극복되지 않고서는 진정한 지구촌 시대가 열리지 못할 것입니다. 우리 마음의 변혁이 일어나야 합니다. 차이, 다름(difference)을 적대적인 것으로 파악하는 것은 닫힌 마음입니다. 헤겔의 변증법 속에서는 다름은 반대(opposition)로, 반대는 다시 모순(contradiction)으로 전개되어 갑니다. 그리고 모순은 다시 모두의 몰락에 이르고 맙니다. 여기서 차이는 불화와 갈등 그리고 몰락의 씨앗으로 이해되고 있음을 볼 수 있습니다.

그러나 동양의 음양사상에서는 음과 양은 서로 다르지만, 음은 양이 있음으로 있을 수 있고, 또 양은 음이 있음으로 있을 수 있습니다. 여기서 서로 다른 것들은 서로에게 보완해 줌으로써 서로를 살려주는, 양자가 더불어 존재하게 되는 이치를 깨달을 수 있습니다. 이렇게 서로 다른 **것이 서로를 보태줌으로써 서로 살려주는 관계를 나는 '맞물림의 관계'라**고 부릅니다. 그리고 이러한 맞물림의 관계를 깨닫고 실천하는 마음을 열린 마음이라 부를 수 있을 것입니다. 참으로 21세기가 하나의 지구촌 시대를 열어가기 위해서는 세계인 모두가 닫힌 마음으로부터 열린 마음으로 전환되는 마음의 혁명이 일어나야 할 것입니다. 이것은 지구촌 시민들이 새로운 다름의 철학, 차이의 신문법으로 더불어 있음의 세계를 실현해 가는 것을 말합니다.[4]

모든 사람이 인간다운 대접을 받는 더불어 잘 살 수 있는 세상이 되려면, 획일의 철학, 같음의 문법으로부터 다름의 문법으로, 차이의 새 철학으로 전환되어야 할 것입니다. 세상에는 관심과 재주 그리고 능력에 있어서 서로 다른 많은 사람들이 살고 있습니다. 이렇게 서로 다른 사람들이 모두 **사람대접**을 제대로 받고 살려면, **사람대접의 기준이 하나의 같**은 기준이 아니라, 여러 가지 다양한 기준이어야 할 것입니다. 획일의 철학이 지배하는 곳에서는 소수의 사람들만이 제대로 사람대접을 받게 됩니다. 그러나 차이의 철학, 다양성의 철학이 살아 숨 쉬는 곳에서는 많은 사람들이 각기 사람됨의 인정을 받을 수 있는 살맛나는 세상이 만들어질 수 있습니다. 차이의 새 문법은 다양한 사람들에게 각자의 방식에 따라 삶을 꾸려갈 수 있는 활짝 열린 세계를 마련해 줄 것입니다.

---

4) '맞물림의 관계에 관한 상론' 참조. 이명현, 「신문명과 신문법」, 『철학과 현실』, 1995년 여름.

또한 인류는 참으로 오랫동안 성(sex)의 구별인 여자와 남자의 구별, 즉 차이를 상하의 구별이나 우열의 차이로 잘못된 관계를 설정해 온 것이 사실입니다. 한때 여성의 인간화가 마치 여성의 남성화인 양 주장하는 사람들이 있었지만, 성의 구별은 사회적인 구별이 아니라, 천(天)의 이치입니다. 성의 구별을 상하의 구별이나 우열의 구별과 동일시한 것은 물론 사회적 구별임에 틀림없습니다. 남과 여, 여와 남의 구별의 참된 모습을 나는 맞물림의 관계에서 찾을 수 있다고 봅니다. 이러한 여와 남의 맞물림의 관계는 인간의 삶의 가장 원초적이고 근원적인 참 삶의 모습이라고 나는 봅니다. 이러한 참 삶의 관계가 제대로 실현되지 못할 때, 인간의 삶의 온전함은 이룩되지 못할 것입니다. 이러한 맞물림의 관계를 토대로 이룩되는 가정의 삶은 인간의 삶의 가장 원초적이고 근원적인 바탕이며 인간의 모듬살이의 참된 토대입니다. 21세기 문명이 인간다운 삶을 고양해 주는 문명이 되기 위해서는 참된 여와 남의 맞물림의 관계 회복이 선행되어야 할 것입니다.

앞으로 인류는 새로운 모듬살이의 재편에 직면하게 될 것입니다. 전통적인 국가의 역할에 근본적인 변화가 일어날 것입니다. 그리고 오늘날 국가 운영의 중요한 방식의 하나인 대의제도가 소멸하게 될 가능성이 매우 높습니다. 그것은 정보화 시대에 있어서 개인의 정보 능력의 증대와 정보 전달 매체의 혁신이 대의제도의 존재이유 자체들을 소멸케 할 가능성이 있기 때문입니다. 이러한 종래의 개인과 국가의 위상의 변화와 새로운 지구촌 공동체의 출현으로 인하여 새로운 세기에 인간은 **중층구조로 되어 있는 모듬살이** 속에서 삶을 영위하게 될 가능성이 매우 높습니다. 개인, 소공동체, 지역 공동체, 국가, 그리고 **지구촌 공동체가 중층의 그물 조직으로 엮어져 있는 중층적 공동체** 속을 드나들며 사는 인간의 삶이 예견되는 것입니다. 이러한 삶의 조직의 중층화는 사회적 삶의 방식을 또한 크게 변화시킬 것입니다.

지난 20세기의 이데올로기의 갈등의 밑바닥에는 자유와 평등 그리고 개체(개인)와 전체라는 두 가지 종류의 형이상학적 대립 개념이 놓여 있었습니다. 그런데 그 형이상학적 대립 개념들의 정체를 깊이 들여다보면 둘 중의 하나만을 선택해야 하는 곤경으로부터 벗어날 수 있는 새로운 출구가 있음을 우리는 발견할 수 있습니다. **자유**와 **평등** 그리고 **개체**와 **전체**가 각각 배타적 선언관계가 아니라, 양립 가능한 보완관계의 새로운 **철학적 문법**(논리)을 우리가 구축할 수 있습니다. 그 핵심 방향은 자유를 활성화의 원리로, 평등을 억제를 통한 균형의 원리로 파악하는 문법입니다. 그것은 자유를 양(陽)의 원리로, 평등을 음(陰)의 원리로 재해석하는 틀입니다.

개체와 전체에 대한 낡은 문법도 새로운 문법으로 대치될 수 있는 새로운 가능성을 우리는 모색할 수 있습니다. 개체 없는 전체란 하나의 이론적 허구입니다. 전체란 다름 아닌 타 존재와의 연관구조라 할 수 있는데, 그러한 타 존재와의 연관구조로부터 완전히 독립된 순수 외톨이로서의 개체 또한 하나의 이론의 허구일 뿐입니다. 또한 구성요소로서의 개체가 없는 구조 연관성(전체) 또한 공허한 개념적 유희에 지나지 않을 것입니다. 따라서 구성 부분으로서의 개체와 구조 연관성으로서의 전체는 서로 배타적 관계에 있는 양자택일적인 것이 아니라고 볼 수 있습니다. 또한 하나의 구성 분자로서의 개체가 전체의 구조를 자기 속에 지니고 있을 수 있습니다. 이렇듯 개체와 전체에 대한 낡은 문법은 이제 더 이상 효력이 없어졌습니다. 그리고 그 위에 토대한 이데올로기도 새로운 세기에 새로운 약속을 우리에게 건네줄 수 없을 것입니다. 따라서 우리가 새로운 세기에 전망하는 인간의 모듬살이의 틀은 지난 세기와 다른 모습으로 우리에게 다가올 것이라고 나는 생각합니다.

새로운 세기의 새 철학은 바로 이러한 새 문법을 구축하는 작업에 착수해야 할 것입니다.

3) 삶에 대한 새로운 태도: 절욕(節慾)

　21세기가 새로운 문명으로 우리에게 다가오기 위해서는 보람 있는 삶, 행복한 삶에 대한 20세기 서구 산업시대적 발상에 큰 전환이 있어야 한다고 나는 생각합니다. 그것은 다름 아닌 욕망의 대상들을 계속 확대 재생산하고 충족시킴으로써 삶의 보람을 느끼는 행복관입니다. 이러한 삶의 태도가 귀결하는 것은 유한한 자연 안에서 자연의 파괴를 급속하게 진행시켜, 결국에는 자연파괴와 함께 인류를 종말에 이르게 하는 것입니다. 이것은 다음의 행복의 공식에서 분자만 늘리고 분모는 줄이지 않으려는 삶의 태도입니다.

$$행복 = \frac{대상}{욕망}$$

　우리에게 필요한 것은 과욕과 탐욕의 조절, 절욕(節慾)입니다. 행복의 공식에서 분모를 줄이는 길, 그것은 절제의 삶입니다. 절제는 우주의 질서와의 조율입니다. 그것은 인간이 자연과 더불어 살 수 있게 해주는 자아를 위한 지혜입니다. 동양의 지혜는 천(天)과 합일(合一)을 올바른 삶의 길이라고 가르치고 있습니다.

　우리가 서양의 근대적 발상법에서 가장 먼저 청산해야 할 것은 이성에 대한 과신입니다. 이성의 잔재주로 모든 문제를 해결할 수 있다는 인간의 오만스러운 태도입니다. 21세기 새로운 문명이 인간을 살리는 차원 높은 문명이 되기 위해서는 우주 안에서의 인간의 위상에 대한 올바른 통찰과 명상, 그리고 자기변화가 요청됩니다.

　마지막으로 나는 새로운 문화를 위해 다음의 세 가지 명제를 제시함으로써 결론을 대신하고자 합니다.

더불어 있음은 아름답다.
다른 것이 아름답다.
절욕이 아름답다.

『철학과 현실』(1999년 겨울)

동서문명(東西文明)과 삶의 질: 신문명을 위한 신문법을 구상하며

　문명을 동양문명과 서양문명 둘로 나누어 보는 문명의 이분법(二分法)을 이론적으로 정당화하는 것은 결코 쉬운 일은 아닐 것이다. 인류의 역사에는 동양문명과 서양문명 이외에도 여러 가지 이름이 붙여질 수 있는 다양한 문명권으로 구분될 수 있는 문명들이 존재했을 뿐 아니라, 저 문명의 이분법의 내포(內包)와 외연(外延)을 확정하는 일도 쉬운 작업이 결코 아니기 때문이다. 그러나 지난 한 세기 동안 아시아의 한문 문화권 안에서는 동양문명과 서양문명의 이분법은 하나의 자명한 사실처럼 통용되어 왔다. 동양문명은 중국, 일본, 한국을 비롯한 아시아의 유교와 불교 문화권을 지칭하며, 서양문명은 유럽의 기독교 문명권을 지칭하는 것으로 이해되어 왔다. 이런 이분법은 동양문명과 서양문명의 차이를 '동도서기(東道西器)'라는 언어로 표현했다. 어떤 논자(論者)들은 '동도(東道)'를 '동양문명은 정신문명(精神文明)', '서기(西器)'를 '서양문명은 물질문명(物質文明)'이라고 풀이하기도 했다.

　이러한 동서문명(東西文明)에 대한 지난날의 이해는 매우 간단명료하여 많은 사람들에게 상당한 설득력을 발휘해 온 것 같다. 그러나 조금만 성찰해 보면, 그러한 이분법은 너무나 피상적인 관찰이요, 이론적 근거가 매우 박약한 것임이 드러난다. 저 이분법은 서양문명에는 정신문화가 없음을 함축할 뿐 아니라, 소위 물질문명이란 것은 아무런 정신문명의 토대가 없이도 가능한 것처럼 암시하고 있다. 정신문명이란 것이 '높은 도덕률이 지배하는 문명'을 뜻한다면, 그것이 서양과 동양을 구분하는 기준이 될 수 없을 것이다. 서양문명을 높은 도덕률이 지배하지 않는 비도덕적인 문명이라고 말하는 것은 대단한 편견이 아닐 수 없기 때문이다.

그러나 저 이분법이 드러내고자 하는 것은 아마도 동양문명과 서양문명의 차이를 '물질문명' 속에서 찾고 있다는 점일 것이다. 우리가 '물질문명'이란 말을 '과학기술(科學技術)과 산업화(産業化)'로 풀이한다면, 동서문명의 차이가 이 점에서 선명하게 부각될 수 있을 것이다. 그러나 우리가 여기서 분명히 인식해 두어야 하는 것은 과학기술과 산업화가 인간의 고도의 정신적 활동 없이 가능한 단순한 물질적 현상일 수 없다는 점이다. 과학기술과 산업화는 근대 이후 서양과 동양을 갈라놓은 겉에 드러난 현상, 하나의 징후임에는 틀림없다. 그러면 동양문명과 서양문명을 구별 짓는 본질적 차이가 무엇일까? 이 물음에 대한 본격적인 대답을 마련하는 것은 오늘 이 짧은 시간에 수행될 수 있는 일이 아니다.

다만 우리가 오늘 검토해 보고자 하는 것은 동양문명과 서양문명의 차이가 현격하게 드러나게 된 서양 근대 이후의 사상적 골격이 무엇이며, 근대 이후 진행된 서양문명의 위기의 핵심이 무엇이며, 그것이 미래문명에서 해결되어야 할 방향이 무엇인가를 주마간산(走馬看山)식으로 점검해 보는 작업이다.

서양과 동양은 중세에 이르기까지 본질적으로 농업문명 단계에 있었다. 그러나 서양은 근세 이후부터 농업문명으로부터 산업문명으로 이행되어 갔다. 서양 근대문명의 출발점은 새로운 세계관, 새로운 철학의 수립에 의해 마련되었다. 이러한 새로운 세계관의 첫 번째 요소로 인간존재를 우주적 질서의 전면에 내세우는 휴머니즘적 계몽사상을 지적할 수 있을 것이다. 무엇보다도 이성(理性)이 그 인간 개념의 중심에 자리 잡고 있다. 자율적인 도덕적 주체의 이념과 존엄한 인권에 대한 사상은 이러한 이성적 존재로서의 인간 개념에 깊이 뿌리박고 자라났다.

그리고 그 두 번째 특징으로 지적되어야 할 것은 물질과 정신은 서로 독립적이고 자족적인 두 가지의 존재체계라는 이원론(二元論)의 존재론이다. 그리고 셋째로 지적될 수 있는 것은 원자론적 기계론의 자연관이다. 이러한 원자론적 기계론 속에서는 부분(개체)은 전체와 배타적인 관계(exclusive relation)에 놓여 있는 것으로 이해되었다. 이러한 부분(개체)에 대한 인식은 서양의 개체주의(個體主義, individualism)의 형성과 밀접히 연관되었으며, 이러한 개체주의는 자유주의적 사회구성이론의 핵심적 요소가 되었다. 그리고 부분과 배타적 관계에 놓여 있는 것으로 파악된 전체의 개념은 자유주의와 대립되는 전체론적 사회이론의 핵심 요소로 작용하고 있다. 그리고 넷째로 지적되어야 할 것은 자연에 대한 인간의 지배적인 우월성이다. 이러한 생각은 이성을 앞세운 인간존재의 특권적 위상을 강조하는 휴머니즘의 사상이 물질과 정신을 완전히 별개의 차원에 속하는 존재로 구별하는 이원론적 존재론과 결합함으로써 자연스럽게 나타날 수 있다. 그뿐만 아니라 그러한 자연에 대한 인간의 존재론적 우위의 사상은 기독교의 창조사상에서도 그 싹을 엿볼 수 있다. 다섯째로 지적할 수 있는 것은 수(數)의 양화(量化, quantification)를 통해서 자연의 존재구조를 설명하는 방법이다. 이것은 원자론적 기계론의 핵심 요소로 등장하여 자연에 대한 실증과학의 탄생으로 귀결되었다. 이러한 자연에 대한 실증적 접근법은 다시 유물론의 이론적 지원 아래 인간에 대한 합리적 이해와 설명의 방법론으로 발전되어 갔다. 그리고 마지막 여섯째로 지적되어야 할 것은 '갈등(conflict)의 논리', 갈등의 사유의 틀로 인간존재 현상을 이해하고 설명하는 것이다. 이러한 사고는 독일의 철학자 헤겔의 변증법(辨證法, dialectics)에서 이론적으로 체계화되었다.

변증법은 차이(差異, difference)로부터 반대(反對, opposition)로, 반대로부터 모순(矛盾, contradiction)으로 이행되어 가는 과정을 그 핵심 이론으로 체계화했다. 여기서 우리가 읽을 수 있는 것은 모든 갈등은 (반대와 모순을 포함) 차이, 다름으로부터 연유한다는 것이다. 헤겔의 변증법은 이러한 갈등의 원천을 부정(negation)에서 찾고 있는데, 차이, 곧 다름은 무엇에 대한 부정의 한 모습이다.

지금까지 우리는 서양문명의 뼈대를 형성한 몇 가지 주요한 생각의 골격을 살펴보았다. 문명은 사람의 생각과 생각에 따라 이루어지는 몸짓(行動)과 그 몸짓에 의해서 만들어진 사물과 사건 혹은 제도의 총체라고 말할 수 있다. 우리가 일상적으로 문명이라고 확인하는 것은 생각에 의해서 산출된 사물과 사건(제도)들이다. 그러나 감각적으로 확인할 수 있는 문명의 흔적보다도 더 핵심적인 것은 그것을 가능케 한 인간의 생각, 사상(思想)이라는 것을 분명이 인식하는 것이 중요하다.

이러한 관점에서 볼 때 서양문명의 간판으로 인식되고 있는 과학기술과 산업화는 그 문명의 외양이요, 그 심층에는 그것을 가능케 한 생각의 틀, 철학(哲學)이 핵심적 힘으로 자리 잡고 있음을 감지하게 된다.

오늘 우리의 문제는 이러한 서양문명이 인간의 삶의 질(質)을 높이는 데 얼마나 기여하고 있는가 하는 것이다. 이러한 물음에 대해서 여러 가지 응답이 가능하며 또한 상이한 답안들이 이미 즐비하게 세상에 나와 있다.

우리는 여기서 앞에서 지적한 여섯 가지 특징을 중심으로 이 물음에 답하고자 한다. 첫째, 휴머니즘적 계몽사상은 인간의 존귀함, 인권의 소중함과 같은 매우 긍정적인 유산을 남겨놓은 것이 사실이다. 그러나 다른 한편에서는 인간에게 '오만의 의식'을 부양한 나머지 우주 안에서의 인간의 본연의 위상을 제대로 보지 못하게 하였을 뿐 아니라, 오늘날 서구문명의 최대 재앙이라 할 수 있는 환경위기를 초래하는 데 크게 기여했다고 보인다. 둘째로, 이원론적 존재론은 인간의 우주 안에서의 올바른 위상 인식에 큰 장애요소가 되어왔음을 우리는 서양철학의 여러 논쟁(특히 심리철학 관련 논쟁)에서 확인할 수 있다. 셋째로, 원자론적 기계론은 자연에 대한 경험을 토대로 한 양화적(量化的) 접근법과 결합함으로써 실증과학의 형성에 크게 기여했다. 그러나 그러한 원자론적 기계론의 실증과학은 그 성과에 너무 열광케 한 나머지 보다 거시적이고 유기체적, 통합적인 세계 인식의 가능성에 대해 폐쇄적인 태도를 부양해 왔다. 이러한 거시적이고 통합적인 사고가 결여된 채, 눈앞의 미시적인 편익에만 혈안이 된 오늘의 과학기술이 역설적으로 인간의 삶의 질을 근본적으로 황폐화시키는 환경재앙을 초래하기에 이른 것이 아닌가 한다.

마지막으로 지적하고자 하는 것은 차이(다름)가 곧 갈등의 원천이라고 보는 발상법이다. 이것은 같은 것(동일성)이 평화의 근원이라는 생각과 연결되어 있으며, 다른 것(차이)은 싸움과 투쟁의 대상으로 보는 획일적 사유와 맥을 같이한다. 타자(他者)에 대한 지배의 철학이 이 밑바닥에 도사리고 있음을 여기서 우리가 엿볼 수 있다. 바로 이것이 인류를 끊임없는 갈등과 투쟁의 역사 속에서 신음케 하는 마음의 씨앗의 하나이다.

지금까지 살펴본 것은 근대 이후 서양문명을 지배해 온 주요한 몇 가지 생각의 뼈대에 관한 것이었다. 지금 인류는 지금까지 논의한 서양의 문명과는 다른 새로운 문명으로 전환되어 가는 대격변의 시대에 직면해 있다. 지금 우리에게 요구되는 것은 새롭게 변화되어 가는 인간의 삶의 조건과 상황에 알맞은 새로운 생각의 틀을 마련하는 일이다. 우리가 지금까지 들춰본 서양의 생각의 틀이 더 이상 효력을 제대로 발휘할 수 없는 때가 다가오고 있다. 약효가 다 끝난 약과 같은 옛 생각의 틀을 붙들고 늘어지는 것은 어리석은 일이 아닐 수 없다.

철학은 인간과 자연을 들여다보는 생각의 틀이요, '생각의 문법(文法)'이다. 새로운 문명은 새로운 생각의 틀, 생각의 문법을 요청한다. 새로운 생각의 문법을 창안해 내지 못하는 자는 새로운 문명을 이룩해 낼 수 없으며 새 문명에 제대로 적응할 수도 없다.

새로운 문명이 해결해야 할 가장 큰 문제는 근대 이후 서양문명의 품 안에서 양육되어 온 과학기술이 초래한 자연의 파괴를 어떻게 치유할 수 있는가 하는 것이다. 자연파괴는 단순한 자연의 파멸이 아니라, 인간 자신의 파괴요, 인류문명의 종말을 뜻한다. 이것을 해결하기 위해서는 먼저 생각의 낡은 틀, 낡은 문법을 해체해야 한다. 그리고 그 위에 새로운 생각의 문법을 세워야 한다.

그 다음으로 새로운 문명이 해결해야 할 선결문제는 인종과 종교가 다른 문화권이 서로 만나서 하나의 생명 공동체, 하나의 삶의 모듬살이를 어떻게 꾸려나가느냐 하는 것이다. 여기에 가장 중요한 문제는 우리가 '차이', '다름'을 갈등의 원천으로 보는 생각의 틀을 어떻게 바꾸느냐 하는 것이다. 다른 것, 차이가 헤겔의 변증법에서와 같이 이해되는 한, 인류가 하나의 열린 공동체인 지구촌(地球村, global town) 안에서 사람답게 사는 길을 찾을 수 없을 것이다. '지구촌 시대'라는 말은 이제 단순한 하나의 수사가 아니다. 무엇보다도 정보화는 인류를 하나의 지구촌의 '촌민(村民)', '동네 사람'으로 서로 지근(至近)의 거리에서 만나게 한다. 우리 서로가 '지근(至近)의 원수'로 만나 투쟁을 통한 죽임을 일삼지 않으려면, 인종의 차이, 종교의 차이, 문화의 차이, 가치의 차이, 신념의 차이를 갈등과 투쟁이 아니라, 공존과 더불어 있음의 원리로 바라볼 수 있는 새로운 생각의 문법을 새롭게 창안하지 않으면 안 된다.

그리고 부분(개체)과 전체를 배타적인 관계에서만 보는 한, 참된 더불어 있음을 통해서 삶의 질을 고양시킬 수 있는 길은 우리에게 막혀 있는 것처럼 보인다. 지난 한 세기 동안 자유와 평등이라는 두 가지의 상반된 이데올로기의 투쟁 속에서 우리의 삶은 황폐화되어 왔다. 우리가 한 차원 높은 삶의 질을 확보하기 위해서는 새로운 생각의 문법이 필요하다. 서양의 근대철학적 문법으로부터 벗어나야 한다.

우리에게 다가오는 새로운 문명은 서양문명도 동양문명도 아니다. 그것은 동서문명의 만남과 융합을 통해서 탄생되는 신생문명(新生文明)이다. 이 신문명에 알맞은 사상의 신문법(新文法)은 무(無)에서 탄생될 수 없다. 서양의 전통과 동양의 전통으로부터 자양분을 받아 사상의 신생아(新生兒)는 탄생될 수 있을 것이다.

우리는 여기서 동양적 사유의 깊은 샘으로부터 중요한 암시를 받을 수 있다고 생각한다. 그것은 '상보(相補)를 통한 상생(相生)'이라는 생각의 틀이다. 동양의 음양사상(陰陽思想)의 핵심 가운데 하나가 바로 '상보를 통한 상생'이다. 서로 보태줌으로써 서로를 살려주는 진정한 하나의 생명 공동체가 형성되는 원리를 음양사상 속에서 엿볼 수 있다고 나는 본다. 여기서 나타나는 것은 서로 다른 두 개의 타자(他者)이다. 보태줌으로써 살려줌의 관계가 성립되는 것은 서로 다른 것들 사이에서이다. 따라서 다른 것, 차이는 갈등의 씨앗이 아니라, 진정한 공존과 평화의 씨앗이다. 서로를 있게 하는 맞물림의 관계요, 그 맞물림의 관계가 하나의 삶, 한 살림의 모듬살이(공동체)를 만드는 존재의 근거가 된다.

동양의 전통은 서양의 휴머니즘적 계몽주의와 같이 오만한 이성의 개념을 들먹이지 않는다. 그리고 인간의 정신과 물질(자연)의 이원론적 존재론을 가르치지 않는다. 자연과 인간은 서로 지배관계, 적대관계에 있는 타자로 인식되지 않는다. 이러한 동양적 전통으로부터 우리는 자연과 더불어 하나의 생명 공동체를 이루는 더불어 삶의 지혜를 암시받을 수 있다. 신문법은 이러한 새로운 통찰을 매우 중요한 자양분으로 삼을 수 있을 것이다. 동양의 전통은 서양의 전통이 그랬듯이 양화(量化)의 문법은 제대로 가르치지 못했으나 질(質)의 문법을 우리에게 암시한다. 그것은 미시적이고 분석적인 문법 대신에 거시적, 유기체적, 통합의 안목을 우리에게 열어준다. 우리는 양화의 문법도 질의 문법도 거부할 수 없다. 저두 가지 문법은 두 개의 다른 차원에 놓여 있다. 따라서 그 둘은 배타적인 관계에 있지 않다. 우리는 양화의 문법으로 개체를 말하면서 질의 문법으로 전체를 말할 수 있다. 양자는 차원이 다르기 때문이다. 하나의 개체는 양적 차원에서는 부분이지만 질적(구조적) 차원에서는 전체(구조)로 인식할 수 있다. 그리하여 우리는 하나의 개체인(양적인 관점에서) 부분 속에서(구조적인 관점에서) 전체의 모습을 볼 수 있을 것이다.

때를 바로 읽을 줄 아는 것은 지혜의 근본이다. 봄이 되었는데 겨울옷을 걸치고 다니는 것은 때를 아는 행위일 수가 없다. 역사의 때를 아는 일이 오늘처럼 중요한 때는 없다. 오늘은 문명의 대전환의 때이기 때문이다. 문명은 인간이 때에 맞추어 만들어내는 인간의 삶의 틀이요, 그런 한에서 그것은 인간의 작품이다. 우리에게는 동양과 서양의 전통의 유산이 있다. 그것은 오늘까지 인류의 삶을 꾸려온 귀중한 역사의 유산이다. 지금부터 우리가 수행해야 할 작업은 이러한 유산을 바탕으로 보다 차원 높은 삶의 질을 우리에게 확보해 줄 수 있는 새로운 문명의 집을 건축하는 일이다. 이러한 작업을 수행함에 있어서 가장 중요한 것은 열린 마음과 거침없는 상상력, 그리고 인간과 자연, 모든 존재에 대한 사랑과 열정이라고 나는 믿는다. 우리 모두는 그 새로운 출발의 문턱에 서 있다.

'동서 의학의 만남과 삶의 질' 심포지엄(1999년 7월 1일)

2천 년대의 문명사적 위치와 우리 사회의 대응

1. 역사의 지각변동

미물인 동물은 닥쳐올 지진 소리를 미리 듣기라도 하는 듯이 지진이 일어나기 전에 부산한 움직임을 한다. 그냥 멍청하게 있던 인간들은 지진의 격습 앞에 어쩔 줄을 몰라 한다. 역사의 대지각변동이 지금 벌어지고 있다고 어떤 사람들은 말한다. 그냥 물끄러미 쳐다보고만 있는 사람들은 역사의 낙오자가 될 것이다. 어떤 모습의 역사의 대지각변동이 벌어질 것인가? 한 가지 분명한 것은 아무도 그것에 대해 확실하게 말할 수 없다는 점이다. 아무도 내일의 주가(株價)가 얼마나 될 것인지 확실하게 말할 수가 없다. 총체적 역사의 운행은 주가의 등락보다 훨씬 더 복잡하다. 인간의 모든 행동은 근본적으로 인간의 예견력 위에서 이루어진다. 한 치 앞을 내다볼 수 없다고 느낄 때, 인간은 어떤 행동도 머뭇거릴 수밖에 없다.

과학의 이론도 본질적으로 추측의 한 형태라는 것이 논자들에 의해 지적된 바 있다. 인간의 지식은 가장 그럴듯한 추측에 뿌리를 두고 있다고 볼 수 있다. 더구나 내일의 역사의 행방에 대한 우리의 이야기는 그럴 듯한 추측 이상의 것이 될 수 없다. 진리의 궁극적 심판은 먼 훗날로 미루어질 수밖에 없다. 내일에 대한 가장 그럴듯한 추측은 과거에 대한 면밀한 검토 위에서 이루어진다.

내가 지금부터 말하려는 이야기는 전적으로 이러한 접근방식과 전제 위에 서 있다. 인간의 존재방식의 총체를 문명이라고 간단히 줄여 표현하고, 지금까지 문명을 농경문명과 산업문명 크게 두 가지 유형으로 나누어 보았을 때, 지금 인류는 새로운 유형의 '문명적 전환'의 문턱 위에 서 있는 듯이 보인다.

지금까지 각 유형의 문명에는 주도적인 세계 인식의 모형이 존재해왔다. 말하자면, 농경문명에는 거기에 알맞은 자연과 인간에 대한 독특한 관계방식이 있었으며, 또 산업문명에는 거기에 부합하는 독특한 자연과 인간에 대한 관계방식이 있었다. 이러한 총체적 관계방식을 우리는 '문명의 모형', 혹은 '문명의 전략'이라고 볼 수 있다.

어떤 문명의 모형을 가지고 있느냐 하는 것은 곧바로 인간이 어떤 삶의 전략과 존재방식을 가지고 살고 있느냐로 풀이할 수 있을 것이다. 인류 역사는 다음과 같은 사실들을 우리에게 보여주고 있다. 누가 문명의 전략을 올바로 세우고 체득하고, 또 효과적으로 실천에 옮겼느냐에 따라 역사의 주도세력을 형성해 왔다는 것을.

농경문명은 본질적으로 인간이 지닌 근육의 힘과 감성이라는 일차적인 자연적 특성에 토대하여 자연과 인간의 관계가 맺어진 시대였다. 여기서 인간은 자연에 얹혀살았다. 그리고 농경사회는 본질적으로 혈연 중심적인 집단사회였으며 여기서 집단 우선의 발상이 자연스럽게 자리 잡았다. 유기체적인 전체론의 모형이 이 시대의 지배적인 사고 모형이 되었다. 이 틀 안에서 인간은 자연에 대해 수동적이며 의존적인 관계에서 있었다. 여기서 정치적 지배자는 바로 사회적 전체의 화신으로 군림하였으며, 이러한 사회적 전체에 대해서도 수동적이고 의존적인 관계가 지배하였다.

산업문명의 지배적인 모형은 기계론적, 원자론적 모형이다. 산업문명에 있어서 인간은 자연에 대하여 능동적이며 지배적인 관계에 서 있다. 자연에 대한 주인으로서 '인간의 우위'가 선언되었다. 이러한 인간의 우월성은 개인의 인식론적 우위로 등장(제일철학으로서의 인식론의 등장)했을 뿐 아니라, 개인은 사회적 질서의 궁극적 원천으로서 윤리적, 정치적 '핵심 거점'이라는 인식으로 발전되어 갔다. 이때 개인이 지니는 그 우월성은 그가 지닌 근육의 힘과 감성과 같은 일차적인 자연적 특성에 연유하는 것이 아니라, '이성(理性)'의 힘에 연유하고 있다.

인간은 여기서 자연에 대한 이성의 인식론적 우월성(과학의 등장)을 뽐낼 수 있을 뿐 아니라, 자연을 인간의 방만한 탐욕을 충족시키기 위한 하나의 수단으로 정복하는 것이 옳다는 자연지배의 철학이 시대의 철학으로 확립되었다. 이렇듯 산업문명에 있어서 이성의 화신으로서의 개인은 자연에 대하여 지배적인 관계에 있으며, 인간들의 관계에 있어서 능동적이며 독자적인 가치와 힘의 거점으로 인식되었다.

기계론적, 원자론적 모형은 자연의 인식에 있어서 유효한 인식 모형인 동시에 인간들의 관계에 있어서도 유효한 모형이었다. 개인은 바로 사회구성의 기본적인 단위로서 사회라는 존재세계의 원자와 같은 것이었다. 개체주의(individualism)는 바로 그러한 개인(individual)을 사회적 원자로 파악하는 믿음을 표현하는 것이다. 이렇게 볼 때 산업문명에 있어서 인간(개인)은 자연과 사회의 관계에 있어서 능동적이며 지배적인 관계에 서 있었다.

인류의 문명의 역사는 농경문명으로부터 산업문명으로의 변천의 모습을 보여주고 있다. 농경문명으로부터 산업문명으로의 변화는 분명히 역사의 지각변동임에 틀림없다. 이러한 지각변동을 인간의 승리, 개인의 승리, 아니 이성의 승리와 영광이라고 계몽주의자들은 굳게 확신했다. 모든 종류의 세속적 유토피아 사상들의 뿌리는 바로 인간의 능력에 대한 강한 믿음에 서 있다. 자연과의 관계에 있어서, 그리고 인간들과의 관계에 있어서 인간이 지닌 합리적 사고능력의 발휘를 통해 차원 높은 진리의 인식과 그 인식된 진리를 완전하게 실현할 수 있다는 믿음 위에 모든 지난 시대의 유토피아 사상은 뿌리내리고 있다.

이제 그러한 낙관주의 위에 서 있던 산업문명이 종말을 고하고 새로운 형태의 문명이 도래하리라는 예감을 공유하는 사람들이 늘어가고 있는 요즈음이다. 2천 년대가 바로 그러한 새로운 문명이 태동하고 성장하는 시대가 될 것이라는 매우 그럴듯한 추측을 우리가 여기서 되씹어보고 있는 것이다.

2. 새로운 문명의 태동과 새로운 모형의 세계관의 필요성

인간의 근육의 힘에 바탕을 둔 농업문명과 석탄과 석유의 에너지에 바탕을 둔 산업문명, 이 두 유형의 문명을 인류문명사는 보여주고 있다. 석탄과 석유 자원은 근본적으로 유한한 자원이다. 얼마 동안 쓰면 곧 바닥이 드러날 자원이다. 경제성장의 가속화는 석탄과 석유 에너지를 바탕으로 한 산업문명의 끝장을 가속화할 것이 너무도 뻔하다. 어디 그뿐인가. 석탄과 석유에 토대한 산업의 가속적인 성장은 공해의 가속적인 증가로 연결된다. 공해의 가속적인 증가는 지구 위의 생명, 특히 인간 생명에 대한 가속적인 위협과 직결된다. 지금까지와 같은 형태의 산업문명의 한계와 위기를 우리는 여기서 분명히 읽을 수 있다.

이러한 산업문명의 위기로부터 벗어날 탈출구가 과연 있는가? 새 문명에 대한 기대는 바로 이 물음에 대한 긍정적인 대답으로부터 나온다.

만일 우리가 어떤 긍정적인 대답도 발견할 수 없다면, 우리는 2천 년대의 새로운 인류문명을 논하기보다는 인류문명의 종말론만이 우리 앞에 놓여 있게 될 것이다.

여기서 우리는 새로운 문명의 도래에 대한 기대는 새로운 삶의 전략과 직결되어 있음을 간파할 수 있다. 그것은 곧 새로운 문명 전략이며 새로운 세계관의 모형으로 통한다.

그러면, 문명의 종말을 극복할 수 있는 새로운 삶의 전략은 무엇인가? 이 거창한 물음에 대한 대답은 엄청난 작업을 요구한다. 그러나 그 방향의 핵심을 나는 이렇게 표현하고 싶다. '더불어 있음(共存)'과 '더불어 살림(共生)'이 바로 그것이다. 자연과 맺는 관계가 그러해야 하며, 인간들의 관계가 그러해야 한다.

산업문명은 인간만 번영하면 그만이라는 생각에서 자연을 지배와 정복의 대상으로 삼고 연구하고 이용해 왔다. '인간' 홀로 잘 살 수 있다는 생각, '나' 혼자 잘 살 수 있다는 생각, 그런 반쪽만 보는 눈이 바로 우리가 넘어서야 할 문턱이다. 이것은 바로 우리가 극복해야 할 삶의 전략이다. 새로운 문명의 존재 가능성은 바로 이러한 인식과 실천의 새로운 전환 가능성 위에 있다. 자연과 더불어 있음, 자연과 더불어 살림의 관계에 선다는 것은 사람만 재미 보는 것, 독식(獨食)의 아집으로부터 벗어나는 것을 뜻한다. 인간들 사이의 관계에 있어서도 독식의 탐욕으로부터 벗어나야 한다. 지성의 빛이 일부의 사람들에게만 열려 있던 때에는 독식의 탐욕이 그래도 용납될 수 있었다. 그러나 열린 지성의 시대에는 독식을 넘어선 더불어 있음의 새로운 관계가 온갖 사회적 관계 속에 실현되어야 할 것이다.

더불어 있음은 맞물려 있음이다. 맞물림의 관계에 있는 두 존재는 서로가 보완적 관계에 있다. 보완적 관계에 있는 두 존재는 각각이 상이한 특성을 가지고 있다. 두 개의 벽돌은 서로가 보완적 관계에 있지 않다. 자물

쇠와 열쇠는 맞물림의 관계에 있는 두 개의 사물이다. 자물쇠는 열쇠가 없으면 무용지물이 되고 만다. 또 열쇠는 그와 맞물리는 자물쇠가 없으면 역시 아무 소용이 없다. 존재가치가 없다. 둘은 상대의 존재를 전제함으로써만 자기의 존재의미를 가질 수 있다. 둘이 같아져서 하나가 되어도 아무 쓸모가 없다. 두 개의 자물쇠, 두 개의 열쇠가 바로 그런 경우이다.

자연과 인간을 맞물림의 관계로 되돌려놓아야 한다. 인간들 사이의 관계도 마찬가지다. 서로가 서로를 살려주는 관계에 서 있을 때 모든 것은 더불어 있게 된다.

새 문명의 탄생은 새로운 삶의 태도, 새로운 산업구조, 새로운 정치 사회 조직 등 문명의 기본 틀의 엄청난 변화를 동반할 것이다. 우리는 과거 산업문명에 있어서 맨 뒷자리에서 역사의 그늘 속을 헤매며 한의 역사를 살아왔다. 이제 문명의 새 판이 벌어지려 하고 있다. 우리가 어제의 역사 판에서는 맨 뒷자리에 서 있었으나, 역사의 새 판에서는 우리의 선 자리가 달라질 수 있다는 희망을 가질 수 있다.

역사의 주인공은 시대에 따라 교체되어 왔다. 우리라고 늘 남의 뒤꽁무니만을 쫓아다녀야 할 그 무슨 운명을 타고난 것이 아니다. 문제는 우리가 얼마나 역사의 전환의 방향을 정확하게 읽고 거기에 유효한 대응을 하느냐에 달렸다.

지금 사람들은 태평양 시대의 도래를 말한다. 역사의 중심축이 대서양으로부터 태평양으로 이동하고 있는 여러 가지 징후가 나타나고 있다. 아무리 역사의 중심축이 우리 가까이로 온다손 치더라도, 우리 자신이 새 역사의 도전에 적절한 대응을 하지 못한 채 어제의 낡은 인식과 행동의 틀 속에 사로잡혀서 지나간 어제의 노랫가락에 정신이 팔려 있다면, 우리에겐 희망의 기회가 없다.

우리가 지금까지 가지고 있던 자연과 인간에 관한 여러 가지 인식의 틀과 내용은 이미 사라져가기 시작한 문명에 대해서 타당할 수 있었던 낡은 틀이 그 대부분임을 우리가 분명히 깨닫지 않으면 안 된다. 우리가 만일 그 유효기간이 이미 다 끝난 그 낡은 틀에 계속 매달려 있게 된다면, 우리가 지난 세기에 겪어야 했던 그 낙후의 역사, 실패의 역사를 다시 되풀이할 공산이 매우 크다.

무엇보다 지금 우리에게 필요한 것은 지금까지 우리 마음 깊숙이 도사리고 있는 변방의식의 온갖 부정적인 요소, 병리적인 요소들을 우리 마음으로부터 훌훌 털어버리는 일이다. 그리고 우리도 새 문명의 새 판을 주도할 수 있다는 '중심의식'으로 '태도의 전환'을 일으켜야 한다. 그리하여 열린 마음으로 새 세계의 설계와 창조 그리고 실천에 혼신의 노력을 다 바쳐야 할 것이다.

새로운 문명에 적합한 세계관은 적어도 다음과 같은 몇 가지 점에 대해 새로운 대안을 포함해야 할 것이다.

(1) 개체와 전체에 대한 지금까지의 배타적인 관계를 극복한 새로운 제3의 대안 모델이어야 한다.

(2) 자유와 평등에 대한 지금까지의 배타적인 관계를 극복한 상호보완적 관계의 모델이어야 한다.

(3) 주관 중심의 관념론과 객체 중심의 실재론을 극복한 것이어야 한다.

(4) 정태적인 논리로서의 형식논리와 동태적인 논리로서의 변증법이 배타적인 관계로서 파악되는 사유를 넘어서야 한다.

(5) 그리고 새로운 모델은 근본적으로 인간과 자연의 관계, 인간과 인간의 관계가 '더불어 있음'과 '더불어 살림'의 새로운 질서 속에 자리 잡도록 되어야 할 것이다.

'새 술'은 '새 자루'를 요구한다. 새 문명은 새로운 세계관의 모형을 요청한다.

3. 새 문명의 도전에 우리는 승리할 것인가?

새 문명의 도전에 대한 새로운 대응이란 결국 새로운 존재양식으로 변화됨을 뜻한다. 새로운 존재양식으로의 변화는 곧 사고와 행동의 주체의 변화와 삶의 틀인 관행과 각종 제도(법)의 변화를 말한다. 사고와 행동의 변화는 교육의 지렛대를 통해 꾀할 수밖에 없다. 기성세대의 사고와 행동의 변화를 위해서는 각종 사회운동, 종교운동, 언론 등을 포함한 사회교육의 힘에 호소해야 할 것이다. 그리고 젊은 세대들을 위해서는 가정교육과 학교교육을 통해 변화를 꾀해야 한다. 그리고 제도와 법률의 개혁은 국가 경영 담당 세력에게 그 책무가 맡겨져 있다.

이렇게 보면 새 문명의 도전에 우리가 성공적으로 살아남기 위해서는 이 땅에 사는 모든 사람의 헌신적인 참여가 있지 않으면 안 된다. 변화와 개혁의 주체는 온 국민이다. 그러나 흩어져 있는 온 국민의 힘과 지혜를 한곳으로 모아 알찬 금강석으로 정련(精鍊)하기 위해서는 별도의 선별된 정예의 핵이 필요하다. 그렇지 않으면 힘은 분산되고 지혜의 목소리들은 백가쟁명의 잡음으로 변질되고 말기 쉽다. 그동안 이 땅을 갈라놓았던 온갖 갈림의 벽들을 넘어서서 참으로 알찬 힘을 한데 모으지 않으면 안 된다. 지금은 우리 모두가 소리(小利)의 우물에서 해방되어 역사의 대의(大義)의 광장에 한데 모여야 할 때이다. 모여서 새 문명의 도전에 대한 응전의 청사진을 만들고 실천에 옮겨야 한다.

깨끗한 정치, 투명한 정치, 열린 정치가 되도록 온갖 제도의 틀을 새로 짜야 한다. 정의와 공정의 원리가 살아 숨 쉬는 경제, 국제경쟁력 있는 건강한 경제, 삶의 질을 높이는 경제가 되도록 제도와 운영의 방식을 혁신해야 한다. 그리고 무엇보다도 사람을 변화시키는 교육의 틀을 바로잡아야 한다. 한국인의 교육열은 세계 제일이다. 이것은 아마도 한국의 내일의 희망을 담보하는 가장 소중한 자산이다. 그러나 그 소중한 자산은 지금 내일의 희망을 살찌우는 터전이 아니라, 우리의 힘을 탕진케하는 자기소모적인 갈등의 용광로가 되고 있다. 기(氣)는 충천하나, 그 충천한 기를 담아내는 그릇이 제대로 준비되어 있지 못하다. 기가 제대로 활력 있게 흐르도록 이(理)의 골을 바로 파놓아야 한다. 이기(理氣)가 서로 맞아야 한다. 그래야 비로소 새 생명의 힘찬 운동이 터져 나올 것이다. 오늘의 한국 교육개혁은 적어도 다음의 세 가지 핵심 사상에 초점을 맞추어야 할 것이다.

(1) 충천한 교육열을 흡수하도록 해야 한다(교육열의 해소는 민생고(民生苦)의 해결이다).

(2) 21세기 문명의 대응 전략의 차원에서 '우리 학문', '우리 기술'을 창출해 낼 수 있도록 교육의 질을 높여야 한다.

(3) 정보산업사회에 적합한 쓸모 있는 산업인력(직업교육)을 제대로 공급해야 한다.

이러한 사항에 초점을 맞춘 '신교육'을 위한 개혁은 참으로 새로운 발상을 요구하는 '대담한 기획'이 되어야 할 것이다. 그것은 지금까지의 상투적인 교육행정적 사고로부터 초월할 것을 요구한다.

교육개혁은 장기적 관점에서 보면 우리 민족의 장래가 걸린 중대한 문제이다. 어떤 역사를 만드는가는 곧 역사의 주인공이 어떤 사람인가에 달려 있기 때문이다.

독일 민족국가 형성기에 철학자 피히테(Fichte)는 「독일 국민에게 고함」에서 '인간 형성(Bildung)'의 중요성을 강조하며 독일의 건설은 새로운 독일 사람의 교육에 있다고 역설하였다. 이것을 그저 지나간 남의 나라의 이야기로 치부할 수만은 없다. 일등국민이 없이 일등국가, 일등사회를 만들 수가 있겠는가? 그러면 우리는 과연 지금 오늘에 합당한 준비를 하고 있는가? 과연 우리는 새 문명의 도전에 승리자로 살아남을 수 있을 것인가?

나라정책연구회 심포지엄(1993년 7월 3일)

깊은 생각이 역사를 움직인다

파스칼은 일찍이 "인간은 생각하는 갈대"라고 말했다. 인간은 물리적 힘에 있어서 그래 대단한 존재가 못 된다. 물 한 방울로도 인간은 죽을 수 있는 그런 연약한 갈대이다. 그럼에도 사람이 다른 존재들과 구별되는 것은 '생각하는 힘' 때문이다. 바로 그 특성 때문에 인간은 다른 존재로부터 구별될 뿐 아니라, 그 존재 위에 군림조차 할 수 있다. 인간의 위대성은 한 방울의 물이 그를 죽일 수 있다는 것을 생각할 수 있는 점에 있다.

이 생각하는 힘을 그리스의 사상가들은 이성(理性)이라 불렀다. 이성은 생각하는 능력들을 통틀어 붙인 명칭이다. 그리하여 서양에 있어서 모든 학문의 조상이라 불리는 아리스토텔레스는 인간을 '이성적 동물'이라고 정의했다. 생각하는 능력을 지닌 동물이 곧 인간이라는 말이다. 이러한 아리스토텔레스의 정의가 제시된 후, 서양에 있어서 이성은 인간의 본질과 동의어처럼 여겨져왔다.

따라서 이성이 작동하지 않는 존재, 즉 생각하지 않는 존재는 인간이 아닌 존재와 동일시될 수밖에 없다. 설사 인간의 형체를 지니고 있다 하더라도, 생각할 수 없는 존재라면, 그것을 인간이라고 말할 수 없다는 이야기가 된다.

이러한 논리에 따라 말하면, 한국인은 사람이므로, 당연히 생각하는 존재이다. 사색이란 다름 아닌 생각의 한 형태이므로, 한국인은 사람인 이상, 모두 사색하는 존재가 아닐 수 없다고 말하지 않으면 안 된다. 물론이다. 사람치고 생각하지 않는 존재가 어디 있겠는가. 죽음을 눈앞에 둔 소위 '식물인간'이 아니고서야, 어찌 생각이 없을 수 있겠는가.

그러나 문제는 '무엇'을 생각하느냐에 있다. 잡념에 사로잡혀 있다는 말이 있다. 잡념도 생각임에 틀림없다. 그러나 잡념은 피해야 할 그 어떤 것이지, 우리가 부추겨야 할 그 어떤 것이 아니다. 우리가 벗어나야 할 것은 쓸데없는 생각의 미로 행각이다.

우리의 마음을 괴롭히는 쓸데없는 관념의 소용돌이는 크게 두 가지이다. 이미 지나버린 과거에 대한 회한과 후회가 그 한 가지요, 아직 오지 않은 미래에 대한 온갖 불안으로 뒤덮인 관념의 혼란이 그 다른 한 가지이다. 우리가 흔히 잡념이라 부르는 것은 이 두 가지 부류에 속하는 것들이 대부분이 아닌가 한다.

그렇기에 우리가 마음의 평정에 도달하기 위해 맨 먼저 해야 할 것은 이런 과거와 미래에 뒤얽혀 있는 관념의 혼잡으로부터 우리 자신을 단절시키는 일이다. 기우(杞憂)가 바로 이런 쓸데없는 생각의 전형이다. 이런 쓸데없는 생각의 소용돌이에 오래 시달리고 나서 우리가 얻게 되는 것은 정신의 쇠진이요 탈진이다. 노이로제를 비롯한 여러 가지 정신적 부조화는 바로 그런 정신의 탈진 상태의 여러 가지 양태이다.

여기서 분명히 우리가 보는 것은, 생각은 모두가 권장해야 할 것이 아니라는 점이다. 모든 생각이 인간의 삶을 풍성하게 하며 삶을 고양시키는 것이 아니기 때문이다. 끊어버려야 할 생각이 있기 때문이다.

올바른 생각이란 뚜렷한 문제와 대상이 있는 생각이다. 본디 생각은 문제를 풀려는 인간의 노력의 한 형식이다. 문제를 푸는 것은 행동을 포함한다. 그러나 생각은, 문제풀이와 연관된 행동을 실제로 연출하는 것 대신에, 그 행동이 해결하는 과정을 미리 마음속에서 약식으로 연출해 봄으로써, 행동에 수반되는 노고를 덜어주는 방식으로 문제를 해결하는 장치이다. 그러므로 생각을 통해서 우리는 해보지 않고서도 일의 모양새를 알 수 있다. 이런 묘한 장치가 바로 생각이요 사색이다. 인간은 이 독특한 문제 해결의 장치를 지니고 있음으로 인하여, 물리적 힘에 있어서는 대단치 않은 존재이나, 세상의 왕자로 군림할 수 있는 존재인 것이다.

무턱대고 머리를 쥐어짜고 있다고 해서 올바른 사색에 몰두하고 있다고 우리가 말할 수 있는 것은 아니다. 올바른 문제 인식이 있고 난 다음에야 비로소 우리는 사색의 풍요로운 세계에 침잠할 수 있다.

문화란 바로 인간의 사색의 산물이다. 우리가 어떤 문화의 주인공이 되느냐 하는 것은 우리가 얼마나 진지한 사색을 하느냐에 달려 있다. 오늘 한국 땅을 딛고 사는 사람들은 너나 할 것 없이 이 땅 위에 수준 높은 문화가 풍요롭게 형성되길 희망한다. 그 희망은 우리가 얼마나 진지한 사색인이 되느냐에 의해 현실화될 수 있을 것이다.

오늘 한국 사람들은 세계 어느 사회에 사는 사람들 못지않게 열을 올려 뛰고 있다. 열을 올려 뛰는 것은 중요하다. 행동과 실천이 문제를 해결하기 때문이다. 인간은 머리로 뛰어보고 가장 효과적인 방법을 찾은 후, 그 방법에 따라 실천함으로써 문제를 해결하는 존재이다. 그렇기에 무턱대고 뛰는 것이 장땡은 아니다. 효과적으로 뛰어야 한다. 그러기 위해서는 뛰기 전에 깊이 생각하고, 뛰면서 생각해야 한다. 사색하는 행동은 맹목적 행동보다 훨씬 강력하다.

'하면 된다' 는 신념도 중요하지만, 어떻게 해야 하는가에 대한 생각은 훨씬 더 중요하다. 인간의 위대성은 바로 그 생각의 깊이로부터 탄생하기 때문이다.

역사를 움직이는 두 가지의 요소는 역사의 주인공이 지닌 생기(生氣)와 이성(理性)이라고 나는 본다. 열을 올려 뛰는 것은 생기의 작용이요, 생각하는 것은 이성의 작용이다. 지금 우리에게는 뛰고자 하는 의욕도, 뛰는 힘도 충천하고 있다. 이런 생기의 발현에 더 보태져야 할 것은 이성의 발현이다. 깊은 생각, 넓은 생각이 이 땅의 사람들의 정신세계로부터 분출되어야 한다. 이성이 활성화되어야 한다. 이성이 잠든 곳에 참다운 역사의 발전은 있을 수 없다.

우리는 지난 역사에서 외세의 힘에 눌려 너무나 주눅이 들어, 우리가 지닌 명철한 이성의 힘을 잠들게 해왔다. 지금 이때는 우리의 기죽어 잠든 이성에 새로운 활력을 불어넣어 새로운 가동을 시작해야 할 때이다. 몸을 단련하는 자만이 왕성하고 강인한 체력의 주인공이 될 수 있다. 깊은 생각과 넓은 생각, 명석한 생각과 지혜로운 생각은 이성을 거침없이 가동시키는 자만이 획득할 수 있다. 그렇기에 나는 오늘 사색하며 뛰며, 뛰며 사색하는 한국인의 모습을 더욱 열망하게 되는 것이리라.

『삶과 꿈』(대우전자 사보, 1986년 9월)

함께 있음의 철학

1986년이 시작된다. 해가 바뀔 적마다 우리 가슴과 머리는 뭉클함과 만화경처럼 스치고 지나가는 어제의 사연으로 가득 찬다. 그리고 내일을 미리 생각한다. 바로 이런 어제를 기억으로 오늘에 재현시키며 내일을 기대로 끌어 잡아당기며 오늘의 나는 존재한다. 과거와 미래가 오늘을 지렛대로 하여 나의 의식 앞에 펼쳐진다. 나의 삶은 바로 어제와 내일과 오늘이라는 시간의 지평 위에서 진행된다. 이런 시간 속에 펼쳐지는 사건의 다발이 바로 나의 삶이요, 나의 존재의 역사이다. 시간은 나의 삶을 꿰매는 틀이다.

그러나 나는 그저 시간의 흐름일 수만은 없다. 구체적으로 나는 어디에 있다. 그것이 한적한 강원도 두메산골이든, 파도가 몰아치는 독도의 해변이든, 북적대는 서울의 지하철 속이든, 그 어떤 공간 속에 나는 있다. 내가 있는 것은 시간의 흐름 속에 있을 뿐 아니라, 공간 좌표로 표시될 수 있는 그 어떤 지점에 있다. 그렇기에 시간과 공간은 나의 삶이 진행되는 두 가지의 틀이다. 나의 삶의 모습을 분간하여 들여다보려면 시간과 공간의 틀을 통해 점검해 보아야 한다. 역사란 다름 아닌 시간과 공간의 틀 위에서 짜이는 사건의 집합이다.

나의 삶의 모습의 행방을 점검하려면 나의 삶을 엮어간 시간과 공간의 궤적을 추적해 보아야 한다. 나는 어디에서 언제 세상에 태어났으며, 어디에서 언제부터 언제까지 어떤 교육을 받았으며, 언제 어디서 어떤 사람들을 만났으며, 그 후 그 사람들과 어디에서 언제 어떤 관계를 맺으며 살아왔는가? 어떤 이는 친구로, 어떤 이는 직장 동료로, 어떤 이는 직장 상사로, 어떤 이는 선생으로 혹은 제자로, 또 어떤 이는 애인이나 배우자로 관계를 지니며 살아왔다. 모두 시간과 공간을 축으로 하여 엮이는 사건들이다. 이것이 나의 삶이요, 나의 존재의 역사이다.

나의 삶은 나 혼자만의 이야기가 아니다. 나의 삶을 엮는 사건들은 나 아닌 타인들의 이야기와 얽혀 있다. 그 타인은 나와 무관한 존재가 아니다. 나의 어머니와 아버지도 내가 아닌 존재이다. 그러나 그 타자는 나의 존재와 무연의 존재가 아니다. 무연이 아니라, 나의 존재의 근거요 원인이다. 나의 부모가 없었다면 내가 세상에 존재하는 것은 불가능하다. 나의 삶은 결코 나에게서 비롯되는 그 어떤 독립적인 원자가 아니다. 나는 더불어 얽혀 있는 존재이다. 내가 부모와 지니는 관계만 그런 얽혀 있음인 것은 아니다.

나의 어린 시절의 기억을 더듬어 떠오르는 수많은 재미있던 일들은 그때 나와 더불어 놀던 불알친구가 없었다면 가능했을까? 불알친구가 없는 나의 어린 시절을 한번 상상해 보라. 혼자밖에 없는 아이가 무엇을 했을까? 비록 나의 뒷집 심술궂은 개구쟁이가 가끔 내가 좋아하던 장난감을 부숴놓기는 했지만, 그래도 그놈이 없었던들 나는 얼마나 쓸쓸했을까?

일곱 살이 되어 국민학교에 드나들었다. 그때 선생님들과 급우들이 없었던들 나의 국민학교 다니는 어린 시절은 불가능했을 것이다. 숙제를 안 해간 날 매서운 선생님이 회초리로 나의 종아리를 때렸을 때 선생님을 원망스럽게 느꼈을망정, 그 선생님이 안 계셨더라면, 나의 교육은 가능하지 못했을 것이다. 나의 삶에서 초등교육은 존재할 수 없다.

과거의 이야기만 더불어 있음의 틀 속에 있는 것은 아니다. 오늘 내가 다니는 직장도 그 더불어 있음의 한 방식에 불과하다. 나에게 가끔 불호령하는 상사가 불쾌한 존재로 인식되는 것도 사실이지만, 그리고 내 옆자리에 앉아 있는 동료가 가끔 나를 골려주어 미운 것도 사실이지만, 그 타인들이 존재하지 않는다면, 정말 나의 직장은 어떻게 되는 것이며, 나의 삶은 어떻게 되는 것일까? 나와 경쟁관계에 있는 타인들이 나의 원수로 인식되는 것도 사실이지만, 도대체 타인이 없는 나만의 세계가 가능하지 않은 한, 우리는 타인과 더불어 살게 되어 있다. 인간의 삶은 본질적으로 '함께 있음'이다. 우리는 어쩔 수 없이 나 아닌 타인과 더불어 살 수밖에 없다. 더구나 오늘의 문명은 바로 그런 공동적 존재방식이 그 어느 때보다 강하게 두드러진 세상이다.

모두는 모두에 의존해 있다. 너의 '함'이 없으면 나의 '함'이 불가능하다. 너 전기공의 일함이 없으면, 나의 집과 나의 사무실이 밤이면 흑암에 묻히게 되어 나의 일함이 불가능하게 된다. 너 농사꾼의 땀 흘림이 없으면, 나와 나의 식구들의 굶주린 배를 채울 길이 없다. 나의 자동차 수리공으로서의 손발의 놀림이 없으면, 차를 타는 사람들의 발이 묶이고 만다. 수도사업소의 기술자인 나의 손발이 움직이지 않으면, 나의 식구들뿐 아니라 수많은 사람들이 목을 축일 수가 없다.

너와 나는 아무 상관없다는 듯이 생각을 할 수 있다. 그러나 너와 나의 삶은 뗄 수 없이 얽혀 있다. 이것이 인생의 존재방식이다. 인간은 이 모듬살이로부터 탈출할 수 없다. 나의 행불행은 바로 이 모듬살이가 어떻게 운영되느냐에 달렸다. 사회와 나라가 바로 그런 모듬살이다.

우리가 사는 것은 물론 '내가 주체다'라는 것이지만, 나는 그저 나 혼자 사는 것이 아니라 어느 사회와 나라의 한 구성원으로 산다. 그렇기에 우리는 아무개일 뿐 아니라, 한국 사람이다. 우리의 행불행은 바로 한국이라는 모듬살이의 운행방식과 밀접하게 연결되어 있다. 오늘의 나의 삶의 모습은 내가 속해 있는 한국의 역사의 진행과 결코 무관한 것이 아니다.

500년의 조선 왕조가 일제의 침략에 의해 종결되고, 35년 동안의 식민의 노예적 삶을 청산한 지 이제 40년, 이것이 오늘로 이어지는 우리 모두가 속해 있는 한국의 모듬살이의 모습이다. 그런데 35년 동안의 노예적 삶은 말할 필요도 없으려니와, 그 후의 40년 동안의 우리의 삶은 그야말로 험산준령을 넘는 것과 같은 수난으로 점철된 역사가 아니었던가.

그러한 수난의 삶 속에서도 우리가 다행스럽게 생각하는 것은 굽히지 않는 삶에의 강렬한 의지가 오늘 이 땅의 역사를 움직이고 있다는 사실이다. 우리 앞에는 많은 민족적 과제가 놓여 있다. 그 과제의 해결을 위해서는 우리의 엄청난 노력과 지혜가 요구된다.

그 많은 과제 가운데 우리가 우선 풀어야 할 과제는 모듬살이에 필요한 자질과 태도를 익히는 일이다. 한 사회와 나라라는 모듬살이가 제대로 되고 안 되고는 그 모듬살이에 참여하는 사람들이 모듬살이에 필요한 올바른 자질과 태도를 제대로 습득했느냐에 크게 달렸다. 우리가 선진국이라고 하는 나라를 가보면, 무엇이 제대로 된 나라와 그렇지 않은 나라를 만드는지를 깨달을 수 있다. 소위 선진국이라는 나라는, 흔히 생각하기를, 사람들이 필요로 하며 탐내는 여러 가지 물질적 여건들이 잘 구비되어 있는 곳이다. 물론 그렇다. 그러나 좀 더 자세히 들여다보면, 그것은 전부의 이야기가 아니다. 그런 풍부한 물질적 여건의 배후에는 그것을 만들어낸 인간이 있음을 놓쳐서는 안 된다. 좋은 물건은 결코 공짜로 생기지 않는다. 좋은 물건의 뒤에는 사람의 진땀이 있다. 그리고 그런 진땀의 뒤에는 그런 진땀을 흘려 일할 수 있게 해주는 사람들의 마음씨가 있다. 진땀은 그저 흐르는 물이 아니다. 사람이 애써 짜내는 노력의 결정이다.

사람은 기계가 아니다. 사람의 마음을 움직이는 것은 사람의 뜨거운 마음이다. 모듬살이의 생명은 모듬살이꾼들 사이에 오가는 뜨거운 마음이다. 그 뜨거운 마음이 바로 모듬살이의 동력이다. 우리가 사람이 사람 대접 받고 살 수 있는 사회를 만들기 원한다면, 모듬살이에 필요한 마음의 태도를 습득해야 한다. 네가 나의 입장에 서서 생각하기를 기대하기 전에 내가 너의 입장에 서서 생각하는 마음의 훈련이 바로 그것이다. 그럴 때 비로소 너와 나의 뜨거운 만남이 있을 것이다. 그리고 너와 더불어 있는 나의 참교육을 보게 될 것이다.

『샘터』(1986년 1월)

르네상스와 신과학기술

1. 역사적 사실로서의 르네상스

우리가 오늘 '르네상스(Renaissance)'라고 부르는 역사적 사실은 그 어떤 특정한 시간에 일어난 단일한 역사적 사건이 아니다. 이것은 마르크스가 내건 '매니페스토(Manifesto)' 같은 것도 아니며, '논리실증주의(Logical Positivism)'와 같이 어떤 그룹의 학자들이 공동으로 내건 그 어떤 사상운동도 아니요, 프랑스 혁명과 같은 그 어떤 극적인 단일한 역사적 변화를 지칭하는 것도 아니다. 그것은 1300년대로부터 1500년대에 걸쳐 일어난 유럽의 다양한 역사적 변화를 이해하고 서술하는 사후적(事後的)인 특성기술(特性記述)의 언어이다. 말하자면 역사학자들 사이에 합의된 하나의 작업가설(working hypothesis)의 성격을 띤 언어이다.

그런데 이 작업가설이 겨냥하고 있는 대상은 중세로부터 근세라는 역사의 중심축의 대이동이다. 서양의 중세를 떠받치고 있던 두 개의 큰 제도적 기둥은 가톨릭교회와 봉건제도였다. 중세로부터 근세로의 전환은 바로 이 양대 제도의 변혁을 의미하며, 그 제도와 결부되었던 의식과 사상과 학문의 근본적인 전환을 의미한다. 그런 역사의 거대한 전환, 문명의 거대한 전환을 유럽의 역사학자들은 '르네상스'라는 낱말로 단순화하여 표현했던 것이다. 라틴어에 어원을 둔 'Renaissance'라는 낱말은 널리 알려진 바와 같이 '다시 태어남'을 뜻한다. 여기서 다시 태어나는 것은 무엇인가? 그것은 무엇보다도 그리스적인 인간 이해, 즉 그리스의 플라톤과 아리스토텔레스에 의해 특징적으로 파악된 '이성적 인간'이다. 그리스적 인간관의 부활, 그것이 곧 '르네상스'란 말이 표현하고자 하는 핵심이다. 그리스적 인간관의 부활은 중세적 인간관으로부터 탈피를 뜻한다. 가톨릭의 신학이론 속에 명시적으로 표현된 인간 이해와 중세의 봉건제도 속에 함축되어 있는 인간 이해로부터 벗어나서 새로운 인간 이해를 갈구한 근대 서구인들은 고대 그리스에서 암시와 준거점을 모색하려고 했다. 어쩌면 그것은 역사의 '핑계'였는지도 모른다. 천 년에 걸쳐 굳게 자리 잡은 중세적 전통에 맨주먹으로 항거한다는 것은 사마귀 한 마리가 수레와 맞붙는 것과 같은 어리석은 일이기 때문이다. 중세로부터 대탈출의 거대한 역사의 운동은 그리스적인 것의 부활을 거치로 삼은 운동으로 역사학자들의 눈에 보였던 것이다. 그래서 '르네상스'라는 낱말은 이 엄청난 문명의 전환의 몸짓을 묘사하는 언어로 정착되었다.

'르네상스'라는 낱말은 그 태생이야 어찌되었건, 오늘 우리에게 어떤 생동감과 약진 그리고 융성함의 이미지를 던져주는 신선한 언어로 다가온다. 중세로부터 대탈출을 꿈꾸었던 사람들의 마음속에 자리 잡고 있던 가장 중요한 것 가운데 하나가 바로 그러한 생동감과 약진하는 인간의 자화상이기도 했다. 무한한 가능성을 지닌 인간 능력에 대한 엄청난 신뢰와 자신감이 그들을 사로잡았던 것이다. 무엇이든지 할 수 있는 존재라는 인간에 대한 강력한 믿음, 이것이 중세로부터 근세로 문명의 중심 전환을 이끈 정신적 추동력이었다.

이러한 인간에 대한 믿음은 중세적인 인간인 죄인으로서의 인간, 신의 절대적 위력에 기세가 눌린 나약한 인간의 모습과는 전혀 다른 인간의 새로운 자기발견이었다. 어쩌면 이러한 인간의 무한한 가능성에 대한 믿음은 계몽주의적인 오만한 인간의식의 씨앗이 되기도 하였다.

이러한 인간에 대한 새로운 믿음의 표현은 계몽주의로 나타났다. 계몽주의는 한편으로는 인간은 자신의 능력을 최대로 실현함으로써 행복을 얻을 수 있다는 적극적인 삶의 철학을 심어주기도 하였으나, 다른 한편으로는 인간에게 분수에 넘치는 과도한 탐욕과 오만을 부양해 줌으로써 인간을 자연의 약탈자로 만든 부정적 결과도 초래하였다.

이러한 인간의 재발견은 결국 이성적 존재로서의 인간의 우월성을 인정하는 저 그리스적 인간관과 맥을 같이한다. 이성은 바로 진리인식의 주체이다. 이성을 지닌 인간은 사회적 질서의 근원일 뿐 아니라, 모든 존재하는 것에 대한 진리인식의 원천이라고 새로운 인간관은 주장하였다.

민주주의와 새로운 학문(근대과학)의 출현은 바로 이러한 새로운 인간관의 출현과 궤를 같이하고 있다. 이성을 가진 각개의 인간이 사회의 질서인 법과 도덕의 원천이라는 생각이 바로 근대 시민사회의 핵심적 사상이다.

그리고 진리는 신의 계시에 따라 인간에게 주어지는 것이라는 중세적 진리관으로부터 벗어나, 진리는 인간에 의해 직접 파악될 수 있는 것이라는 생각이 새로운 세속적 학문인 근대의 과학적 작업을 촉진시키는 데 기여하였다.

그리하여 중세적 봉건체제로부터 근대적 시민사회로, 중세적 형이상학적 세계관으로부터 근대적 과학적인 자연인식으로 전환이 이루어져 갔다.

물론 이러한 새로운 발상은 인간의 모든 활동 영역으로 확산되어 갔다. 건축과 미술, 음악 그리고 시와 소설의 영역에서 중세적인 기본 문법으로부터 해방운동이 맹렬히 일어났다. 중세적 표준과 정석(定石)의 틀의 속박으로부터 벗어나 상상력의 자유로운 기동훈련을 통해 전대미문(前代未聞)의 새로운 기법과 새로운 틀이 줄을 이어 나타났다. 중세적인 고정된 표준, 기본 문법이 무너져 내리고 새로운 사고의 틀이 등장하였다. 이성의 논리와 경험적 증거만이 이 모든 새로운 시도들의 안내자의 역할을 수행할 뿐이다.

르네상스 시대는 그리스의 것을 부활시킨다는 명분 아래 기존의 틀로부터 벗어나 각양각색의 새로운 시도를 감행하는 지적 모험의 시대였다. 말하자면 그것은 기존의 모든 패러다임들이 무효화되고 새로운 패러다임이 모색되는 실험정신이 살아 숨 쉬는 시대였다. 패러다임의 대전환기, 그것이 바로 르네상스 시대이다. 낡은 것들이 시들어 사라지고 생명력이 넘쳐흐르는 새로운 싹이 온 천지를 뒤덮은 시대, 그것이 바로 르네상스 시대이다.

2. 산업문명의 종언과 새로운 현실

르네상스는 중세적 농업문명으로부터 근세적 산업문명으로 이행하는 과도기의 역사적 양태였다. 말하자면 르네상스 시대는 산업문명의 잉태기였다. 그런데 르네상스의 모태에서 출생한 근세의 산업문명은 지금 석양을 맞이하고 있다. 현존하는 산업문명이 역사의 지평 아래로 사라진 후 어떤 새로운 모습의 문명이 나타날 것에 대해 많은 사람들은 긴장된 눈으로 바라보고 있다. 지금은 새로운 문명이 역사의 지평 위에 희미하게 모습을 드러내는 역사의 여명기이다. 근대문명의 틀로부터 벗어난 새로운 문명의 틀을 탐색하는 시대가 바로 오늘이다. 아직 오지 않은 내일의 역사에 대해서 아무도 '확언'할 수는 없다. 우리가 최선을 다해서 내뱉을 수 있는 말들은 '추측(conjecture)' 이상의 인식론적 위상을 확보할 수 없다. 일찍이 칼 포퍼(K. Popper)는 모든 과학적 이론도 추측에서 출발한다고 갈파한 바 있다. 추측에서 출발한 과학이론이 진리의 차원으로 격상되는 것은 증거(evidence)에 의한 반증이 제시되지 않았을 때이다.

지금 우리 앞에 전개되는 것은 어제의 산업문명의 대표적 특성이 사라지고 새로운 징후들이 나타나고 있다는 것이다. '새로운 현실(new reality)'이 우리 앞에 서서히 전개되고 있는 것이다. 그 몇 가지 두드러진 특징을 (1) 지식화(知識化), (2) 지구촌화(地球村化), (3) 중층화(重層化), (4) 다양화(多樣化), (5) 분산화(分散化), (6) 녹색화(綠色化), (7) 질(質) 중심으로 요약할 수 있다고 나는 생각한다.

(1) 지식화

지금까지 이데올로기 논쟁에서 중요했던 두 단어는 '자본'과 '노동'이었다. 그러나 새로운 현실에서 중심에 떠오르는 단어는 지식이다. 그러나 정확히 말하면 지식은 새로운 현실에서만 무게를 지닌 말은 아니었다. 그것은 농경문명에 있어서도 결코 과소평가될 수 없었을 뿐 아니라, 산업문명에 있어서는 지식과 정보를 이용하여 농업이라는 자연적 생산과는 판이한 공장 생산이라는 인위적 생산체계가 개발되었다.

문제는 지식이 지난 농업문명과 산업문명과는 비교도 되지 않을 정도로 사회의 강력한 추동력을 형성할 뿐 아니라, 자본과 노동이 종래의 위상을 그대로 유지하지 못한다는 데 있다. 이미 미국과 같은 나라에서는 종래 자본가라는 특수계층에 의해서만 공급되던 산업자본이 봉급생활자들의 연금기금으로부터 공급됨으로써 종래의 자본가의 독점적 위상에 변화가 일어나고 있다. 말하자면 봉급생활자들의 연금기금이 국내 자본가들의 역할을 대치해 가고 있다.

그뿐만 아니라 종래의 근육노동이 인공지능에 의해 조종되는 자동생산체제로 대치되어 감으로써 종래의 노동이 지니고 있던 위상에 커다란 변화가 일어나고 있다. 이러한 변화된 새로운 현실 속에서 지식은 생산활동을 비롯한 사회의 전 영역에 침투하여 사회의 필수불가결한 요소가 되어가고 있다.

지식의 발달과정을 보면, 동서양을 막론하고 인간 자신에 관한 지식이 지식 발전의 첫 단계에 나타났다. 소크라테스의 "너 자신을 알라"는 명구가 이를 잘 대변하고 있거니와, 동양의 불가(佛家)와 유가(儒家)에서도 최고의 지혜는 자아에 대한 깨달음이었다.

지식 발전의 둘째 단계는 자연에 관한 지식이다. 이 전형을 우리는 서양의 근세 이후에 대두한 실증과학에서 엿볼 수 있다.

지식 발전의 셋째 단계는 자연에 관한 지식을 인간에 관한 지식과 결부시켜 새로 조직한 지식이다. 넓은 의미의 공학적 지식이 여기에 속한다. 이 공학 속에는 사회공학도 포함된다.

그리고 지식 발전의 네 번째 단계는 지금 바야흐로 형성되고 있는 것인데, 지식을 알고리즘화하여 인간 아닌 존재(기계)가 혼자서 인식적 수행을 하기도 하며, 인간과 상호인식적 활동을 수행하도록 조직화된 것이다. 전자는 로봇의 경우이며, 후자는 첨단 정보통신기술과 결합된 컴퓨터의 경우이다.

정보지식사회가 고도화되면, 누구나 언제 어디서나 자기가 원하는 교육을 받을 수 있는 '교육낙원(Edutopia)'이 실현되는 세상이 될 것이다.[1] 이때는 지식과 기술의 획득만이 직업에의 기회를 보장해 주는 지식사회가 될 것이다. 이것은 인류가 지금까지 경험해 보지 못한 참으로 새

---

1) 이명현, "Open Society & Edutopia", On Line Educa Korea, International Conference, 1996. 5. 한국교육공학회.

로운 현실이 아닐 수 없다.

(2) 지구촌화

교통과 정보통신기술이 첨단화됨으로써 공간이 축소되었다. 옛사람들에 있어서 지구는 엄청나게 큰 공간이었을 뿐 아니라, 지구 한 끝에서 다른 끝까지의 거리는 끝없는 기나긴 여로(旅路)였다. 그러나 그 엄청난 여로는 몇 시간의 여행길로 변하였으며, 지구의 반대쪽 끝에 있는 두 사람이 서로의 얼굴을 마주보며 대화를 나눌 수 있는 지근(至近)의 공간으로 변해 버렸다. 그야말로 공간이 축소되어 버린 것이다.

그래서 그 엄청난 공간은 이제 하나의 촌락, 지구촌이 되어버린 것이다. 지금까지 인류 역사는 공간의 포로의 역사라 해도 과언이 아니다. 공간 속의 어떤 좌표에 놓여 있느냐가 인간의 삶에 결정적인 영향을 끼쳤다. 그리고 공간과 공간을 차단하는 무서운 힘을 발휘한 것은 지세(地勢)였다. 그래서 얼마나 큰 산과 물이 어디에 위치하느냐에 따라 역사의 대세와 문명의 내용이 결정되었다.

문명은 본질적으로 인간에 의해 창안된 세계이다. 여기서 가장 핵심적 역할을 수행하는 것은 인간의 두뇌로부터 나오는 지식의 힘이다. 그런데 과거에는 이러한 지식의 유통은 한 사람의 입에서 다른 사람의 귀로 직접적인 신체적 소통에 의해서 이루어지거나, 손에서 손으로 전달되는 문서에 의한 길밖에 없었다. 이때 큰 산이나 물은 정보전달을 차단시키거나 지연시키는 근본적인 장벽이 되기도 하였다. 그러나 오늘의 교통의 발달과 정보통신기술의 개발은 이 모든 물리적 장벽을 무효화시키고 있다. 그 결과로 나타난 것이 '하나의 열린 지구촌'이다.

(3) 중층화

교통과 정보전달체제의 혁신은 인간과 인간을 묶는 지금까지의 사회

조직체계에 근본적인 변화를 초래하고 있다. 국경이라는 장벽에 의해 형성된 국가라는 권력조직에 근본적인 변화가 일어나고 있다. 국경의 문턱이 낮아지고 있다. WTO 체제의 출범은 경제에 관한 한 이제 국경이 무력화되고 있다는 것을 보여준다.

경제에 무력해진 국경을 배경으로 운영되는 국가라는 권력조직은 이제 과거와 같은 그렇게 각질화된 껍질을 지닌 경성조직(硬性組織)이 아니다. 국경이라는 껍질이 딱딱하지 않은 '연성국가(軟性國家)'가 지금 출현하고 있다. WTO 체제 아래 있는 국가는 바로 그런 연성국가이다. 그런가 하면, 국가 하위 단위에 있는 지방정부조직은 권력의 분산화의 강화 경향과 함께 종래보다 더욱 견고한 층을 형성해 가고 있다. 또한 국가 상위 단위에는 경제에 무력해진 국경을 배경으로 한 연성국가의 연합체인 EU, NAFTA, APEC 등과 같은 새로운 상위 조직이 새로운 층을 형성해 가고 있다.

이렇게 보면 세계는 지금 첨단 정보통신기술을 통해 하나의 열린 지구촌 정보체계로 통합되어 가고 있으며, 그 하위에 광역 연성국가 조직층(EU 등), 그 다음에 연성국가층, 그 다음에 지방정부조직층, 그리고 각종의 시민조직층이 형성되어 중층화(重層化)되어 가고 있다.

개인이라는 사회적 원자와 그 사회적 원자로 구성된 딱딱한 국경이라는 껍질로 싸인 국가라는 경성조직이 존재하던 기존의 세계는 지금 새로운 조직의 세계인 중층화 세계로 변해 가고 있다. 이러한 현상의 배후에는 아마도 정보와 지식의 확산이 초래한 힘의 분산(分散)이 무엇보다도 강력한 변수로 작용하고 있는 것 같다.

(4) 다양화

오늘 사람들은 대서양 연안의 서구 중심 문명이 태평양 연안의 아시아 중심 문명으로 문명의 축이 이동하고 있다고 말한다. '동방의 빛'이 역사의 전면에 등장하리라는 말은 단순한 외고집 주장이나 환상이 아니라, 엄연한 역사의 현실로 나타나고 있음을 오늘 아무도 부정하려 들지 않는다.

지나간 인류 역사는 패권의 역사였다. 힘센 자가 약자를 자기의 손아귀 안에 넣고 마음대로 주물러댄 억압과 착취의 역사였다. 정의(正義)를 논하였으나, 그것은 어디까지나 한 나라, 한 사회 안에서만 통용되는 원리로서 논의되었을 뿐이다. 나라와 나라 사이에서는 힘이 곧 정의였다. 지구가 하나의 열린 정보체계로 변하고 국가가 연성국가로 변모한 중층화된 세계에서 어느 한 나라나 세계를 일방적으로 좌지우지하는 일은 거의 불가능하게 될 것이다.

아시아 지역이 역사의 전면에 부상한다고 해서 이 지역이 유일한 세계의 중심이 되는 것은 아닐지 모른다. 내일의 문명의 핵은 하나가 아니라 다수가 될 가능성이 높다. 그리고 그 다핵들은 그때그때의 역학에 따라 구심적인 역할을 교대로 떠맡게 될지도 모른다. 태평양 연안은 바로 그 다핵 가운데 하나가 될지 모른다. 문명에 하나의 중핵(中核)밖에 존재하지 않던 시대는 이미 지났다.

(5) 분산화

집중으로부터 분산으로, 이것은 지금 일어나고 있는 변화의 핵심적 특징이다. 중층화, 다핵화는 바로 거시적 차원에서 나타나고 있는 힘의 분산의 징후이다. 앞으로 지식정보사회가 더욱 심화됨에 따라 재래의 중앙집중식 조직은 분산형 조직으로 변화되어 갈 것이다. 중앙집중식 조직에 있어서는 조직 전체에 관한 정보는 조직의 최상위에 있는 조직의 장(長)에게만 집중되어 있다. 그러나 정보사회가 성숙되어 감에 따라 사회 구성원 모두에게 원하는 정보의 통로가 활짝 열리게 되면, 조직의 장(長)이 아니더라도 조직 전체에 관한 정보에 쉽게 접근할 수 있다. 더욱이 누구나 언제 어디서나 자기가 원하는 교육에의 길이 활짝 열린 에듀토피아(Edutopia)가 교육에 첨단 정보공학이 도입됨으로써 실현될 경우, 사회의 대다수가 지식과 정보가 충만한 인간이 될 가능성이 높아질 것이다.

이러한 지식정보사회의 개인은 전체에 관한 인식을 가진 개인이라 볼 수 있다. 여기서 우리는 전체의 양적인 부분으로서의 개인은 구조로서의 전체에 관한 인식을 가질 수 있음을 볼 수 있다. 이러한 새로운 계기가 사회조직을 집중에서 분산으로 전환시키는 핵심적인 고리 역할을 하게 된다고 나는 생각한다. 이른바 '정보화 조직(information organization)'이라 부르는 새로운 종류의 조직은 이러한 정보의 확산이 초래하여 나타나는 새로운 유형의 조직이다. 이러한 정보화 조직은 새로운 현실에서 활성화될 미래형 조직의 전형이다.

(6) 녹색화

인간의 이성의 힘으로 자연을 정복 지배함으로써 인간의 욕망을 모두 만족시킬 수 있는 유토피아를 건설할 수 있다는 믿음은 근대의 계몽주의가 목청 높여 부른 '이성의 찬가'였다. 과학기술은 바로 인간 이성이 낳은 위대한 창안물이다. 과학기술을 통한 자연의 정복, 기하급수적인 성장, 그리고 소비가 미덕인 사회, 그래서 만인의 기쁨….

이러한 이성과 과학기술에 대한 낙관적인 믿음과 희망은 생태학적 위기 앞에서 좌초되고 있다. 이것이 바로 '과학기술 유토피아의 역설(paradox of techno-utopia)'이다.[2] 이 역설은 쾌락의 극대화를 의도하

---

2) Lee Myung-Hyun, "Paradox of Techno-Utopia", *Paths to Human Flourishing*, Proceedings of the International Philosophy Conference of FISP, Seoul, Korea, 1992, pp.75-87.

여 노력하지만 결국 돌아오는 것은 그 반대의 것이라는 쾌락주의 역설과 궤를 같이한다. 독식(獨食)과 독존(獨存)은 이 세계의 근본 구조와 맞지 않는다. 자연은 인간의 일방적 정복의 대상이 아니다. 자연이 질식하는 곳에서 인간이 생명의 호흡을 할 수가 없다.

(7) 질 중심

규격화된 대량생산은 근대적 산업문명의 징표였다. '크고 많은 것이 좋다'는 의식이 지배하는 문명이 근대 산업문명이다. 이러한 의식은 인간의 생존을 위한 기초적 물질이 궁핍한 시대에는 너무나 당연한 것인지 모른다. 그러나 인간의 생존을 위한 기본적 물질의 조건이 대부분의 인간에게 충족되었을 때는 물질의 양(量)보다는 질(質)에 더 큰 관심이 쏠리게 되는 것은 자연스러운 일이다. 더욱이 녹색화 의식이 지배하는 시대에 자연에 대한 방만한 약탈을 통해서 인간의 무절제한 욕망을 충족시킴으로써 행복해질 수 있다는 의식에 제동이 걸리게 될 때, 양보다는 각자의 구미에 맞는 질에 대한 관심이 고조된다. 그리하여 소품종 대량생산 대신에 다품종 소량생산이 시대의 생산체계로 등장하게 된다.

3. 더불어 있음을 위한 신과학기술: 제2의 르네상스 시대가 열린다

피렌체, 밀라노 등 이탈리아 도시국가를 중심으로 일어난 르네상스 운동은 서구세계에 근대문명의 초석을 마련해 놓았다. 그것은 중세적인 것으로부터 벗어나 새로운 가능성을 추구한 운동이었다. 그것은 인류역사 전개에 있어서 엄청난 역사의 기폭제가 되었다. 그러나 지금 인류의 역사는 새로운 단계로 접어들고 있다. 이탈리아 반도에서 일으킨 르네상스의 회오리 바람을 타고 일어선 근대 산업문명이 이제 역사의 뒷전으로 물러나고 제3의 신문명이 역사의 무대 위로 서서히 등장하고 있다. 종래의 산업문명에서 유용하게 동원되어 사용되어 온 제도와 생각의 틀이 더 이상 효험을 발휘할 수 없는 새로운 상황이 전개되고 있다. 기존의 제도와 생각의 틀은 이미 낡은 문법(文法)이 되어 박물관 속으로 들어가야 할 처지에 놓여 있다. 거북선은 당시로서는 매우 선구적인 걸작품일 뿐 아니라, 임진왜란 때 매우 쓸모가 있는 배였다. 그러나 지금은 박물관의 진열품으로서는 최상의 귀중품이지만, 오늘의 전쟁터에서는 쓸모가 있는 배가 아니다. 그것은 오늘의 싸움터에서는 효능이 없다.

새로운 현실은 거기에 알맞은 새로운 생각과 제도를 요구한다. 생각과 제도의 틀은 문법이다. 지금은 문명의 전환기이다. 그렇기에 어제에 유용하던 문법이 오늘에 그대로 적용되기 어렵다. 새로운 현실은 새로운 문법, 신문법(新文法)을 요청한다.[3]

인간의 삶은 세 가지 관계에서 엮어져 간다. 자기 자신과의 관계, 타인과의 관계, 자연과의 관계. 이 세 관계의 엮음에 의해서 인간의 삶과 역사의 행로가 결정된다. 문명의 유형도 저 세 가지 관계 맺음의 방식에 의해 결정된다. 새로운 문명은 새로운 관계 맺음의 방식을 요청한다.

오늘 인류가 겪고 있는 과학기술 산업문명의 재해의 근원은 인간이 자기 자신과 맺는 관계와 자연과 맺는 관계방식에 연유한다. 자기 자신과의 관계란 자기의 욕망과의 관계이다. 좀 더 구체적으로 말하면, 자기의 욕망과의 관계를 어떻게 설정하여 마음의 기쁨, 즉 행복감을 얻고자 하느냐가 문제이다. 우리는 행복의 공식을 다음과 같이 표현할 수 있을 것이다.

---

3) 이명현, 「새로운 현실과 신문법」, 『철학과 현실』, 1996년 여름.

$$\text{행복} = \frac{\text{성취}}{\text{욕망}}$$

이 행복의 공식에서 행복지수를 높이는 방법에는 분모인 욕망을 줄이는 것과 분자인 성취를 늘리는 것, 두 가지 극단적인 방식을 생각해 볼 수 있다. 전자는 금욕에의 길을 통해 안심입명(安心立命)에 도달하고자 하는 삶의 태도라 볼 수 있다. 그리고 후자는 욕망은 그대로 둔 채 욕망의 대상들을 더욱 많이 획득함으로써 행복감을 증대시키려는 삶의 태도이다. 이 경우에 필요한 것은 욕망의 대상들이 무한히 획득될 수 있어야한다는 것이다. 생산에 있어서 기하급수적 성장을 통해 삶의 기쁨을 도모하려는 것은 바로 이 경우에 해당된다. 문제는 바로 유한체계 안에서 무한성장을 어떻게 성취할 수 있는가이다. 욕망의 대상을 지속적으로 증가시킴으로써 행복을 도모하고자 하는 물질만능의 삶의 태도가 과연 이 지구라는 유한체계와 양립 가능한가 하는 물음이 우리에게 던져진다. 지속적인 양적 성장의 현실 가능성이 심각한 문제로 우리 앞에 던져져 있다.

그 다음 자연과의 관계를 살펴보자.

앞에서 이미 언급한 바와 같이 근대 서구인은, 이성적 존재로서의 인간은 자연 위에 군림하는 특별한 존재로서 그 위상을 설정하였다. 이성은 자연의 일부가 아니라는 가정이 이러한 인간의 우월적 지위를 설정하는 데 기여했다고 볼 수 있다. 따라서 자연은 인간의 욕망을 충족하기 위한 일방적 지배와 정복, 그리고 착취의 대상으로 당연시되었다.

이러한 자연과의 관계 설정은 위에서 살펴본 바와 같은 행복의 공식에서 분자 늘리기를 통해서 행복을 추구하는 자신과의 관계 설정의 방식과 손쉽게 제휴하게 된다. 그 결과 나타나는 것은 앞에서 언급한 '과학기술 유토피아의 역설'이요, 그것은 바로 오늘 인류가 당면한 환경위기,

생태학적 위기이다. 우리가 오늘 분명히 깨닫는 것은 이와 같은 종래와 같은 자연과의 관계 맺음의 방식으로 접근해서는 인류문명 자체의 지속적 존속이 매우 어려우리라는 것이다. 따라서 우리가 여기서 근본적인 전환을 모색하지 않으면 안 된다는 역사의 요청을 외면할 수 없다.

서구의 근대정신은 '홀로 있음'과 '홀로 가짐'에서 출발한다. 그리고 일방적 지배와 정복, 착취의 문법이 당연시되었다. 지금 우리에게 요구되는 것은 '더불어 있음'과 '더불어 가짐', 그리고 '더불어 즐김'을 가능케 하는 새로운 관계의 설정이다. 이러한 새로운 관계 맺음의 핵심은 '맞물림'의 관계 속에서 찾을 수 있다고 나는 생각한다.[4]

맞물림의 관계에 있는 것은

(1) 양자는 서로 다르나(差異),

(2) 바로 그 서로 다름(相異)이 서로를 결합해 주는 근거가 되며,

(3) 양자는 서로가 상대방을 살려준다(相生).

(4) 따라서 서로 분리되어 홀로 있을 경우 양자는 존립할 수가 없다.

(5) 양자는 서로에 대하여 보완적이다(相互補完).

이러한 맞물림의 관계의 전형을 우리는 동양의 음양(陰陽)관계에서 발견한다.

근대적 과학기술은 인간의 편익만을 고려하는 철학에 그 기반을 두고 발전해 왔다. 그런 과학기술이 간과한 것은 인간과 자연이 더불어 있음의 관계에 놓여 있을 때에야 비로소 인간의 삶이 보다 안정적이요 영속적일 수 있다는 점이다.

인간은 자연이 온전할 때만 온전한 삶을 누릴 수 있다. 인간은 근본적으로 홀로 있는 존재가 아니요, 자연과 맞물림의 관계에 놓여 있기 때문

---

4) '맞물림의 관계에 관한 상론' 참조. 이명현, 「신문명과 신문법」, 『철학과 현실』, 1995년 여름.

이다.

오늘 인류가 당면한 생태학적 위기를 극복하기 위해서는 바로 이 맞물림의 관계에 대한 깊은 통찰 위에 토대한 신(新)과학기술을 개발하지 않으면 안 된다. 그러므로 인간의 단기적 편익만을 고려하여 개발된 과학기술로부터 근본적인 전환을 모색해야 한다. 오늘은 바로 그러한 새로운 전환을 위한 제2의 르네상스 운동을 전개해야 할 때이다. 인간을 살리고 자연을 살리는, 더불어 있음을 가능케 하는 신과학기술의 개발은 오늘의 과학기술자들에게 맡겨진 역사의 중대한 책무(責務)가 아닐 수 없다. 이를 위해서는 무엇보다도 뜨거운 지적(知的) 정열과 번뜩이는 상상력이 요청된다.

신문명을 열어갈 신과학기술의 창조를 위한 열화 같은 제2의 르네상스 운동이 오늘 이 자리에 모인 화공학계 여러분들 속에서 점화되어 나타날 것을 확신한다.

한국화학공학회 심포지엄(1996년 7월 29일)

연결성과 책임성

　오늘 정보통신기술(ICT)은 인간과 인간, 인간과 사물의 관계를 혁명
적으로 바꾸어놓음으로써 인류문명을 새로운 차원으로 옮겨놓고 있다.
이 새로운 기술의 핵심 개념은 연결성(connectivity)이다. 지금까지 여
러 가지 장벽(barrier)으로 단절되어 분리된 채 존재하던 인간과 인간,
인간과 사물을 연결시켜 놓음으로써 개인과의 관계망을 확대할 뿐만 아
니라, 전문화라는 기치 아래 칸막이 속에 분리되어 운영되던 조직들을
재구조화(restructuring)함으로써 예전에 보지 못하던 인간의 삶의 방
식과 조직의 틀이 출현하고 있다.

　그런데 이러한 연결성이 산출하는 가장 부정적인 것은 출처를 알 수
없는 난폭한 언어들과 신뢰할 수 없는 거짓 정보들이다. '군중 속의 고
독'을 연상케 하는 역설적인(paradoxical) 현상이라 할 수 있는 '정보의
홍수 속의 정보의 빈곤'이라는 기괴한 현상이 벌어지고 있다. 정보통신
기술 문명이 반드시 수반해야 하는 윤리인 책임성이 결여되면서 익명성
의 어둠 속에서 '정보의 홍수 속의 정보의 빈곤'이 활개를 치는 세상이

되고 말았다.

오늘 우리는 그 폐해 속에서 정보통신시대의 쓴맛을 매일 체험하며 살고 있다. 더욱이 지금까지 우리의 삶을 통제하고 있던 관료 조직은 구태(舊態) 속에서 신문명과 호흡을 같이하려는 사람들에게 좌절을 안겨주고 있다. 그래서 관료 조직의 재구조화가 시대의 당면한 과제로 등장하고 있는 오늘이다.

이런 재구조화에 있어서 가장 중요한 두 가지 화두가 있다. 하나는 "옛 칸막이를 넘어서라", 그리고 다른 하나는 "책임성을 강화하라"라고 생각한다.

『철학과 현실』(2015년 가을)

우리는 성숙한 세계시민인가

지금 아프리카 대륙에서는 부족 간의 싸움으로 피를 흘리는 곳이 한 둘이 아니다. 나라라고 하지만 부족이 다르면 적과의 전쟁을 일삼는다. 다름을 참지 못하는 것이다.

나는 1947년 고향인 신의주를 탈출하여 신촌의 와우산 동쪽 창천동에 일본 사람들이 버리고 간 적산가옥에서 '이재민' 소리를 들으며 살았다. 우리 동네 아이들이 지금 서강대가 위치하고 있는 옆 동네를 지나가면 "다른 동네 사는 모르는 놈", "다른 놈"이라고 돌을 던지며 싸움을 걸어 왔다. 이런 모습은 들짐승에게서 발견할 수 있다. 들짐승도 자기 영역 안에 다른 놈이 들어오면 가만 놔두지 않는다. 공격을 서슴지 않는다.

가끔 미국에 가게 되면 중국 음식점을 식사하러 찾아간다. 내가 한국 말 하는 소리를 듣고는 중국집 주인도 한국말로 인사를 한다. 어떻게 한 국말을 그렇게 유창하게 하느냐고 물어보면 서울에서 살았었다고 대답 한다. 지금 서울에 있는 중국 음식점을 경영하는 사람들 중 예전부터 한 국에 와서 살던 중국 사람들은 그리 많지 않다. 대부분 한국을 떠나 미국

등 서구 나라들로 이민을 가버렸다. 아무리 한국에 오래 살아도 중국 사람들은 제대로 된 인간대접을 받지 못했던 것이다. 그러니 떠날 수밖에.

어제 뉴스에 김종훈 미래창조과학부 장관 내정자가 사퇴했다는 보도가 나왔다. 중학교 때 이민 갔다가 고국에 돌아와 애국 봉사하겠다는 생각으로 찾아온 고향의 사람들이 미국에서 경험하지 못했던 온갖 험구와 싸움을 하는 모습을 보고서 고국 땅을 등지고 떠나야 했던 것 같다. 어찌 김종훈 씨 경우만일까. 최근 보따리를 싸서 떠난 서남표 박사도 있다. 그는 오랜만에 찾은 고향 땅에서 결국 추방당했다.

배타와 폐쇄는 가장 기초적인 동물의 본성이라고 할까? 세계 곳곳을 여행하면서 그 나라의 배타와 폐쇄의 정도를 가늠해 보면, 그 사회나 국가가 어느 정도 사람이 살 만한 세상인지를 확인할 수 있다.

지금 우리는 어떠한가? 이제 우리는 배타와 폐쇄가 아닌 '인류'라는 말을 되새겨보아야 한다. 역사 속에서 '인류'라는 개념을 소중히 여긴 첫 번째 사람들은 스토아(Stoa) 사상가라는 것을 발견하고 그 의미를 다시 생각하게 된다.

부끄러운 이야기지만 영남 사람들은 "우리가 남이가"를 외치며 고향 사람들을 찾는다. 우리나라에서 영호남의 갈등은 어제오늘의 이야기가 아니다. 참으로 부끄러운 우리의 자화상이다. 우리는 언제 성숙한 세계 시민의 모습을 보일 것인가?

『성숙의 불씨』(2013년 3월 5일)

몸의 장벽을 넘어서 한 몸 안으로 다가서는 지구촌 문화

시간과 공간은 몸과 몸을 가로막는 크나큰 장벽이었다. 그래서 단군 할아버지는 말할 것도 없고, 원효 선생, 율곡 선생, 퇴계 선생, 그리고 다산 선생과 만날 수 없다. 시간의 장벽이 우리의 만남을 가로막기 때문이다. 그리고 우리는 알래스카에 사는 에스키모는 말할 것도 없고, 사할린에 있는 우리 동포도 만날 수 없고, 북한에 있는 친척도 만날 수 없다. 공간의 장벽 때문이다. 우리 몸은 시간과 공간의 일정한 좌표 안에 있는 것에 대해서만 인지활동을 할 수 있다.

그런데 그 시간과 공간이라는 몸의 장벽은 멀티미디어 정보화 기술에 의해서 그 높이가 낮아지고 있다. 멀티미디어 기술이란 무엇인가? 우리의 몸으로 체감할 수 없는 시간과 공간의 좌표선상에 있는 것들을 눈과 귀로 직접 접근할 수 있게 해주는 기술이 바로 그것이다.

정보화 이전에는 문자라는 매우 추상적인 매개물을 통해서 몸으로 직접 인지할 수 없는 것들에 관해서 그 어떤 앎을 가질 수 있었을 뿐이다. 멀티미디어 정보화 기술은 그런 추상적 매개물 대신에 눈과 귀로 확인할 수 있는 영상을 통해 마치 우리가 직접 몸으로 체감하듯이 시간과 공간의 원격에 놓인 존재들과 만날 수 있게 해주고 있다.

그래서 우리는 영상을 통해 옛 선현들과 만날 수 있게 되었으며, 지구의 오지에 있는 사람들과 사물들을 만날 수 있게 되었다. 그래서 이 지구상의 모든 것이 '한 마을 속의 한 식구'처럼 다가오고 있다. 시간과 공간의 장벽의 피안에 놓여 있는 것들을 영상이라는 체감의 영역에서 만날 수 있게 되었다. 그것이 바로 우리에게 지금 밀려오는 새로운 삶의 터전의 변화이다.

인간의 삶은 인간과 인간의 관계와 인간과 자연의 관계라는 중층적 관계망 속에서 이루어진다. 인류의 문명은 바로 이러한 관계망의 변화의 과정이다.

인간은 자연과의 관계를 어떤 방식으로 설정하는가에 따라 삶의 모습이 결정된다. 인간은 자연으로부터 먹거리를 어떻게 얻는가, 또 어떤 거처에서 무엇을 입고 사는가도 자연과 어떤 관계를 맺고 있는가에 따라 달라진다. 그런가 하면 인간은 홀로 자연과 관계를 맺는 것이 아니다. 가깝게는 부모와 형제, 그리고 핏줄로 연결된 혈연 공동체를 형성하여 자연과 관계를 맺어왔다. 그리고 거기서 더 외연을 넓히면서 공동체의 모양새가 다양하게 나타난다. 이것이 바로 인간이 타인과 맺는 관계이다. 인류의 역사는 바로 이러한 타인과 맺는 다양한 관계방식의 전개의 역사였다.

그뿐 아니다. 인간은 자기 자신과 어떤 관계를 맺는가에 따라 타인과 자연과 맺는 관계방식도 달라진다. 자기 자신과 맺는 관계란 다름 아닌 자기 자신의 욕망을 어떻게 조절하느냐이다.

자신의 탐욕을 만족시키기 위해 타인을 착취하고 희생할 뿐 아니라, 자연을 착취하고 황폐화한다. 이렇듯 인간문명은 자기 자신과 타인 그리고 자연과 맺는 관계방식에 따라 그 모양새가 결정됨을 우리는 안다.

그동안의 인류의 역사적 경험은 소수의 노동으로 많은 사람들의 먹거리를 비롯한 생필품을 만들어낼 수 있음으로써 궁핍의 상황으로부터 어떻게 자유로울 수 있는가를 터득하였다. 적어도 이른바 선진 문명국의 경우에는 100명 가운데 5-6명 내외가 수고하면 모두가 먹고살 수 있는 세상을 만들었다. 또한 생필품을 생산하는 제조업이 국가경제에서 차지하는 비중이 점점 감소되어 가고 있다. 그리하여 생존 그 자체를 충족시키기 위한 기본적 여건들을 마련하는 데는 일단 성공한 셈이다.

이런 단계에서 등장하는 삶의 문제는 양(量)의 문제를 넘어서서 질(質)의 문제이다. 오늘의 어른의 세대는 생존 자체가 문제였으나, 오늘의 젊은 세대에게는 삶의 질이 핵심적 관심사가 되었다. 그래서 오늘의 젊은 세대는 문자적인 추상이 아니라 몸에 다가오는 영상적 구상의 세계 속에서 체감의 환희를 추구한다. 우리가 오늘 이 땅에서 만나는 젊은 세대의 몸짓이 그것을 보여주고 있다. 그러나 이것은 지금 하나의 시작에 불과하다.

시간과 공간의 장벽이 무너짐에 따라 함께 무너져야 할 장벽이 많다. 국경의 장벽, 인종의 장벽, 그리고 종교의 장벽도 무너져갈 것이다. 물론 성(性)의 차이가 만들어낸 여성차별의 장벽도 무너져갈 것이다. 차이와 차별은 엄격히 다른 것이다.

지난 인류의 역사는 차이(다름)를 차별의 구실로 삼았다. 그래서 다른 것들에 대해서는 장벽을 높이 쌓고 차별하고 원수로 대했다. 그 장벽을 높이 쌓아놓고 '같은 것'끼리만 주고받으며 살아왔다. 그러한 같음의 철학의 신봉자들은 '다른 것 = 원수 = 배척, 죽임'의 등식을 붙들고 살아왔다. 이제 저 낡은 철학을 던져버려야 한다.

우리가 지금부터 새로 가꾸어가야 할 철학은 '다른 것은 아름답다'이다. '다른 것은 → 나를 보태주는 것 → 나를 살려주는 것'이기 때문이다.

인간과 인간의 관계 그리고 인간과 자연의 관계가 '서로 보태주어 서로 살려주는 하나의 살림살이'의 관계로 탈바꿈해야 한다. 그럴 때만 새로운 문명은 인류의 삶을 한 단계 위로 승화시켜 줄 것이다. 그럴 때만 지구 위의 인류는 그 문명을 지속해 갈 수 있을 것이다. 그럴 때만 우리는 지구촌 속에서 숨결을 같이 나누는 하나의 생명 공동체의 행복한 한 식구가 될 것이다. 새로 움터오는 새 문명의 숨결은 바로 새로운 눈으로 세상을 볼 수 있을 때만 가능하다. 오늘 우리에게 신문법(新文法)이 요청되는 이유가 바로 여기에 있다.

『철학과 현실』(2002년 가을)

이 격변의 시대에 철학적 항해는 어디로

　오늘 우리의 모임은 특별한 모임입니다. 새로운 밀레니엄의 경계의 시간에 모인 모임일 뿐 아니라, 세계적 명성을 지닌 존 서얼 교수와 김재권 교수를 모시고 새로운 세기를 향한 철학적 항해의 향방을 논의하고자 전국의 철학자들이 자리를 같이한 큰 모임이기 때문입니다. 이런 뜻깊은 모임의 대회장으로서 두 분 선생님께 깊은 감사를 드리면서 이런 귀중한 자리에서 먼저 말씀을 드리게 된 것을 대단한 영광으로 생각하는 바입니다.

　오늘 우리는 20세기를 마감하는 20세기의 끝머리에 서 있습니다. 여기서 나는 근대로부터 시작하여 오늘에 이르기까지의 서양철학의 발자취를 주마간산(走馬看山)식으로 더듬어보면서 앞으로의 철학적 항해의 행방을 개략적으로 가늠해 보고자 합니다. 근대 이후의 서양철학적 사유의 행각을 나는 다음의 세 질문에 대한 응답으로 나누어 살펴보고자 합니다. 첫째, 인간은 무엇을 알 수 있는가? 둘째, 인간은 어떤 존재인가? 셋째, 인간은 어떻게 살아야 하는가?

1. 인간은 무엇을 알 수 있는가?

첫째 질문부터 살펴보겠습니다. 데카르트를 그 시조로 하는 근대철학의 핵심적 특징은 '나', 더 정확히 말하면 '나의 의식'을 철학함의 출발점으로 삼는 것이라 할 수 있습니다. 근세의 합리론뿐 아니라 경험론의 경우에도 철학함의 출발점은 나의 의식이었습니다. 합리론과 경험론의 차이는 나의 의식 안에 주어진 지식의 토대가 되는 자료가 선험적인가 경험적인가에 대한 입장의 차이였던 것을 우리는 잘 알고 있습니다. 널리 알려져 있듯이 칸트도 나의 의식을 철학적 사유의 출발점으로 삼았던 점에서 합리론과 경험론의 전통을 계승하였으며, 지식 구성에 있어서 선험적 요소와 경험적 요소 모두가 필요함을 주장함으로써 합리론과 경험론을 통합적으로 수용했습니다.

그런데 여기서 우리가 주목해야 할 것은 합리론과 경험론이 말하는 '나' 혹은 '나의 의식'은 개인에 따라 차이가 있는 그런 개별화된 인식주체가 아니라는 점입니다. 개인들 사이에 자연적 특성에 있어서 차이들이 나타나며 개인의 성장 배경과 인생 역정의 차이에 따라 개인들 사이에 사회역사적 특성의 차이가 나타남을 우리는 발견할 수 있습니다. 그러나 근세의 합리론과 경험론의 논의에서 이러한 개인들 사이의 자연적, 사회적 특성의 차이에 관한 명시적 언급을 우리는 찾아볼 수 없습니다. 칸트는 인식의 핵심적 기반으로서의 '나'를 '선험적 자아(transzendental Ich)'라고 분명히 표현함으로써 여기서 문제되는 '나'가 자연적 특성과 사회적 특성에 있어서 구별되는 그런 개별적 자아가 아님을 분명히 했습니다. 그것은 그런 차별화될 수 있는 개별적 자아를 넘어선 **보편적 자아**였습니다. '의식일반(Bewußtsein überhaupt)'이란 그의 말은 바로 이러한 보편적 자아를 특징짓는 표현이라 할 수 있습니다.

20세기 중반 이후 상당한 영향력을 발휘하기 시작한 상대주의적 사고의 밑바닥에는 이러한 선험적인 보편적 자아에 대한 회의가 깔려 있는 듯이 보입니다. 자연적 특성에 있어서는 아니더라도 사회역사적으로 형성되는 인간들 사이에 나타나는 서로 다른 특성이 인간의 지식 형성에 지대한 영향을 미친다는 생각이 현대의 상대주의적 사고의 밑바닥에 깔려 있는 듯이 보입니다. 칸트의 경우 인식주관의 선험적 보편적 형식이 지식의 보편성을 보증하는 장치로 사용되었다면, 현대의 상대론적 지식관에 있어서는 인식주관의 사회역사적 특수성이 지식의 특수성 내지 상대성을 산출하는 근거로 나타나고 있는 것처럼 보입니다. 이렇게 볼 때 20세기의 상대론적 철학에 있어서도 지식의 형성에 있어서 인식주관의 기여가 크게 부각되고 있는데, 여기서의 자아는 선험적인 보편적 자아라기보다는 사회역사적 제약에 의하여 다양한 특성을 지닐 수 있는 **다양한 주관들**, 특수한 복수의 자아들의 모습으로 나타나고 있습니다. 이러한 20세기적 복수의 주관적 상대론은 "존재하는 것은 언어뿐이다"라는 언어 유일론의 극단적 형식으로 나타나기도 합니다. 데리다는 그 전형의 경우라 하겠습니다. 이것은 존재하는 것은 관념뿐이라는 전통적 관념론과 맥을 같이하는 관념론의 언어적 변형이라 할 수 있을 것입니다. 후기 실증주의 사상가들과 소위 포스트모더니스트들에게서 우리는 언어적 상대론의 여러 형태들을 발견할 수 있습니다. 이렇듯 근세에서 시작한 나의 의식 중심의 인식론적 발상법은 20세기에 이르러 다양한 주체들이 만들어낸 다양한 언어의 틀이 우리가 세계 혹은 실재라고 부르는 것이라는 극단적 언어적 주관주의로 귀결되고 있음을 볼 수 있습니다.

이러한 극단적 언어 유일론적 입장은 한편으로는 초월적 표준으로서의 종래의 이성의 절대적 권위를 부정하면서, 또 다른 한편으로는 언어의 피안에 있는 실재세계에 대한 형이상학적 존재론을 거부합니다. 그렇게 함으로써 그것은 **이성**과 **실재**의 **절대주의**로부터 자유로운 영역을 확보하고자 합니다. 그러나 이 자유의 넓은 영역에서 인간이 만들어내는 것은 사유의 공중누각이 아닐까요? 여기서 세계란 다름 아닌 사유가 건설해 놓은 하나의 언어의 틀에 불과하기 때문입니다. 그러나 쌀이 필요한 사람에게 우리가 주어야 할 것은 '쌀'이라는 언어가 아닙니다. '쌀'이라는 말을 먹고살 수는 없기 때문입니다. '쌀'이라는 말은 먹을 수 있는 쌀과 같은 것일 수 없습니다. 쌀은 쌀이요, '쌀'은 '쌀'일 뿐입니다. 존재세계와 언어는 별개의 것입니다. 우리는 여기서 '나' 혹은 '나의 의식'을 철학함의 출발점으로 삼은 근대적 철학함에 근본적 결함이 무엇인가를 성찰해 보지 않으면 안 될 때가 되었습니다. 근대의 보편적 자아와 20세기의 상이한 특수한 자아에 이르기까지 공통된 특징은 **자아에 대한 지나친 환상**이 아닌가 싶습니다.

비트겐슈타인의 『철학적 탐구』가 밝히고자 하는 핵심 논지의 하나는 바로 '나' 혹은 '나의 의식'이 철학의 출발점이 될 수 있다는 주장의 허구를 드러내는 것입니다. 규칙 준수(rule-following) 논변, 사적 언어(private language) 논변은 모두 거기에 초점을 맞추고 있습니다. 나의 의식의 철학은 사적 언어를 함축하는데, 그 사적 언어에 있어서는 규칙 준수가 헛바퀴를 돌게 된다는 것입니다. 왜냐하면 일인칭의 나의 의식 세계 속에서는 어떤 하나의 언어게임을 규칙의 일치로 해석할 수도 있으며 또한 규칙의 불일치로 해석할 수도 있는 모순이 발생하기 때문입니다. 따라서 사적 언어는 불가능합니다. '나의 의식'을 철학함의 출발점으로 삼는 입장에서 가능한 언어는 사적 언어뿐인데 그것은 불가능합니다. 결국 '나의 의식'의 철학함 속에서는 언어적 소통이 불가능한 셈입니다. 언어의 작동 가능성은 그 언어 공동체의 구성원들 사이의 그 어떤 공통적 기반이 존재함을 전제합니다. 그 공통적 기반이 있어야 언어가 의사소통의 역할을 수행할 수 있습니다.

비트겐슈타인은 그 공통적 기반을 '삶의 형식의 일치(Übereinstimmung der Lebensformen)'라고 표현했습니다. 이러한 언어 가능성 논변이 함축하는 것은 무엇입니까? '나' 혹은 '나의 의식'이라는 영역 속에서는 언어는 불가능하며, 언어가 불가능한 영역을 철학함의 근거지로 삼는 것은 하나의 '공중누각(Luftgebäude)'에 불과하다는 것입니다. 그리고 언어 공동체의 구성원들이 존재한다는 것은 무엇을 함축합니까? 우선 그것은 나 이외의 말하는 사람의 존재를 함축합니다. 나 이외의 말하는 사람의 존재는 무엇을 함축합니까? 한마디로 결론부터 말하면, 그것은 언어 이외의 실재세계의 존재를 함축합니다. 말하는 주체가 물질과 전혀 다른 존재질서에 속하는 정신이라는 특별한 정신의 형이상학을 끌어오지 않는 한, 말하는 주체가 존재한다는 것은 언어 이외의 존재세계가 있다는 것을 함축합니다.

이런 귀결이 보여주는 것은 적어도 언어밖에 그 어떤 실재도 없다는 극단적인 언어 유일론은 설 자리가 없다는 것입니다. 언어밖에 없다는 언어 유일론(lingualism)의 철학 속에서 도대체 다양한 주체들의 존재론적 위치는 무엇이라고 보아야 하는 것입니까? 언어를 구성해 내고 사용하는 그 말하는 자, 글 쓰는 자는 도대체 무엇입니까? 그도 언어의 일부입니까? 왜냐하면 존재하는 것은 언어뿐이라고 그들은 주장하고 있기 때문입니다. 내가 앞에서 "자아에 대한 지나친 환상"이라고 말한 뜻이 무엇인가를 여기서 우리는 깨달을 수 있게 됩니다. "너 자신을 알라"는 말은 소크라테스가 철학함의 첫 모토로 삼았던 말이었습니다. 여기서 우리가 깨달을 수 있는 것은 근대 이후의 자아 중심의 철학함은 **자아의 분수, 자아의 위상**을 제대로 깨닫지 못하고 자아에 대한 지나친 환상에서 수행된 미로 행각의 역사였다는 점입니다. 여기서 우리는 인간의 분수와 위상에 걸맞은 철학함의 출발점을 찾아 새로운 철학적 항해를 모색하지 않으면 안 된다는 성찰에 도달하게 됩니다. 세계 안에 타인들과 더불어 있는 나가 바로 새로운 철학의 출발점으로 우리에게 다가섭니다.

2. 인간은 어떤 존재인가?

둘째 물음인 인간은 어떤 존재인가에 대한 근대철학적 응답은 데카르트의 심신이원론(Mind-Body Dualism)에 나타나 있다고 볼 수 있습니다. 여기서 신체는 물질과 동일시되고 있으며 자연은 물질의 체계로 이해되고 있습니다. 그리고 인간은 자연과 구별되는 존재체계에 속하는 정신과 물질(자연)의 복합체로 인식되고 있습니다. 이러한 정신과 물질의 이원론이 풀어야 할 문제는 정신과 물질의 복합체로서의 인간 안에서 정신과 물질이라는 두 가지의 이질적인 존재체계가 어떻게 서로 연관되어 인간 행동으로 나타나게 되는가를 설명하는 작업입니다. 여기에서 가장 어려운 수수께끼는 심적 인과(mental causation)의 문제라고 지적되어 왔습니다. 왜냐하면 인과작용은 본질적으로 공간 안에서만 가능한데, 공간 안에 있지 않은 마음의 인과작용을 설명하는 것은 매우 풀기 어려운 수수께끼가 아닐 수 없다는 것입니다. 그리고 마음이 아무 인과작용을 하지 않는다면 마음은 없는 것과 별 다름이 없다는 것입니다.

일상적 관점에서 우리는 내가 먼저 마음먹은 다음에 무슨 행동을 한다고 생각합니다. '내가 마음을 먹는다'는 것은 '내가 어떤 의도를 가진다'는 것이며, 그 의도 **때문에** 여러 가지 신체적 움직임이 일어난다고 우리는 생각합니다. 예를 들어, 내가 팔을 올리겠다고 마음을 먹었기 때문에 내 팔이 위로 올라간다, 즉 이렇게 팔을 올리겠다는 의도 때문에 내 팔(신체)이 위로 올라가는 현상이 일어난다고 우리는 생각합니다. 이 예에서 보듯이 나의 마음먹는 것(의도)이 팔이 위로 올라가도록 만듭니다. 마음먹는 일과 팔이 위로 올라가는 일 사이에는 그 어떤 인과관계가 성립되는 듯이 보입니다. 그런데 이러한 심적 인과를 설명하는 일은 앞에서 지적한 바와 같이 매우 풀기 어려운 수수께끼로 등장합니다.

우리는 일상생활에서 다음과 같은 '왜'라는 질문을 흔히 던집니다.

"너 학교에 왜 왔니?" 이 질문은 네가 학교에 온 의도가 무엇인가를 겨냥하고 있습니다. 이것은 이유를 묻는 '왜'입니다. '왜'라는 질문은 다음과 같이 원인을 겨냥하기도 합니다. "물은 왜 어는가?" 이 질문은 누구의 의도를 묻는 것이 아니라 원인을 묻습니다. 우리가 인간의 행동에 대해서 '왜'라는 질문을 할 때와 자연현상에 대해서 '왜'라는 질문을 할 때 겨냥하는 것은 다릅니다. 두 경우에 모두 '왜'라는 말과 '때문에'라는 말을 사용하지만, 앞의 경우는 이유(의도)에, 뒤의 경우에는 원인에 초점을 맞추고 있습니다. 이것으로부터 분명해지는 것은 "나의 의도 때문에 팔이 위로 올라갔다"라는 표현에서 '의도 때문에'를 심적 원인으로 해석하는 것은 적절치 않다는 점입니다. 의도는 이유는 구성하지만 원인은 구성하지 못하는 것이 아닐까요? 따라서 '의도 때문에'를 심적 인과로 해석하고 그 심적 인과를 설명하려는 시도를 하는 것은 잘못된 길로 들어서는 것이 아닐까요? 따라서 심적 인과(mental causation)를 심신문제에 관한 핵심문제라고 말하는 것은 온당치 않은 것으로 보입니다.

그러므로 우리의 문제는 마음의 인과의 효능(efficacy of cause)을 설명하는 문제가 아니라, 마음의 이유의 효능(efficacy of reason)을 어떻게 물질의 인과적 체계와의 연관 속에서 무리 없이 소화해 내느냐의 문제라고 보입니다. 그런데 이유를 묻고 의도를 문제 삼는 차원과, 원인을 묻고 그 결과를 추적하는 차원은 별개의 것입니다. 전자가 사람 중심적이요 일상언어 중심적이라면, 후자는 인과체계 중심적이요 물리언어 중심적입니다. 현상학과 해석학적 전통은 전자의 차원에만 관심을 집중하며, 현대의 물리주의(physicalism)는 후자의 차원 속에 전자를 흡수하려고 시도합니다.

우리는 위의 두 입장에 선 사람들에게 다음과 같은 질문을 던져볼 수 있을 것입니다. 인간은 과연 언어 초월적으로 존재세계의 진상(眞想)과 마주 설 수 있을까? 일상언어와 물리언어는 세계를 들여다보는 두 개의 틀이 아닐까? 일상언어와 물리언어는 일정한 **관점**(perspective)을 전제로 하는 세계를 들여다보는 이해의 틀입니다. 우리는 어느 관점이 존재세계의 진상을 우리에게 더 잘 보여주는가 하는 질문을 던져볼 수 있을는지도 모릅니다. 일상언어를 통해 이해하는 인간존재의 모습과 물리언어를 통해 이해하는 인간존재의 모습, 이 두 가지 모습을 단순히 언어가 만들어내는 언어적 세계일 뿐 실재세계와 무관한 것이라고 해야 할 것입니까? 그것은 그릇된 언어 유일론자가 아니면 취할 수 있는 선택지가 못됩니다.

물리언어와 일상언어의 설명적 간극(explanatory gap)을 완전히 해소할 수 있을 만큼 풍부하게 물리언어가 구성되지 않은 상황 아래서, 우리가 선택할 수 있는 그럴듯한 선택지는 아마도 저 두 가지 언어가 지닌 **제한적 성격을 받아들이는 겸허한 태도**를 지니는 것이 아닐까요? 어차피 물리적 언어가 일상언어의 일인칭적 특성을 담아낼 수 없는 것이라면, 관점에 의존되는 여러 차원의 세계의 모습들을 그대로 받아들이는 수밖에 없지 않을까요? 적어도 모든 특성을 모두 담아낼 수 있는 '초언어(superlanguage)'가 나올 때까지는 말입니다. 그 결과는 할 수 없는 것을 할 수 있다고 허풍 떨지 않는, 인간의 유한성을 겸손히 받아들이는, 인간다운 인간에게 허용되는 존재론의 수용이 될 것입니다. 그것을 나는 **인간의 얼굴을 한 중층적 존재론**(multi-layered ontology with human face)이라고 부르고자 합니다.

3. 인간은 어떻게 살아야 하는가?

셋째로 인간은 어떻게 살아야 하는가에 대한 물음의 핵심은 한 개인이 몸담고 살아야 하는 공동체가 어떤 원리에 의해서 운용되어야 하느냐의 문제로 압축될 수 있습니다. 근대 이후 자유와 평등의 개념은 바로 이러한 물음의 두 기둥을 형성해 왔음을 우리는 잘 알고 있습니다. 그것은 자유주의와 사회주의 내지 공산주의 사이에 벌어진 논쟁과 역사적 대결로 나타났으며, 최근에는 자유주의(libertarianism)와 공동체주의(communitarianism)의 논쟁으로 나타났습니다.

이러한 논쟁의 역사 속에서 우리가 새롭게 비판적으로 검토해야 할 점으로 나는 다음의 두 가지를 지적하고 싶습니다.

첫째로 이 논쟁의 중심 개념인 자유와 평등이 지극히 형이상학적이어서 현실적 적합성이 매우 빈약하다는 점입니다. 언뜻 보기에 자유와 평등의 개념이 자명한 듯이 보이지만, 깊이 따져보면 볼수록 우리는 당혹감에 빠지게 됩니다. 도대체 자유라는 개념은 어떤 것일까요? 칸트는 인과적 필연성(causal necessity)과 대립된 개념으로 인간의 자유를 말했는데, 그런 칸트적 자유 개념은 현실의 어떤 맥락에서 가능하며, 과연 그런 자유 개념을 여기서 논의하는 것일까요? 아니면 강제에 대립되는 개념으로서의 자유일까요? 더 나아가 한 개인의 자유가 타인의 자유의 신장과 충돌하지 않고 유감없이 보장될 수 있는 그런 자유란 도대체 어떤 것일까요?

평등 개념과 관련해서는, 법 앞에서의 평등과 균등한 분배로서의 평등이 주로 논의되어 왔는데, 균등한 분배로서의 평등은 현실적 인간의 다양성과 어떻게 조화될 수 있는지, 현실 적합성을 어느 정도 가진 개념인지가 문제로 제기될 수 있을 것입니다.

둘째로 지적되어야 할 것은, 이 논쟁에서 상정되는 이상적인 상황은 하나의 고정된 정적인 상태(a fixed static state)라고 보입니다. 쉽게 말해서 역사 속의 공동체는 부단한 변화 속에 있는데, 이 철학적 논의에서 이야기되는 공동체에 대한 논의는 그러한 동적인 변화의 과정 속에 놓여 있는 현실적 맥락을 무시한 채 이루어지고 있는 것처럼 보입니다. 현실적인 인간의 삶은 부단한 긴장(stress)과 이완(relax)의 역동적 과정 속에서 영위되어 가고 있습니다. 긴장 없는 이완은 없으며, 이완 없는 긴장은 없습니다. 개인의 삶이 이러할진대 개인들이 모여 형성되는 공동체도 긴장과 이완의 역동적 과정 속에서 움직여간다고 볼 수 있습니다.

문자 그대로의 자유와 평등이란 한갓 형이상학적 요청에 불과하다고 나는 생각합니다. 우리가 지금부터 탐색해 봐야 할 것은 자유와 평등에 대한 현실적 적합성을 지닌 새로운 개념의 틀을 구성하는 일이라고 나는 생각합니다. 그 대안으로 나는 우선 자유를 활성화의 원리로, 평등을 부조와 견제를 통한 균형의 원리로 제안하고자 합니다. 이것은 긴장을 양으로, 이완을 음으로 볼 수 있듯이, 자유를 양의 원리로, 평등을 음의 원리로 보고자 하는 것입니다. 양과 음은 서로 배타적인 관계가 아니라 상호보완의 관계에 있습니다. 따라서 자유와 평등의 문제는 택일의 문제가 아니라 상호보완의 문제이며, 그것은 하나를 취하고 다른 하나를 없애 버리는 배척과 상극의 관계가 아니라, 서로 살려줌의 관계, 상생(相生)의 관계에 있는 것으로 전환시킬 수 있을 것입니다.

그리고 자유를 우선할 것이냐, 평등을 우선할 것이냐는 '상황에 맞게(時中)'라는 원리에 따라 대답되어야 할 문제라고 나는 봅니다. 앞에서 말했듯이 현실적 공동체는 부단한 변화의 과정 속에서 움직여가고 있습니다. 따라서 그 현실적 공동체가 지나치게 양의 원리가 작동되어 있을 때에는 음의 원리를 우선시해야 하며, 또 지나치게 음의 원리가 작동되었을 때에는 양의 원리를 우선시해야 상황에 맞게(時中) 될 것입니다.

앞에서 나는 자유와 평등에 관한 논의가 고정된 정적 상태를 상정하고 진행되어 왔다는 점을 지적했습니다. 여기서 우리가 해야 할 것은 그런 고정된 정적 상태의 관점으로부터 동적 과정(dynamic process)의 관점으로 전환하는 것입니다.

지금 우리는 교통통신기술의 첨단화가 초래한 공간과 시간이 단축된 새로운 삶의 터전 속에서 새로운 삶의 틀을 구성해 가야 할 판입니다. 그러한 새로운 기술이 초래한 가장 중요한 변화는, 종래 하나의 종족, 하나의 언어, 하나의 역사와 문화를 공유한 사람들이 하나의 공동체를 형성하는 **민족적 공동체**였는데, 지금은 그러한 민족 공동체의 울타리를 넘어서서 지구 전체가 하나의 공동의 열린 삶의 터전으로 우리의 삶의 터전이 넓어져가고 있다는 것입니다. 우리는 그러한 문명적 대전환의 문턱에 서 있습니다. 과연 인류가 하나의 **열린 지구 공동체**를 형성하여 인류의 번영(human flourishing)을 성취하게 될 것인지, 이것은 지금 인류 앞에 놓인 최대의 도전이 아닐 수 없습니다.

지금까지 민족 공동체의 삶을 지배한 것은 **같음의 철학**(philosophy of sameness)이었습니다. 혈연, 언어, 문화와 역사가 같은 것끼리만 수용하고, 다른 것은 배척하고 없애버리는 사고가 바로 그것입니다. 과연 인류가 하나의 열린 지구 공동체를 형성함으로써 인류의 번영을 구가할 것인지, 그 대답은 바로 같음의 철학을 버리고 **다름의 철학**(philosophy of difference)을 받아들여 실천에 옮길 수 있느냐의 여부에 달렸다 해도 과언이 아니라고 나는 생각합니다. 같음의 철학에서는 다른 것은 배척되어야 할 것(exclusiveness), 더 나아가 없애버려야 할 것으로 파악됩니다. 다름의 철학은 나와 다른 것을 나를 **보완**해 주어 나를 **살려주는** 것으로 인식하는 사고의 틀입니다. 따라서 **다른 것은 아름다운 것입니다**(difference is beautiful). 이렇게 다름(difference)을 상호보완적(complementary)인 것으로 보는 생각의 틀을 우리는 음양적 사고에서 발견할 수 있습니다. 그리고 이와는 대조적으로 다름을 갈등과 공멸의 씨앗으로 보는 사상이 이론적으로 체계화된 형태를 우리는 헤겔의 변증법에서 발견할 수 있습니다.

지금까지 철학자들은 민족 공동체 중심의 하나의 사회 안에서만 적용되는 사회정의(social justice)의 문제를 논의해 왔습니다. 열린 지구촌 공동체가 인류의 번영을 가져오려면 새로운 정의를 철학자들이 논의해야 할 것입니다. 그것은 하나의 사회적 울타리를 넘어서서 전 지구에 적용되는 **지구적 정의**(global justice)가 될 것입니다. 이러한 지구적 정의가 실현되지 않는 상황 아래서는 국경이 없는 세계경제는 인류에게 번영과 기쁨보다는 갈등과 고통을 더욱 심화시켜 줄 가능성이 매우 높습니다.

우리는 지금 새로운 세기의 여명을 목전에 두고 있습니다. 이런 격변의 시대에 철학자들에 대한 세상의 기대가 있다면 그것은 미네르바의 올빼미의 역할이 아니라 새벽에 우는 수탉의 역할일 것이라고 나는 믿습니다. 새 시대를 위한 철학의 화두를 주제 삼고 모인 우리의 이 대회가 새벽의 수탉의 역할로 승화되는 계기가 되길 바랍니다.

제13회 한국철학자연합대회 대회사(2000년 11월 24일)

II _ 새 문명 속의 신한국인

새 문명 속의 신한국인

1. 삶의 두 차원: 자연질서와 규범질서

인간은 두 차원의 질서에 따라 삶을 산다. 자연질서와 규범질서의 두 가지 그물에 따라 삶의 직물은 짜인다. 자연질서는 필연의 질서이다. 필연의 질서에서는 인간의 선택의 공간은 없다. 누구나 예외 없이 좋건 싫건 따르지 않을 수 없는 질서가 자연의 질서이다. 지금까지 인류의 지혜로 밝혀낸 자연의 질서에는 '자연법칙'이라는 명칭이 붙어서 학교의 교과서에 쓰여 있다. 중력법칙, 작용 반작용의 법칙 등이 고전역학에서 자연법칙으로 거론되었다. 현대의 상대이론과 양자역학에서는 보통 사람들의 감각기관으로 직접적으로 감지하기 어려운 자연의 질서에 관해 설명한다. 보통 사람들은 상상조차 못했던 일들이 자연질서에 따라 일어나고 있음을 현대 과학이론들은 보여주고 있다. 옛날 사람들이 귀신의 장난쯤으로 취급해 버릴 수 있는 일들을 오늘의 과학은 자연의 법칙으로 이해한다.

그러나 지금까지 과학자들이 '자연법칙'이라고 주장했던 것들이 자연의 질서와 일치하지 않는 것으로 후에 판명될 수도 있을 뿐 아니라, 자연의 질서 가운데는 아직까지도 인간의 지혜의 눈으로부터 감추어져 있는 것들이 얼마나 되는지조차 우리는 알 수 없다. 한 가지 분명한 것은 자연의 질서 그 자체는 인간의 선택의 피안에 놓여 있다는 점이다. 인간의 의지와 선택에 따라 자연질서가 이렇게 혹은 저렇게 바뀔 수도 없으며, 인간이 그 자연질서의 지배를 벗어나서는 존재할 수도 없다. 그것은 인간에게는 어쩔 수 없는 것, 필연적인 것이다. 바뀔 수 있는 것은 자연질서에 대한 이해방식인 과학의 이론이다.

인간의 삶은 이러한 자연의 질서 아래서 영위된다. 또한 인간의 삶은 규범의 질서에 따라 영위된다. 규범질서(Norm)는 자연질서와 다르다. 규범질서는 인간의 의지와 선택의 영역 밖에 놓여 있는 어쩔 수 없는 필연의 질서가 아니다. 규범질서는 인간의 의지와 선택과 결부되어 형성되고 준수되는 질서라는 점에서 '사람에 의한 질서', '인위적 질서'라고 말할 수 있다. 적어도 규범질서의 준수는 필연의 문제가 아니다. 그것은 선택의 문제이다. 쉽게 표현해서 규범질서는 따르지 않을 수밖에 없는 것이 아니라, 따르지 않을 수도 있는 질서이다. 중력이라는 자연질서는 인간의 선택과 의지에 따라 따르지 않을 수 있는 그 어떤 것이 아니다. 그러나 "도둑질하지 말라"는 도덕규범이나 빨간 신호등의 교통규범은 사람이 따르지 않을 수 있다.

인간의 삶은 어떤 특정한 규범의 질서에 따르지 않고서도 영위될 수는 있다. 물론 그 준수하지 않는 데 따른 대가는 자신이 지불해야 한다. 그러면 규범의 질서가 전혀 배제된 오직 자연의 질서에 따라서만 영위되는 인간의 삶은 가능한가? 물론 그것은 이론상으로 가능하다. 그렇다면 무엇 때문에 인간은 저 거추장스러운 인위적 규범의 질서의 굴레를 뒤집어쓰고 사는 것일까? 긴 설명을 생략한 채 한마디로 표현하면, '삶의 질', '삶의 품위'를 높이기 위한 장치가 바로 규범의 질서이다. 인간이 "개 같은 놈"이라고 하며 개를 멸시할 수 있는 그 어떤 근거가 있다면 그것은 바로 개는 규범의 질서에 따라 살지 않는다는 점일 것이다. 대부분의 동물들은 자연의 질서에 따르면서, 규범의 질서 밖에서 사는 것인지 모른다. 설사 규범의 질서가 있다 하더라도, 인간의 경우와 비교해 볼 때, 그 수준이 매우 낮은 것인지도 모른다.

인간이 자신을 단순한 동물이 아니라고 하면서 스스로를 다른 동물로부터 구별되는 그 어떤 '존귀한 존재'라는 자부심을 가질 수 있는 근거의 하나는 아마도 바로 규범의 질서라고 하는, 자연의 질서와 다른 또 다른 하나의 질서에 따라 삶을 영위하는 점에 있을 것이다.

이 규범의 질서는 인간의 의지와 선택에 의해서 생겨나고(형성되고) 또 준수되는 인위적 질서의 세계이다. 그리고 이 규범의 질서의 내용과 준수의 수준이 바로 삶의 질의 수준과 삶의 품위의 수준을 결정한다. 이 규범의 질서는 인간과 인간의 관계의 질서요, 더 나아가 자연과 인간의 관계의 질서요, 또한 자기 자신과의 관계의 질서이다. 규범의 질서의 핵심은 나와 타자와의 관계 맺음의 방식에 있다. 따라서 그것은 내가 타자 그리고 자연과 더불어 어떻게 살 것인가에 대한 질서지음이다. 이러한 규범적 질서는 인간의 의식적인 질서지음에 의해 형성된 질서이다. 반면에 자연의 질서는 인간의 의식적인 질서지음에 의해 형성된 질서가 아니다. 중력법칙은 뉴턴에 의해 하나의 '법칙'으로 정식화되기 전에도 자연계를 지배해 온 질서이다. 뉴턴이 한 것은 중력의 사실을 '인식'하여 그것을 수학적인 표현을 통하여 정식화했다는 것이다. 규범의 질서는 인간의 준수 활동이 없을 때 질서의 기능이 정지된다. 그러나 자연의 질서는 인간의 준수 활동과 무관하게 작동한다. 자연의 질서는 인간의 의도와 행동과 무관하게 자연을 지배한다. 그러나 규범의 질서는 아무 인간도 준수하지 않는다면 질서로서 작동하기를 멈춘다. 여기서 우리가 볼 수 있는 것은, 규범의 질서는 인간의 준수 여부가 규범질서의 생명을 결정한다. 따라서 규범의 질서는 본질적으로 규칙의 준수라는 담보 위에 토대하고 있다. 규칙의 준수란 무엇을 뜻하는가? 말값대로 실행된다는 것이다. 말값은 어떻게 실행되는가?

존 서얼(John Searle)은 언어 행위는 본질적으로 구성적 규칙(constitutive rule)에 의해 형성된다는 점을 이미 밝힌 바 있다. 이러한 언어 행위를 지배하는 규칙들은 하나의 약정(約定)의 법칙이다.

여기서 우리는 규범의 질서가 약정의 성격을 지니고 있음을 읽을 수 있다. 준수되지 않는 약정은 죽은 약정이다. 모든 지켜지지 않는 약속은 헛소리에 불과하다. 약속은 지켜질 때 생명력을 지닌다. 약속한 대로 이루어진다는 것을 보증해 주는 것은 정직의 언어이다. 말이 말값대로 쓰임을 보증해 주는 것은 바로 정직이다. 말이 말값대로 쓰이지 않을 때 불신이 싹튼다. 약속이 지켜지지 않을 때 불신이 싹튼다. 말이 말값대로 사용된다는 담보 위에 모든 약정은 생명력을 얻는다.

규범의 질서는 준수가 그 생명인 약정의 질서이다. 인간은 그의 삶의 질을 높이기 위해 이러한 약정의 질서를 만들어 그것에 따라 삶을 꾸려 가는 문화적 존재이다. 인간이 얼마나 질 높은 사람으로 사느냐는 바로 얼마나 차원이 높은 규범의 질서를 만들어 그것을 얼마나 잘 준수하며 사느냐에 의해서 결정된다.

모든 약정의 질서는 준수 여부에 의해 그 생명이 담보된다. 그리고 말이 제 값대로 쓰임을 떠받쳐주는 것은 정직과 신(信)의 도덕적 품성이다. 그러므로 정직과 신은 규범의 질서를 가능케 해주는 규범질서의 초석이요, 질 높은 삶, 품위 있는 삶을 영위케 해주는 필수조건이다. 규범의 질서가 인간에게 질 높은 삶과 품위 있는 삶을 가능케 하기 때문이다.

도덕률과 관습 그리고 각종 법률과 제도는 규범의 질서에 속한다. 그것들이 규범의 질서에 속한다는 것은 준수 여부가 그 모든 것들의 생명이라는 말이다. 그리고 준수 여부가 그것들의 생명이라는 것은 정직과 신(信)이 그 모든 것들을 가능케 하는 필수조건이라는 것을 말한다. 정직과 신의 도덕적 자산이 결여된 곳에 모든 도덕률과 법과 제도는 하나의 '부도난 수표'에 불과하기 때문이다. 부도난 수표는 수표로서의 기능이 정지된 죽은 수표요, 단순한 휴지 조각에 불과하기 때문이다.

2. 역사와 규범질서: 닫힌 질서로부터 열린 질서로

자연에도 역사가 있다. 그래서 우리는 우주의 역사, 자연의 역사에 관해 말한다. 따라서 우리가 오늘 연구와 관찰의 대상으로 삼는 우주와 자연의 모습이 태곳적에도 현재와 같은 것이었다고 말하지 않는다. 자연의 근본적인 구성원리와 법칙은 변함이 없다 하더라도 적어도 자연의 구성요소는 역사에 따라 많은 변화가 있었으리라고 추측할 수 있다.

한 가지 분명한 것은 인류의 문명사가 진행해 온 그 기간 안에 자연현상은 많은 변화가 있었겠으나, 그 변화를 가능케 하는 근본 질서인 자연법칙에는 아무 변화가 없었다는 것이다.

그러나 인류의 삶의 역사에서 운행되는 규범의 질서는 역사와 더불어 여러 가지 변화를 겪어왔다는 증거들을 우리는 지금 가지고 있다. 인류의 역사를 들여다보면 규범의 질서에 관하여 옛날로 올라갈수록 '불변의 것', '절대적인 것'이라는 확고한 인식이 널리 퍼져 있었음을 발견한다. 그런가 하면 최근 50여 년 동안은 아마도 인류 역사상 가장 그와 정반대의 인식이 광범위하게 퍼져 있는 시대가 아닌가 싶다. 그리하여 상대주의, 회의주의, 허무주의가 세인(世人)의 마음을 가장 격렬하게 지배하는 시대가 최근이 아닌가 싶다. 오늘날 '포스트모더니즘'으로 불리는 사유방식은 아마도 이런 시대의식의 하나의 표본이라 할 수 있다.

지나간 동서양의 문명의 역사를 살펴보면, 동양과 서양이 각기 다른 규범의 질서를 이야기해 왔을 뿐 아니라, 서양과 동양 또한 각각 시대에 따라 규범의 질서가 이런저런 방식의 변화를 거듭해 왔음을 발견한다. 우리 동양의 경우, 적어도 100년 전과 지금 사이는 상당한 정도의 규범 질서의 변화가 일어났다. 우리나라의 경우 조선왕조 500년 동안 불변의 질서로 떠받들었던 삼강오륜(三綱五倫)의 규범질서가 오늘을 사는 우리에게 어떻게 받아들여지고 있는가를 성찰해 보면, 그 변화의 실상을 몸으로 느낄 수 있을 것이다.

한마디로 삼강오륜의 규범은 나를 중심으로 혈연상으로 가장 가까운 사람으로부터 먼 관계에 있는 사람들과, 얼굴을 잘 아는 친구의 관계에 있는 사람들에 대한 질서지음으로 되어 있다. 혈연관계와 우정관계에 있는 사람들은 모두 '뜨거운 온정의 끈'으로 묶여 있는 사람들이다. 그리고 여기에 덧붙여 아버지와 아들의 비유적 연장선상에서 임금과 신하의 관계가 문제되고 있다.

우리의 이러한 전통적 규범질서는 본질적으로 '얼굴 아는 사람들'에 대한 질서지음이다. 전통사회에 있어서 우리의 모듬살이(공동체)는 본질적으로 '얼굴 아는 사람들'로 구성되었다. '얼굴 모르는 사람들'은 삶의 관계의 그물 밖에 있는 타자들, 하나의 '이방인'에 불과했다. 그들은 나의 관심의 영역 밖에 있는 사람들이었기에 규범질서의 관계항에서 제외되었다. 한마디로 전통사회의 규범질서는 '대면관계의 질서'라고 볼 수 있다. 그때의 사람의 현장에는 대면관계에 있는 사람들만이 출현하기 때문이었다. 그 현장을 지배하는 것은 체온이 감도는 '온정의 힘'이었다.

그러나 오늘 우리의 삶의 현장은 어떤가? 한마디로 전통의 삶의 현장에서 배제되었던 '얼굴 모르는 사람들'이 우글거리는 장터이다. 온정의 끈으로 연결된 사람들의 모임이 아니라 볼일이 있어서 장터에 나온 사람들이 자기의 필요에 따라 서로 주고받는 '흥정의 터전'에 모인 사람들의 모임이다. 같은 아파트에 사는 사람들이 한곳에 사는 까닭은 온정 때문이 아니다. 뜨거운 마음이 없더라도 서로 같은 집에서 살아갈 수밖에 없는 세상, 그것이 오늘 우리가 사는 삶의 터전이다.

이러한 얼굴 모르는 사람들이 어깨를 비비면서 살아가는 오늘 우리에게 얼굴 아는 사람들에게 적용되던 옛 규범의 질서가 무슨 큰 효용이 있겠는가? 물론 오늘 우리에게도 얼굴 아는 사람들이 사라진 것은 아니다. 그러나 그들은 나와 호흡을 같이하는 나의 곁에 있는 사람이 아니다. 나의 곁에 있는 사람들은 얼굴을 알 수 없는 엉뚱한 사람들, 이방인들이다. 그런 이방인들이 나와 한 울타리 안에서, 하나의 큰 집 안에서 살고 있는 것이다. 그런 엉뚱한 사람들 가운데 한 사람이 엉뚱한 짓을 하면 내가 크게 다칠 수 있는 그런 세상을 우리가 오늘 살고 있는 것이다. 옆집 개구쟁이의 불장난이 나의 전 재산과 나의 식구들의 온 생명을 한순간에 잿더미로 만들 수 있는 세상, 내가 알 수 없는 엉뚱한 한 인간이 수돗물에 못된 짓을 함으로써, 나뿐 아니라 서로 얼굴을 알 수 없는 수많은 생명들에 엄청난 화가 미칠 수 있는 그런 세상을 우리가 오늘 살고 있다.

이렇게 서로 얼굴 모르는 사람들이 교묘하게 서로 얽혀 서로의 삶에 결정적인 영향을 끼칠 수 있는 그런 세상에 필요한 규범의 질서는 무엇인가? 이것이 오늘 우리가 깊은 관심을 가지고 풀어야 할 과제가 아닐 수 없다.

인류의 역사는 어쩌면 얼굴 아는 사람들 사이의 닫힌 세계로부터 얼굴 모르는 사람들이 서로 만나는 열린 세계로의 이행과정이라 볼 수 있다. 따라서 이러한 변화과정에 대응하는 새로운 규범적 질서가 형성되고 실현되어야 할 필요성이 대두한다. 새로운 삶의 터전은 그에 알맞은 새로운 질서가 요청된다. 전통사회의 규범질서를 잘 실천하는 사람은 전통사회에 있어서 아름다운 인간상이 될 수 있다. 그러나 그러한 전통사회에서의 지고(至高)의 인간상을 오늘의 세상에서 지고의 인간으로 받아들이기 어려울 것이다. 얼굴 아는 사람들만 잘 챙기는 사람이 얼굴 모르는 사람들과 더불어 잘 사는 세상을 만들어가기는 어려울 것이다.

3. 규범질서에 대한 새로운 접근: 절대도 허무도 아니다

앞에서 이미 말한 바와 같이 서양의 사상의 역사에서 한편에는 절대주의 아성이 있는가 하면, 또 한편에는 허무주의 암흑의 심연이 놓여 있다. 규범의 질서의 문제에 있어서 절대주의 아성은 인간의 역사적 진화를 가로막는 하나의 잔인한 전족으로 작용하며, 허무주의 심연은 인간의 충만한 삶의 진액을 고갈시키는 자학적인 마약이 된다.

인간에게 필요한 규범의 질서는 변화하는 삶의 조건들 속에서 삶의 질을 고양시키는 데 적합하고 효과적인 질서라야 할 것이다. 그것은 인간의 변화하는 삶의 율동을 묶어 꼼짝하지 못하게 하는 철 침대와 같은 것이 아니며, 또한 아무렇게나 멋대로 해도 좋은 것일 수 없다. 그렇기에 그것은 절대도 아니요 허무도 아니다. 절대와 허무의 자리에 **적실성**(適實性)과 **시중**(時中)이 새로 자리 잡아야 할 것이다.

우리가 매일같이 호흡하며 사는 세상은 수없이 많은 얼굴 모르는 사람들과 수를 헤아리는 몇몇의 얼굴 아는 사람들이 섞여 얽혀 숨 가쁘게 돌아가는 세상이다. 내가 알 수 없는 사람들의 콧구멍과 입에서 나오는 탁한 공기를 내 콧구멍 속으로 다시 빨아들일 수밖에 없는 그런 공동 호흡권이다. 그 속에서 사람들과 함께 어울려 품위 있는 질 높은 삶을 내가 꾸려가야 한다.

이리 얽히고 저리 얽힌 삶의 그물 속에서 나 혼자 잘 살 방법은 없다. 공동 호흡권, 공동 생명권 속에 얽혀 있는 나의 삶이기 때문이다. 내가 잘 살 수 있는 길은 **더불어 잘 살 수 있는 세상**을 만드는 길과 하나로 통한다.

오늘 우리가 사는 이런 세상을 우리는 '시민 공동체'라고 부르고 있다. 시민 공동체란 아무런 온정의 끈도 없는 사람들이 모여 사는 모듬살이다. 그러면 모래알 같은 개인들을 무슨 새 끈으로 묶어 더불어 살고 살려주는 삶의 둥지를 만들 수 있을 것인가? 그 새로운 끈, 새로운 접착제를 우리가 마련하는 것, 그것이 바로 시민 공동체를 위한 새로운 규범의 질서가 될 것이다.

여기서 우리는 다음과 같은 두 가지 가능성을 생각해 볼 수 있다.

첫째 가능성은 얼굴 아는 혈연관계에 있는 사람들에게 적용되었던 온정 중심의 규범질서를 얼굴 모르는 사람들에게 확장 적용하는 것이다. 예를 들어 부모에게 적용되었던 효(孝)의 규범을 얼굴 모르는 사람들 가운데 자기 부모와 같은 연령의 사람들에게 실천하는 것을 생각해 볼 수 있다. 그리고 오륜(五輪)의 나머지 덕목(德目)들도 비슷한 방법으로 확대 적용하는 것을 생각해 볼 수 있다. 이것은 곧 혈연관계에 있지 않은 낯모르는 사람을 혈연관계에 있는 사람에게 하듯 대하는 것을 뜻하며, 친구가 아닌 사람을 친구에게 하듯 대하는 것을 말한다. 그렇게 되면 세상 사람 전체가 하나의 가족 구성원으로, 또 가까운 친구로 나에게 다가오게 될 것이다.

만일 이것이 실현될 수 있다면 세상은 그야말로 지상낙원이 될 수 있을지 모른다. 그런데 문제는 이것이 과연 실천 가능한 것일까? 앞에서도 지적했듯이 이러한 전통윤리의 핵심을 이루는 것은 '뜨거운 온정'이다. 모든 사람들을 뜨거운 온정을 가지고 대하기 위해서는 무엇보다도 엄청난 마음의 에너지가 필요하다.

그런데 현실에 있어서 우리의 에너지는 한정되어 있다. 온정은 사람의 감정이 수반되는 것인데, 따뜻한 감정을 모든 사람들에게 베풀기 위해서는 무엇보다도 엄청난 열정이 필요하다. 그런 엄청난 열정을 쏟아부을 능력이 누구에게나 주어져 있지 않은 것이 현실이다.

현실적으로 성취하기 어려운 목표에 초점을 맞춘 규범의 질서는 사람들을 위선적인 존재로 만들 뿐이다. 지고(至高)의 이상적인 인간상을 마음속에 상상하며 추앙하는 것은 좋으나, 그것을 현실적인 행동규범의 차원에서 요구하게 되었을 때, 우리 인간은 말과 행동이 분열된 이중인격의 굴레 속에서 헤매게 되기 일쑤이다.

그런 지고(至高)의 인간상은 어떤 특수한 소수의 존재에게 있어서 실현 가능한 것일지 모른다. 그리고 그것은 우리의 삶에 긴장을 주는 하나의 원심력의 구실을 할 수는 있다. 따라서 그것을 현실적으로 실천 가능한 행동규범의 차원에서 볼 때, 그것은 한갓 '그림의 떡'과 같이 적실성(適實性)이 결여된 공허한 말의 질서에 불과한 것이기 일쑤이다.

따라서 온정 중심의 전통규범을 확대 적용하는 길이 오늘의 우리의 문제를 해결해 주는 현실적 대안으로 받아들여지기는 매우 어려운 것같이 보인다.

그러면 또 하나의 가능성을 생각해 볼 수 있다. 앞의 가능성이 최대의 것을 지향한다면, 둘째 가능성은 최소의 것을 지향한다. 그것은 모듬살이가 가능하기 위한 최소의 조건을 겨냥함과 동시에 누구에게나 그 실천 가능성이 열려 있다. 우리는 앞에서 규범질서는 본질적으로 협약의 성격을 가지고 있어서 그 준수가 규범질서의 생명임을 살펴보았다. 그리고 언어는 본질적으로 협약의 규칙에 토대하고 있어서 협약이 준수된다는 것은 협약에 동원된 언어의 값에 따라 언어가 사용되고 있다는 것을 보증하는 것이라고 하였다. 그리고 언어가 자기의 값대로 쓰이는 것이 정직의 언어이다. 여기서 정직은 바로 모든 협약의 규범질서를 떠받쳐 주는 초석이 되고 있다. 신(信)은 바로 정직의 실천에 수반되며, 이러한 신의 도덕적 자본이 규범질서의 토대에 놓여 있음을 알 수 있다.

이런 점에서 **정직과 신(信)**은 인간의 모듬살이를 지배하는 규범질서를 가능케 하는 **최소의 조건**이라 하지 않을 수 없다. 이러한 정직과 신은 따뜻한 온정과 같이 엄청난 감성의 에너지가 없이도 실현될 수 있다.

정직과 신(信)은 의식작용과 결부된 **행위의 일관성**만 유지되면 실현될 수 있다. 일관성은 이론의 무모순성을 보장하며, 따라서 이론의 생명이다. 일관성이 결여된 이론은 헛소리요, 죽은 이론에 불과하다. 정직과 신은 행위의 세계에서 일관성이 유지될 때 실현된다. 이렇듯 일관성은 이론세계의 생명인 동시에 행위세계의 생명이라 할 수 있다. 행위의 일관성으로의 정직과 신은 정상적인 인간에게는 누구에게나 그 실현 가능성이 열려 있다.

"기계처럼 정직하다"는 말이 암시하듯이 정직과 신(信)을 실천하기 위해서 그렇게 대단한 능력을 요구하지도 않는다. 딴 마음만 먹지 않으면 된다. 남에게 해를 끼치려는 딴 마음, 남을 이용해서 덕을 보려는 딴 마음만 없으면 된다. 이것은 규범질서를 가능케 하는 핵심적 조건이다. 이것은 첫 번째 최대의 길처럼 인간에게 과도한 부담을 지우지 않는다. 오직 인간의 모듬살이에 요구되는 규범질서의 작동을 가능케 하는 최소의 조건의 부담만을 모든 인간들에게 요구한다. 말하자면 이것은 시민 공동체의 구성원이 되기 위해 요구되는 최소의 조건이요 의무인 셈이다. 첫째 길이 최상의 조건을 요구한다면 둘째 길은 최소의 조건을 요구한다. 앞의 것이 성자의 길이라면, 후자는 시민의 길이다. 모든 시민에게 성자의 길을 요구하는 것은 너무나 비현실적이 아닐까?

4. 새로운 사람됨의 교육운동: 가정의 덕육(德育)과 직업윤리 실천운동

오늘의 시민 공동체에서 개인은 가족의 구성원으로, 직장의 구성원으로, 그리고 국가의 구성원으로, 또한 지구촌의 구성원으로 삶을 영위한다. 우리의 전통규범이었던 유학적 규범은 가족이라는 혈연의 유대에 초점을 맞추었으나, 서양에 있어서 플라톤을 비롯한 이상주의적 사회 모형을 제시한 사람들은 그러한 가족의 극복을 통한 보편적 이상 공동체를 꿈꾸었다. 그러나 아직까지 인류의 역사적 체험이 보여주는 것은 가족의 극복, 가족의 해체를 대신할 만한 대안을 마련하는 데 성공하지 못했다는 사실이다.

그와 반대로 미국을 비롯한 소위 선진국에서 나타나고 있는 현실은 가족의 해체가 사회의 건강 그 자체를 뿌리에서부터 흔들어놓고 있다는 점을 우리에게 보여주고 있을 뿐이다. 건강한 가족의 삶의 붕괴는 사회에 온갖 병리현상으로 인도되어 급기야는 사회 자체의 붕괴로 귀결될 수 있으리라는 예견을 낳게 하고 있다.

따라서 건강한 가족의 삶을 유지하기 위한 규범이 요구된다. 물론 그 가정의 규범은 오늘날 우리의 삶의 여러 조건들과 잘 부합하는 것, 적실성(適實性), 시중(時中)의 규범이 되어야 할 것이다.

그 다음 우리가 여러 가지 성격이 다른 직장이라는 기능 공동체의 일원으로 제대로 살기 위해서는 그 직장마다 특별히 강조되는 규범의 질서를 만들어 그것을 준수해야 할 것이다. 이것이 바로 직업윤리라 할 수 있다. 이를테면, 공직에 종사하는 사람들에게는 무엇보다도 공정(無私公平)과 봉사 그리고 책임의식의 규범이 강조될 수 있고, 종교의 성직자들에게는 헌신과 사랑이 강조될 수 있으며, 의료인들에게는 생명존중과 봉사가 강조될 수 있고, 군인들에게는 용맹과 명령에 대한 복종이 강조될 수 있으며, 산업현장에서는 근면과 협동이 강조될 수 있을 것이다.

우리는 또한 국가의 한 구성원으로서 국가가 제정한 헌법을 비롯한 온갖 법률이라는 규범을 준수함으로써 국민의 역할을 수행할 수 있다. 이때 요구되는 것은 말할 것도 없이 준법의식이다. 이것은 모든 국민에게 공통적으로 요구되는 규범의 질서이다.

또한 우리는 지구촌의 한 구성원으로서 삶을 영위한다. 지구의 온전한 보존 없이 인간은 살 수 없다. 지구의 존속을 위협하는 것은 환경재해와 핵전쟁이다. 이러한 위협으로부터 인류가 살아남기 위해서는 환경과 더불어 사는 데 필요한 일상적 규범을 실천에 옮겨야 할 것이며, 전쟁을 예방하기 위한 평화의 규범을 실천에 옮겨야 할 것이다.

일찍이 아리스토텔레스가 도덕적 자질은 습관의 산물임을 지적한 바 있거니와, 도덕적 규범은 개념적 논의나 입으로 가르치는 수준이 아니라 일상의 삶의 문맥에서 **길들이는 실천운동**에서 살아 숨 쉰다. 따라서 교과서적 규범교육은 죽은 교육이라 아니 할 수 없다. 반복되는 실천을 통해서만 사람됨의 교육은 성숙되어 간다. 한국에 있어서 최근 50년의 교육은 단편적 지식의 암기에 모든 교육적 노력이 경주되어 왔음을 우리 모두 뼈아프게 반성하면서, **규범의 실천을 통한 사람됨의 교육과 탐구능력의 향상**으로 학교교육의 대전환이 일어나야 할 것이다.

그리고 사람됨의 교육의 참된 토대는 가정교육에 있다. 그럼에도 불구하고 이 땅의 많은 부모들은 유감스럽게도 글자 교육에만 혈안이 되어 사람됨의 교육의 의무를 외면해 온 것이 아닌가 싶다.

또한 직장에서는 철저한 직업윤리가 정착되지 않은 채 기능적 교육에만 치중함으로써 효율적이고 합리적인 공동체 운영에 많은 어려움을 겪고 있다.

오늘 우리 한국사회 전체는 가치의 혼돈 속에서 온갖 사회적 질병으로 시달리고 있다. 이른바 우리 사회의 '구조적 부패'는 규범적 질서가 입가의 언저리에서만 맴돌 뿐 체질화되지 않았거나, 심한 경우 가치관의 황폐에 기인한다.

이러한 상황을 더욱 부채질한 것은 철학의 영역에서의 가치의 상대론 내지 가치 무정부론이었다. 극단적인 가치 상대론과 가치 무정부론에 대해서 우리가 지적할 수 있는 것은, 제대로 굴러가는 사회치고 사람을 죽여도 좋다거나 거짓말을 해도 좋다거나 도둑질을 해도 좋다는 것을 도덕적 규점으로 삼은 적은 없다는 것이다. 아마도 지역과 시대에 따라 가장 편차가 심한 규범은 성(sex)에 관련된 규범일 것이다. 그리고 지배자와 피지배자의 관계와 연장자와 젊은 사람의 관계일 것이다. 그리고 대부분의 것은 가치의 근본적인 문제와는 거리가 조금 먼 미세한 에티켓 수준의 규범이라 할 것이다. 이런 편차를 초래한 근본 배경에는 교육의 보편화의 수준, 생산양식의 변화, 그리고 거기에 따른 사회조직의 변화가 도사리고 있다. 이러한 삶의 조건들의 변화가 새로운 규범을 요구했다고 볼 수 있다.

이런 점을 고려할 때, 규범의 질서에서 절대주의를 고집하는 것도 문제거니와 변화에만 초점을 맞추어 극단적인 일반화를 함으로써 도달하게 되는 극단적인 가치 상대론 내지 가치 무정부론은 모두 삶의 현실로부터 동떨어진 하나의 공론(空論)에 불과함을 알 수 있다.

우리가 새로운 규범을 창안함에 있어서 고려해야 할 것은 적실성(適實性)의 원리 혹은 시중(時中)의 원리이다. 규범의 질서는 자연의 질서 안에 존재하는 인간이 보다 질 높고 품위 있는 삶을 영위하기 위한 조건과 환경을 만들기 위해 창안해 낸 질서이기 때문이다. 그것은 인간존재가 자신들과 맺은 약정의 질서인 것이다. 우리는 지금 문명의 대전환을 어렴풋이 감지하면서 새 문명 속에서 인간다운 삶을 살 수 있는 새로운 가능성을 탐색하고 있다. 새로운 사고의 모형, 삶의 모형, 사회의 모형을 향하여 새로운 지적 모험을 시도하고 있다.

이런 미래지향의 시각에서 오늘 이 땅에서 자라고 있는 신한국인에게 요구되는 행동규범을 어떻게 규정하고 체질화할 것인가가 검토되어야 할 것이다.

이러한 작업을 함에 있어서, 이미 굳어버린 과거의 전통에 대한 시선과 미래로 열려 있는 새로운 가능성을 향한 시선 사이의 긴장과 조화가 요청된다. 오늘의 삶은 바로 이 긴장과 조화 속에서 영위되기 때문이다.

그렇기에 어제의 이상적인 한국인의 모습이 곧 오늘의 이상적인 한국인의 모습일 수 없다. 그렇다고 신한국인이 어제로부터 단절된 무(無)의 허공에서 튀어나온 요술사일 수도 없다. 21세기를 살아갈 아름다운 신인간상은 인간다운 삶, 품위 있는 삶을 타인과 더불어 잘 살 수 있는 사회와 자연과 더불어 잘 살 수 있는 친생태적 세계를 열어가는 데 오늘에 합당한(時中) 질서를 몸에 익힌 인간일 뿐이다.

이러한 신한국인의 탄생을 위해서는 가정에서의 인성교육과 학교에서의 실천 위주의 인성교육, 그리고 사회 각 직장에서의 직업윤리의 제정과 그 실천을 위한 체계적인 노력이 총체적으로 이루어져야 할 것이다. 이것은 나를 살리고 국가를 살리고 온 인류를 살리는 길로 인도할 것이다.

인성교육정책 자문위원회 세미나(1998년 12월 11일)

세대의식은 사회발전의 변수

한 시대를 사는 사람의 가치의식과 지적 능력은 그의 성장기에 삶의 공간에서 얻은 여러 가지의 교육적 경험에 크게 의존한다. 여기서 우리는 한 시대의 사회의 성격과 그 시대의 역사의 주역들의 교육적 배경 사이에 깊은 연관성이 있음을 발견한다. 세대의식이란 하나의 역사적 시기에 사는 사람들이 서로 비슷한 교육적 경험으로부터 얻은 가치의식과 행동양식, 그리고 지적 경험의 유형을 총칭하는 말로 이해할 수 있다. 인간의 생각과 행동이 역사의 주요 변수라면, 세대의식은 그 세대가 이룩하는 사회발전의 변수라고 볼 수 있다.

우리가 일제의 만 35년 동안의 식민지 지배로부터 벗어나 근대적 국민주권국가를 형성한 이후 만 35년이 되는 오늘에 이르기까지 이 나라를 이끌어온 정치적 주도세력의 특성을 우리는 크게 두 묶음으로 나누어 볼 수 있을 것 같다. 그 하나는 한학적 전통에서 교육을 받고 서구의 근대적 사상적 영향 아래서 교육된 세력이며, 또 다른 하나는 일본의 군국주의적인 교육을 어린 나이에서부터 고등교육까지 철저히 받은 세력이다.

첫째 부류에 속하는 사람들은 해방 후 자유당 이승만 정권과 4 · 19 이후 단명한 민주당 정권의 주역이요, 둘째 부류에 속하는 사람들은 지난 18년간 지배한 제3공화국의 주역들이다.

우리는 특히 지난 18년 동안 제3공화국의 정치형태가 일본의 군국주의적 획일적 체제와 상당한 유사성을 가지고 있다는 사실에 주목할 필요가 있다.

일제 식민지 잔재를 청산해야 한다는 구호를 이 나라에서 목청 높여 외쳐온 지 오래건만 오히려 최근 10년 동안의 이 나라의 역사가 일본 군국주의적 통치와 상당한 친화성을 가졌다고 하는 것은 서글픈 역사의 아이러니가 아닐 수 없다.

새 시대는 새 의식을 지닌 행동하는 인간들의 출현에 의해서만 전개된다. 해방 후 우리말 교육을 받은, 이 땅의 자주와 민주의 새 세대를 우리는 한글세대라 부르기도 한다. 4 · 19는 이 한글세대가 민주와 정의의 함성을 부르짖은 민주도정의 첫 이정표였다. 그것은 도덕성을 결여한 정치는 반드시 파멸하고 만다는 도덕적 교훈을 이 나라의 역사에 남겨놓은 지성인의 실천적 행위의 한 표본이다.

4 · 19에 이어 6 · 3으로 이어진 대학에서의 한글세대는 진리와 정의의 수호자의 위치에 서서 이 땅 위의 반민주적, 반민족적인 정치적 비리와 불의에 대한 준엄한 비판자의 역할을 수행해 왔다.

1970년대의 한글세대가 사회정의와 민주 제단 앞에 치른 대가는 한국의 내일의 밝은 역사를 보증해 줄 수 있으리라 믿는다.

이러한 한글세대 가운데 선발대는 이미 이 땅의 기간 세력으로 각 분야에 머리를 내밀기 시작했다. 이제까지 이들은 구세대가 형성해 놓은 낡은 질서의 일부분으로 편입되어 그들의 하수인 노릇밖에 못한 변방인에 지나지 않았다 해도 과언이 아닐 것이다. 따라서 한글세대가 지닌 고유한 특성이 이 땅의 주도적 흐름으로 활성화되지 못했다.

1980년대는 이 한글세대가 새로운 역사의 일꾼으로 등장하여 이 나라의 의식 풍토의 탈바꿈과 기본 질서의 재편성에 핵심적 역할을 하게 될 역사적 전환점이 아닐까. 사람이 바뀐다고 해서 새로운 시대가 도래하는 것은 물론 아니다. 새로운 생각을 지닌 사람들의 출현이 있어야 할 것이다. 그러나 그 새로운 생각이 자기의 일상생활에 푹 배어든 것이 아닌, 단순히 글자로 읽거나 주워들은 생각에 그치면, 그것은 한 인간을 분열증적 이중성의 깊은 심연 속에서 허덕이게 할 뿐이다.

그러나 아무리 소화된, 생활화된 새 생각을 가지고 있더라도 자기가 살고 있는 역사적 상황에 대한 투명한 인식과 그 인식에 토대한 내일에 대한 비전이 결여되었을 때, 그는 새 역사를 창조하는 역사의 주체가 될 수 없을 것이다.

해방 후 35년의 역사는 모방의 차원을 크게 벗어나지 못한 역사였다고 하면 사실과 거리가 먼 이야기일까? 서양 것의 모방이나 우리 조상들의 것의 모방, 그 어느 것이나 남의 등에 업혀 있기는 마찬가지다.

1980년대부터 열리는 새 시대는 오늘을 사는 한국 사람이 자기의 머리를 쥐어짜서 새것을 만드는 창조의 차원으로 올라가야 할 것이다.

서양 것이면 사족을 못 쓰는 몸짓이나 오래된 우리 조상 것이면 무엇이든 혀를 차며 경탄해 마지않는 얼빠진 모양을 내는 그 모든 모방의 몸짓을 극복하는 일부터 새 시대에는 시작되어야 할 것이다

이러한 자생적 문화의 창조는 이성이 질식할 수밖에 없는 닫힌사회에서는 불가능하다. 이성이 숨 쉴 수 있는 열린사회의 묘밭에서만 자생적 문화의 꽃은 피는 법이다. 우리가 여태껏 살아온 세계는 반이성적인 닫힌사회였다. 말이 안 통하고 상식이 통하지 않는 세상이었다. 억지와 폭력이 합법의 탈을 쓰고 난무한 흑암의 세계였다. 논리적인 따짐과 설득, 그리고 관용을 토대로 한 대화가 모든 문제를 해결하는 무기로 사용되는 이성이 지배하는 사회, 이것이 우리가 1980년대를 내다보며 그려보는

새 세상의 모습이 아닐까.

이성이 지배하는 사회는 우선 타율이 아닌 자율의 원칙에 의해 움직이는 사회이다. 특히 지나간 1970년대는 철저한 타율적 세계의 전형이었다. 그 다음으로 이성이 지배하는 사회는 불균형이 아닌 형평의 원리가 실현되는 사회이다. 우리가 살아온 1970년대는 사회계층과 지역 간의 불균형이 극도로 심화된 세상이었다.

앞으로 1980년대에 있어서 한국이 직면한 최대의 도전은 바로 이제까지 누적된 이 심화된 사회적 불균형을 어떻게 바로잡느냐 하는 문제가 아닐까 한다. 온갖 사회경제적 가치의 배분적 정의의 실현이 새 시대의 주역이 쏟아야 할 실천적 관심의 최우선적 항목이 아닐 수 없을 것이다. 이러한 사회정의의 실현이 없이는 사람이 사람답게 살 수 있는 사회는 결코 구현될 수 없다.

그리고 이성이 숨 쉬는 사회는 획일이 아닌 다원적 사회이다. 흑백논리는 지성의 논리가 아닌 반지성의 편싸움꾼의 전술에 불과하다.

획일을 통해서만 사회통합을 기도하는 사람은 모든 사람을 박수부대로 만들지 않고는 불안 속에 빠진다. 획일적 사회는 독창이나 제창을 듣고서만 안심입명을 느끼며 교향악을 무질서와 광란으로 받아들인다. 다원적 사회의 새 씨앗은 정복의 사고를 이 땅에서 뿌리째 뽑아버려야만 파종될 수 있을 것이다.

1980년대로 시작되는 새 역사가 풀어야 할 과제는 민족의 숙제인 '임시 나라', '반동강의 민족'의 극복이다. 이 민족적 비극은 우리 민족이 스스로 선택한 이데올로기의 산물이 아니라 고래 싸움에 터진 새우등의 처량한 운명과 같다. 이 남북분단의 극복을 위해서는 평등의 이념이 실현된 이성이 숨 쉬는 사회의 실현이 선결되어야 한다. 그러나 그것은 남북문제의 극복의 필요조건일 뿐 충분조건은 아니다. 우리나라를 둘러싼 강대국들의 힘의 조정이 우리의 분단을 극복하는 충분조건임을 간과해서도 안 된다. 이러한 사실은 남북문제가 한낱 감상적 주장에 의해서는 결코 해결될 수 없는 중대하고도 지난한 민족사적 과제임을 드러내준다. 그 과제가 이렇듯 어려운 것이기에 우리의 전인적 헌신과 전 민족적 노력이 요청되는 것이다.

『경향신문』(1980년 4월 18일)

역사의 갈림길에 선 오늘의 한국, 한국인

우리가 오늘 숨 쉬고 살고 있는 지금은 예사로운 때가 아니다. 문명의 대전환기이다. 사람이 자연 속에서 삶을 유지해 온 지나간 인류 역사를 농경문명과 산업문명으로 크게 나눈다면, 앞으로 다가오는 세상은 그런 지난 세상과는 크게 다른 세상이 될 것이다.

농경문명 시대에 금과옥조처럼 떠받들던 사고의 틀과 제도의 틀을 가지고서는 산업문명에서 제대로 살 수 없다. 그것을 인류는 지난 산업문명 속에서 절실하게 경험했다. 우리 한국 사람들이 지난 19세기 이후에 뼈저리게 체험했던 아픈 역사의 현장이 바로 그것이었다. 그것은 농경문명의 사고의 틀과 제도의 틀을 가지고서는 산업문명 속에서 제대로 사람답게 살 수 없다는 것을 깨달은 체험의 역사였다.

조선왕조의 마지막 무렵에 이 땅의 지도자들이 저지른 과오는 애국심의 부족에 기인한 것이 아니었다. 농경문명 속에 갇힌 눈만 가졌기에 새로 나타난 산업문명의 정체를 제대로 인식하지 못함으로써 엉뚱한 처방전, 낡은 처방전을 들고 역사의 격변에 대처하려 했던 데 문제가 있다.

한마디로 그들은 역사의 대세(大勢)를 읽을 수 있는 눈을 갖지 못했던 것이다. 그 결과는 한국인의 오욕의 역사였다. 엉뚱한 방향으로 나라를 이끌고 가려 했으니 너무나 당연한 역사의 귀결이 아니었던가.

그런데 오늘 이 땅의 형편은 어떤가? 오늘 이 나라를, 이 나라의 정치를 이끌고 가는 사람들은 과연 역사의 대세를 올바로 읽고 있는가?

문민정부 이래 '변화와 개혁'이라는 화두가 이 땅을 지배하고 있으나, 그 속을 들여다보면 어떤 것은 역사의 대세를 따르는 것이 있는가 하면, 어떤 것은 역사의 대세와는 역방향으로 나가고 있다. 지금 있는 것과는 다른 것으로 바꾸니 변화와 변혁임에 틀림없다.

그러나 매우 중요한 것은 무엇이나 바꾼다고, 뒤집어엎는다고 사는 길이 열리는 것은 아니라는 점이다. 잘못 바꾸거나 뒤집어엎으면, 아무것도 하지 않은 채 그냥 놔두는 것만 못하다. 그것은 그나마 먹고살던 밥통마저 엎어버리는 꼴이 될 수 있기 때문이다.

우리 속담에 "알아야 면장질도 한다"는 말이 있다. 변화가 필요한 때라고 해서 역사를 거꾸로 돌려놓는 일을 저질러서는 안 된다. 그것은 어리석은 만용일 따름이다.

눈을 크게 뜨고 오늘의 인류문명이 어느 방향으로 움직이고 있는지 깊이 통찰해야 한다. 지나간 시대의 낡은 이념의 문서 조각을 들여다보고 오늘의 역동적인 새 문명의 판세를 해독하려고 해서는 안 된다. 그렇게 해서 얻을 것은 전도된 세상의 모습뿐이다.

그런 시각의 로드맵을 가지고 나라 운영을 하려 들면 우리 한국인의 운명을 다시 역사의 변방으로 몰아세우는 결과밖에 얻지 못할 것이다. 과거의 생각의 틀로 다가오는 새로운 세상을 읽으려 하기 때문이다. 새 문명을 제대로 읽으려면 새로운 생각의 틀, 새로운 문법이 필요하다.

새로운 철학의 눈으로 세상을 보아야 한다. 이른바 '이념논쟁'은 지난 산업문명의 끝머리를 차지했던 '생각의 사상누각'으로 판명나지 않았는가. 그걸 가지고 어떻게 새 문명이 던지는 고차방정식을 풀겠다는 것인가.

우선 우리의 시선을 우리 안에만 고착시키는 편집증으로부터 우리 마음을 자유롭게 해야 한다. 우리 안의 문제들은 우리의 피부는 아프게 와닿는 것임에 틀림없지만, '세상의 큰 틀'을 제대로 읽지 못하고 우리끼리 우리 안의 문제만을 해결하려고 하면, 만사(萬事)가 의도와는 정반대로 굴러갈 수 있다는 것을 알아야 한다.

우리가 오늘 올바로 세상을 읽고 제대로 대처하기 위해서는 큰 틀 속에서 우리의 내부 문제들을 들여다볼 줄 아는 지혜가 필요하다. 큰 틀이란 다가오는 문명의 대세를 말한다. 바둑의 상수와 하수의 차이는 바둑판의 대세를 읽는 눈의 차이에 있다. 대국(大局)을 읽는 통찰력의 유무가 문제이다. 대세를 보기 위해서는 좀스러운 꼼수에 매달리는 소인의 틀을 벗어던져야 한다. 그리고 지금까지 우리 마음을 얽매고 있는 낡은 사고의 관행으로부터 자유로워야 한다. 대인(大人)의 열린 마음의 소유자로 거듭나야 한다.

지구촌은 지금 하나의 열린 세계이다. 그렇기에 엄밀한 의미에서 우리끼리 우리 식대로 해결할 수 있는 우리만의 문제란 거의 없다. 안과 밖이 서로 침투하여 상호작용을 하는 열린 체계이다.

밖의 큰 틀로부터 동떨어진 우리만의 문제에 대한 우리 식대로의 해결이란 결국에는 '낙동강 오리알' 신세로 귀착하고 말 것이다. 그렇기에 과거 외세의 입김에 놀아나던 시절의 '한(恨)'의 피해의식과 더불어 우리 마음에 기둥처럼 우리를 붙들어준 '민족주의'의 주술로부터 벗어나야 할 때가 되었다.

그것은 한의 역사 속에 살았던 과거의 우리의 마음이 지주였으나, 지금은 우리가 새 역사를 만들어가야 할 때이다. 새 문명의 중심권으로 진입하는 새 역사를 만들어가야 할 때이다. 그렇기에 '한의 역사'로부터 탈출하여야 한다. 민족이라는 좁은 우리끼리만의 울타리를 허물어버리고 지구촌 이웃들과 더불어 잘 살 줄 아는 새로운 세계의 중심권으로 달려 나가야 한다. 오늘 이 땅을 경영하는 사람들은 지구촌 시대에 알맞은 새로운 삶의 설계도와 전략을 디자인해야 한다. '지구촌 시대 디자이너'로 모두가 거듭나야 한다.

그러기 위해서 우리에게 필요한 것은 무엇보다도 우리끼리의 반목과 패거리끼리의 진흙탕 싸움을 청산해야 한다. 한마음으로 모두가 뭉치지는 못하더라도, 관용의 마음으로 상대를 이해하는 부드러운 마음, 헤아리는 도량을 가져야 한다. 그리고 무엇보다도 낡은 이념의 교조에 찌든 마음으로 앞서가는 사람, 잘되는 사람을 못 참아 하는 옹졸한 마음으로부터 벗어나야 한다.

앞서가는 사람, 잘 뛰는 사람의 발목을 잡아놓고서 어떻게 우리가 잘 나가는 세상, 잘 사는 세상, 힘 있는 나라를 만들 수 있단 말인가. 우리가 제대로 된 세상을 만들려면 잘 뛰는 사람은 잘 뛰게 하면서, 뒤에 처진 사람들도 잘 뛸 수 있도록 하는 사회적 지원 장치를 만들어야 한다.

앞서가는 것, 잘 뛰는 것이 비난과 증오의 대상이 되어서는 우리가 결코 제대로 된 품격 높은 살 만한 세상, 질 좋은 세상을 만들 수 없다. 세상에 사는 사람들의 지문이 모두 다르듯이 사람들의 능력과 소질은 다양하다. 엄격한 의미에서 똑같은 사람은 하나도 없다. 그렇기에 사람들은 태어난 몫만큼 세상에 기여하면서 살아간다.

오늘 이 땅을 깊은 갈등의 골짜기로 만들어놓는 것은 무엇보다도 이런 인간의 다양성에 대한 오해에 기인한다. 잘 뛰는 사람의 발목을 잡아야 세상이 잘 돌아갈 것이라는 생각은 바로 그런 오해의 하나이다.

오늘과 같이 한 개인의 지적 탁월성이 한 공동체의 생존에 결정적인 변수가 되는 때, 잘 뛰는 앞서가는 사람의 발목을 잡아놓고서 모든 사람을 두부모와 같은 평균인 양산에만 열을 올리는 것은 우리 모두의 운명을 역사의 변방으로 몰고 가는 것 이외에 무엇이겠는가.

우리는 지금 지구 위에 홀로 존재하지 않는다. 과거에는 그렇게 생각하며 살 수 있는 때가 있었다. 그러나 지금의 세상, 새로운 문명 속에서 모든 존재는 그물처럼 서로 얽혀 있다. 그렇기에 지구촌의 모든 사람들과 함께 호흡하며 살아가야 한다. 새 문명의 대세를 타고 살아야 한다. 그 대세와 거역하는 몸짓을 하면서 '자주'의 호기를 부리는 것이 멋있어 보일 수 있으나, 그것은 '한 마리의 사마귀가 수레바퀴에 대드는 격'이 아니고 무엇이겠는가.

우리는 이제 새로운 눈으로 세상을 보아야 한다. 새로운 생각의 틀, 새로운 사고의 문법이 우리에게 필요하다. 지난 시대의 낡은 생각의 틀로는 새 문명에 제대로 대처할 수 없다. 새 문명의 중심권으로 우리가 진입하기 위해서는 새로운 생각의 틀을 가지고 세상을 읽을 수 있어야 한다. 지난 시대의 이념의 틀로 미래를 재단해서는 안 된다. 그것은 조선 말기 주자학의 깃발을 쳐들고 산업문명에 맞서려 했던 우리 선조들의 처지와 비슷하다.

새 문명은 새로운 사고의 문법으로 풀어가야 한다. 그런데 우리는 지금 엉뚱한 처방을 가지고 나라를 이끌어간다고 동분서주하고 있다. 열정이 없어서 문제가 아니라, 올바른 눈이 없어서 문제요, 새로운 사고의 틀이 없어서 문제이다. 지난 시대의 사고의 문법을 가지고 새 문명의 처방을 내리는 사람들이 바로 '거짓 선지자들'이다. 거짓 선지자들은 혹세무민할 뿐이다.

한국과 한국인은 지금 역사의 갈림길에 서 있다. 새 문명의 중심권으로 진입하느냐, 역사의 변방으로 떨어지느냐, 그 갈림길에 서 있다. 그렇기에 누구보다도 이 땅의 주인들이 눈을 똑바로 뜨고 세상의 움직임을 응시해야 할 때이다. '거짓 선지자들'이 세상을 농락하고, 우리의 공동체를 세상의 웃음거리로 만들지 못하도록 눈을 크게 뜨고 세상의 움직임을 응시해야 할 때이다. 똑똑히 주인 노릇을 해야 할 때이다. 우리의 운명, 우리 자손들의 운명이 결정될 그 갈림길에 우리가 오늘 서 있기 때문이다.

더욱이 이 땅의 씨알인 젊은이들이여, 그대들의 명석한 두뇌와 맑은 눈으로 새 문명을 기획하는 '지구촌 시대의 디자이너'가 되어야 한다. 그럴 때 한국과 한국인은 새 문명의 중심권으로 진입하게 될 것이다.

『월간 헌정』(2006년 3월)

인류문명의 대(大) 드라마에서
우리는 어떤 역(役)을 맡으려는가

지난 10월 2일 수원 문화의 전당 야외공연장에서는 보통 때 같으면 생각도 하기 힘든 일이 벌어졌다. 옛날 같으면 걷기조차 힘든 85세의 나이에, 일생 학문 연구와 교육으로 일관한 대한민국 학술원 현직 회장 김태길 박사와 학술원 전직 회장 이호왕 박사 등 나라 안에서는 이름 석 자만 대면 많은 사람들이 알 수 있는 사람들이 모여 마당극을 한 판 벌였다. '변 사또의 생일'이 그 마당극의 주제였다.

어찌 보면 얼굴을 찡그릴 수도 있는 일이 벌어졌던 것이다. 불행인지 다행인지 언론 매체들이 보도하는 바람에 세상의 관심거리가 되기도 했다. 하기야 이번이 첫 해프닝은 아니다. 그전에도 '붉은 뺨을 찾습니다'라는 제목의 마당극을 한 판 벌인 바 있다.

본디 마당극은 서민의 애환을 담은 서민들의 놀이였다. 그런데 옛날 같으면 서민과 정반대의 위치에 있는 사람들이 떼를 지어 이런 서민의 놀이에 광대 노릇을 하고 있는 셈이니, 예사스러운 일이 아닌 것만은 분명하다.

이 예사스럽지 않은 광대놀음에 참여한 사람들은 '성숙한 사회 가꾸기 모임'의 회원들이다. 약 700여 명의 회원을 가진 이 모임은 많은 시민단체들 가운데 하나라 말할 수 있지만, 특색이 있다면 아마도 남의 잘못을 지적하고 꾸짖기에 앞서 자기 자신부터 성숙한 시민의 품위 있는 삶을 살려고 노력한다는 점에 있을 것이다.

대부분의 회원이 나이가 지긋하게 든 분들이며 대학교수가 300명 내외를 구성한다. 기본적으로 '성숙한 사회'는 윤리적 각성과 실천이 밑바탕에 깔리지 않고서는 결코 이룰 수 없다는 믿음을 지닌 분들이 모여 이 모임을 만들었다. 그러나 윤리적 각성과 실천은 말처럼 결코 쉬운 일이 아님을 알고 있는 '성숙한 사회 가꾸기 모임'의 참여자들은 마당극이라는 서민적 놀이 형식을 빌려 사람들에게 가까이 다가서려는 시도를 하고 있는 것이다.

우리 한국인은 지난 한 세기 동안 남의 나라의 종살이라는 치욕의 한때를 보낸 후 민족의 분단과 함께 동족상잔의 끔찍스러운 과거를 뒤로하고, 그 역경 가운데서도 산업화의 막차를 올라타느라 악전고투를 했다. 그 악전고투의 과정 속에서도 민주화라는 인류문명의 성숙한 정치적 삶을 위한 쓰라린 체험도 겪었다. 참으로 고되고 벅찬 한 세기를 한국인들은 몸으로 겪었다. 그 결과가 바로 오늘 한국이 세계 역사에서 차지하고 있는 위치라고 할 수 있다.

지난 한 세기를 뒤돌아보면, 오늘 우리가 서 있는 자리는 참으로 대단한 것이 아닐 수 없다. 경제만 가지고 말하면, 세계의 꼴찌에 가깝던 우리가 이제 선진국의 문턱을 넘볼 수 있는 자리에 온 것은 어쩌면 기적에 가까운 일이 아닐 수 없다. 그렇게 되기까지 우리가 흘린 땀과 피가 오죽했겠으며, 우리가 저지른 시행착오가 한두 가지였겠는가.

'하면 된다'는 막무가내식 밀어붙이기가 진행되는 동안 점잖지 못한 일들이 저질러지지 않았다고 어찌 장담할 수 있겠는가. 민주화를 외치는 고함소리는 그래서 나올 수밖에 없었으며, 또 그렇기에 민주화는 오늘 산업화와 함께 우리의 커다란 역사적 자산이 아닐 수 없다.

그런데 오늘 우리의 현실은 어떠한가? 그동안 우리가 겨우겨우 쌓아온 역사의 공든 탑이 그대로 유지될 뿐 아니라, 그것을 바탕으로 우리가 바라는 일류 사회로의 진입이라는 우리의 소원에 아무 이상이 없는가? 우리의 기대와 정반대로 우리의 현실이 움직여가고 있지 않나 하는 의구심이 이 땅의 많은 영혼을 사로잡고 있지 않은가? 있어서는 안 될 일이 일어날 것 같은 불안감이 문제가 아닐 수 없다.

그 불안감을 느끼게 되는 가장 현실적 징후는 지금 이 나라를 뒤흔드는 분열과 반목의 강도가 매우 높다는 사실이다. 정치의 요체가 국가의 통합에 있다는 정치의 제일의 덕목에도 불구하고 우리의 오늘 정치는 통합의 반대쪽 극단인 분열로 치닫고 있다는 것을 어느 누구도 부인할 수 없을 것이다. 혹자는 해방 이후의 혼란과 견주기도 하니 말이다.

그런데 오늘은 어떤 때인가? 우리가 우리 내부의 차이를 놓고 이렇게 우리끼리 아옹다옹하고 있어도 좋을 때인가? 세계는 지금 대변화의 한가운데로 향하고 있지 않은가. 문명의 대전환기를 맞이하여 모든 국면에 있어서 새로운 것을 모색하면서 이리 충돌하고 저리 충돌하는 격변의 돌물목에 놓여 있다. 정신을 바짝 차리고 허리띠를 단단히 매고 있어야 제대로 제 몫을 할 수 있는 문명적 위기의 한복판에 우리가 서 있다. 더구나 이런 대전환의 때에는 우리가 지금까지 세상을 들여다보던 안경을 쓰고서는 이 혼미의 세기를 제대로 볼 수 없다.

그렇기에 이런 엄청난 시대를 잘 헤쳐 나가기 위해서는 새로운 혜안이 요청된다. 그리고 무엇보다도 우리 공동체 내부의 단합된 힘과 결의가 절실히 요청된다. 그런데 우리는 지금 어떠한가? 적전 분열과 같은 상황에 있지 않은가?

앞에서도 언급했듯이 지난 20세기 한국 역사의 모습이 그냥 자랑스럽기만 한 것이 아님은 말할 것도 없다. 윤리적 관점에서 보았을 때 우리가 꾸짖어야 할 것, 고치고 버려야 할 것이 너무나 많다. 그리고 그것들을 우리가 바로잡아야 진정한 세계 일류 문화국가로 거듭날 수 있을 것이다. 도덕적으로 성숙한 사회가 아니고서는 결코 우리가 바라는 일류 사회, 일류 국가로 나아갈 수 없다.

그런데 도덕적으로 성숙하기 위해서는 무엇보다도 남을 꾸짖고 고치려 하기 전에 자신의 허물과 부족함에 먼저 시선을 돌려야 한다. 예로부터 사람들은 남의 눈에 든 티끌을 보고 야단치면서 자기 눈에 있는 대들보는 지나치는 꼴불견의 모습을 보여왔다. 그러나 이래 가지고서는 우리가 도덕적으로 성숙해질 수 없으며, 도덕적으로 성숙해지지 않고서는 제대로 된 나라, 일류 국가를 이룰 수 없다.

저 아프리카의 넬슨 만델라라는 한 인간을 많은 세계인들이 존경하는 것은 최대 피해자로서 가해자들에게 최대의 관용을 보였기 때문이다. 피해를 가장 많이 받은 자들만이 가장 넓은 관용을 베풀 수가 있다. 진정한 사회통합과 역사복원은 진정한 관용의 끈으로 묶음으로써만 가능하다.

우리가 문명의 대전환의 문턱에 서서 여하한 명분으로든지 적전 분열과 같은 상황에 탐닉하여 오늘의 때에 알맞은 일을 그르치고 말면, 후세의 역사는 오늘의 주인공들을 결단코 용서하지 않을 것이다.

더 말할 것도 없이 우리의 19세기 말의 역사가 우리에게 던져주는 교훈을 한 번만 음미해 보면 족할 것이다. 큰 역사의 흐름을 내다보지 못하고 좁은 소견머리로 티격태격하다가 통째로 남의 밥이 되고 말지 않았는가.

무엇보다도 오늘 우리가 매우 신중히 삼가야 할 것은, 서양이 우리에게 물려준 이념의 잣대로 오늘의 세상을 재단하려는 몸짓이다. 이미 이념의 시대는 그 나름대로의 역사의 종언을 고했다는 것은 엄연한 현실이 아닌가. 그렇기에 새로운 눈으로 세계를 멀리 내다보아야 한다.

큰 눈으로 큰 마음으로 새로 펼쳐지는 문명의 새 드라마를 들여다보며 새 문명의 중심의 자리에 우리가 설 수 있도록 혼신의 노력을 기울이는 것만이 엄청난 변화의 시대, 오늘을 사는 자의 최우선의 의무요, 최대의 사명이라고 나는 생각한다.

『월간 헌정』(2004년 11월)

낯모르는 사람들에 대한 윤리

　'고요한 아침의 나라'의 고요함이 깨진 이른바 개항(開港) 이후, 우리는 오늘에 이르기까지 가치관의 혼란으로부터 헤어나지 못하고 있는지 모른다. 개항이란 다름 아닌 중국의 유교문화권 안에 있던 우리의 가치관이 서양의 근대적 가치관과 마주치는 역사의 현장의 출현을 의미한다.

　이러한 두 의식의 흐름이 교차되는 와중에서 우리가 던진 질문은 어느 것이 좋은 것인가 하는 물음이었다. 어떤 논자들은 우리의 전통적 가치관은 사람의 근본 도리에 합당한 불변의 진리임을 주장하며, 그것을 고수하는 길만이 우리가 주체적으로 사는 길임을 목청 높여 외쳤다. 그리고 또 어떤 논자는 서양의 가치관은 신사(紳士)의 도리를 밝힌 것으로, 그것의 전적인 수용만이 현대인이 되는 최선의 도덕임을 또한 신명나게 외쳐댔다. 또 이런 두 가지의 논변을 듣는 편에 있는 사람들은 '제 나름대로', '적당히' 알아서 자기 편리한 대로 생각하고 행동하기도 했다. 그러다 보니 갓 쓰고 구두 신고 다니는 것과 같은 경우도 생겨났고, 양복 입고 짚신 신고 다니는 것과 같은 경우도 생겨났으며, 고쟁이 입고 파티에 참석하는 것과 같은 우스꽝스러운 형편이 벌어지기도 하였다. 사람들 사이에 이러한 생각과 행동의 합리적 공통분모를 결여한 오합지졸의 상황을 흔히 가치관의 혼란이라는 말로 표현했던 것 같다.

인류가 오늘과 같이 교통수단과 통신수단이 발달하지 못했던 시대에 살 때에는 모두가 폐쇄적인 세계의 수인(囚人)이었다. 그 폐쇄적 세계의 수인들은 자기의 세계 밖을 내다볼 수 없었기에, 자기와 다른 생각의 체계를 상상하지도 못하였으며, 설사 상상할 수 있다 하더라도 그것의 존재를 수용할 마음의 공간이 없었다. 그러므로 그리스인들은 자기 문화권 밖에 있는 사람들을 짐승에 가까운 존재인 야만인으로 보았으며, 중국의 한족(漢族) 역사 자기들의 문화만이 중화(中華)의 문화라고 보고, 그 문화권 밖에 있는 사람들을 여러 가지 짐승의 명칭을 사용하여 불렀던 것이다.

조선 말기 소위 위정척사론(衛正斥邪論)을 내세웠던 사람들의 눈에는 유학의 세계관을 모르는 서양인들은 짐승과 크게 다를 바 없는 존재로 보였다. 그렇기에 사람이 모름지기 힘써야 할 것은 그 유학적 전통을 잘 지킴과 동시에 그와 어긋나는 서양의 것들을 잡귀의 사악한 짓거리로 인식하고 그것을 추방하는 일이라고 그들은 주장했다. 물론 정다산(丁茶山)과 같은 새로운 혁신을 주장하는 소위 실학파의 사람들이 없었던 것은 아니나, 그들은 역사의 반역자로 낙인찍혀 유배지에서 산화되고 말았다.

우리가 오늘도 '미풍양속(美風良俗)'이라는 말로 미화하는 전통적 가치체계의 골격을 이루는 것은, 피로 연결된 사람들 사이의 올바른 관계가 무엇인가라는 물음에 대한 답안이라고 말할 수 있다.

저 전통적 도덕이 태어난 고향은 바로 피로 연결된 사람들끼리만 모여 사는 씨족 공동체였다. 그 전통적 도덕은 바로 그러한 씨족 공동체적 삶을 가장 선하고 조화롭게 유지하기 위한 삶의 지혜로운 처방으로 등장했던 것이다. 인(仁)의 개념은 그 처방의 알맹이를 추상화한 것이요, 예(禮)는 그 알맹이를 구체화한 것이라 할 수 있다.

그런데 이 전통적 가치체계가 말하는 예 개념의 밑바닥에는 자기와 가까운 정도에 따라 거기에 알맞은 따뜻한 마음과 행동을 해야 한다는 생각이 자리 잡고 있다. 자기와 제일 가까운 부모로부터 시작해서 자기와 따뜻한 관계를 맺고 있는 사람들에게 그 정도에 맞추어 잘해 주는 것이 사람의 도리라는 것이다.

여기서 우리가 한 가지 눈여겨두어야 할 것은 유학적 가치관은 모든 사람들을 똑같이 사랑해야 한다는 묵자의 겸애설(兼愛說)과 상치되는 것으로 인식되었다는 점이다. 여기서 우리가 뚜렷이 볼 수 있는 것은 유학의 인(仁)은 모든 사람을 똑같이 사랑하라는 가르침과 동일한 것이 아니라는 점이다.

오늘 우리가 살고 있는 삶의 세계는 분명히 피로 연결된 사람들만으로 구성된 사람들만 사는 그런 닫힌 공간이 아니다. 이름도 얼굴도 알 수 없는 수많은 낯선 사람들로 꽉 차 있는 세상, 그것이 오늘 우리가 삶을 지탱하고 있는 현장이다. 그들이 낯선 사람들이라 하여 그들과 아무런 관계를 맺지 않고 혼자 살 수 있는 세상이 아니다.

물 한 모금을 먹으려 해도 저 혼자서는 먹기 어려운 세상이 오늘의 삶의 세계이다. 수도꼭지에서 물이 나오게 되기까지 얼마나 많은 사람이 서로 관계를 맺고 있는가. 그 일에 종사하는 어느 한 사람의 실수, 혹은 악의가 귀결하는 결과는 나의 목숨을 앗아갈 수도 있다.

어찌 그뿐이랴. 버스를 타고 어디를 좀 다녀오려고 하는 경우에도 버스 운전사와 나 사이에는 아주 결정적인 관계가 성립한다. 운전사의 한순간의 실수가 나의 목숨을 앗아갈 수도 있으며, 나를 불구의 몸으로 만들 수도 있기 때문이다. 그리고 그 버스 운전사만 문제가 되는 것이 아니다. 헤아릴 수도 없이 많은 길을 굴러가는 차들을 운전하는 모든 사람들이 나와 결코 무관한 존재가 아니다. 그들의 술 취함이 또한 나의 생명과 결코 무관한 일이 아니다. 모든 나의 삶의 사건치고 타인과 무관하게 이루어지는 것이 하나도 없는 세상에 오늘 우리가 살고 있다. 그런데 우리는 흔히, 너무나 흔히 이 아주 자명한 사실을 망각하고 산다.

오늘의 이러한 조건 속에 있는 우리의 삶을 성공적으로 살기 위한 처방, 그것이 바로 오늘을 위한 우리의 윤리가 아닐 수 없다. 그것은 다름 아닌 '낯모르는 사람에 대한 윤리'이며 '낯모르는 사람을 위한 윤리'이다.

우리의 전통윤리는 낯모르는 사람에 대한 윤리가 전혀 없다고 말할 수는 없으나, 적어도 그것이 윤리의 초점은 아니다. 그것은 낯모르는 사람들이 함께 어울려 사는 세상에서 태어난 도덕체계가 아니었다. 오늘 우리에게 절실히 요청되는 윤리는 낯모르는 사람들 누구에게나 억울하지 않게 대하는 윤리, 자기를 포함한 모든 사람이 사람대접을 서로 해주는 윤리이다. 여기에 무엇보다 중요한 중심 개념은 공정성이다. '페어플레이 정신'이 바로 그것이다. 페어플레이가 부재한 경기는 하나의 아수라장에 불과하다. 혼자 뛰어서 일등을 하려 하거나, 혼자 때려서 챔피언이 되려는 것은 공정성이 부재한 사고가 낳는 부도덕한 사고의 전형이다. 공정성에 토대한 인간관계의 정립, 그것이 오늘을 위한 윤리의 뼈대이다.

『계간 아산』(1986년 11월 15일)

떡과 지성

파이프의 길고 짧음에 따라 음의 높고 낮음이 결정된다는 사실에 착안하여 만든 악기가 파이프오르간이라 할 수 있다. 그런가 하면 현악기는 현(줄)의 길고 짧음에 따라 높고 낮은 음이 울려 나온다는 점에 눈을 돌려 만든 악기이다. 파이프나 줄이 길면 낮은 음이 나고, 그것이 짧으면 높은 음이 난다. 이것은 파이프나 줄과 같은 물질이 지닌 자연적 성질이다. 그것은 어쩌면 오묘한 자연의 이치인지도 모른다.

사람은 싫건 좋건 혼자 살기란 근원적으로 불가능한 존재이다. 내가 하늘에서 뚝 떨어진 존재가 아닌 이상, 나의 존재는 적어도 나를 세상에 존재케 한 두 사람과의 연관성을 전제한다. 이것은 나의 존재의 생물학적인 최소 전제조건이다. 그리고 사람이 머리를 짜내서 자기의 삶의 편익을 위한 여러 가지 장치들을 창안해 냄으로써 소위 우리가 문화라고 부르는, 자연과 대비되는 존재 영역이 출현하게 된다. 여기서 말하는 문화는 신문 잡지에서 말하는 좁은 의미의 문화가 아니다. 그것은 인간의 의도적인 행위에 의해 창출된 모든 것들을 뜻한다. 온갖 종류의 제도와 관습, 생활양식, 학문, 종교, 예술, 그리고 인간들이 만들어낸 온갖 사물들이 바로 그것이다. 이렇게 인간이 그의 의도적인 노력에 의해 창안해 놓은 새로운 존재 영역 속에서 삶을 영위하게 됨으로써, 인간은 자신이 원하든 원하지 않든 이름 모를 수많은 타인들과 연관을 맺고 살지 않을 수 없게 된다.

그런데 인간은 하나의 생물로서, 그리고 하나의 문화적 존재로서 삶을 영위하는 존재이다. 나의 생물학적 존재 가능성은 부모의 존재를 전제하며, 나의 문화적 존재 가능성은 타인들과의 협동체를 전제한다. 함께 삶, 모듬살이는 이런 의미에서 인간의 근원적 존재상황이라 아니 할 수 없다. 인간은 이 '모듬살이의 판'으로부터 탈출할 수 없는 존재이다. 바둑판이나 장기판이 그렇듯이 모듬살이의 판도 일정한 규칙에 따라 움직인다. 판의 내용을 결정하는 기본적인 것은 규칙이다. 인류의 역사는 여러 가지 종류의 모듬살이의 판들을 보여준다. 세상에서 사람들이 벌일 수 있는 판은 한 가지뿐이 아니다. 그것은 마치 우리가 여러 가지 새로운 종류의 게임이나 놀이를 만들어낼 수 있는 것과 유사하다.

인류의 역사는 인간이 만들어내는 여러 가지의 다른 규칙들을 지닌 모듬살이의 판의 교체 과정이라고 볼 수 있다. 어떤 모듬살이의 판에는 임금과 노예라는 것이 있다. 그런 모듬살이 판에 참여하는 사람들은 재수가 좋으면 임금 놀이를 할 수도 있으며, 재수가 나쁘면 노예 놀이를 하게도 된다. 오늘의 한국 사람들이 참여하는 모듬살이 판에는 적어도 명목적인 규칙에서는 임금도 노예도 없다. 장기에는 임금, 코끼리, 말, 차, 졸병, 신하 등과 같은 여러 가지 역할이 있으나, 바둑에는 그런 위계가 없다. 모두가 똑같다. 바둑이야말로 모든 개인들이 평등한 존재라는 규칙을 지닌 민주사회라는 모듬살이 판이라고 할 수 있는지 모른다. 그러나 실제로는 바둑의 알들과 같이 사회 구성원 모두가 실제적으로 평등한 모듬살이의 판은 인류 역사가 생긴 이래 한 번도 벌어져본 적이 없는지도 모른다. 오히려 장기와 비슷하게 여러 가지 위계가 뚜렷한 모듬살이의 판이 이제까지 벌어져온 것인지도 모른다.

인간은 이 모듬살이의 판에 참여하게 됨으로써 그 어떤 '위치'를 차지하게 된다. 그러한 그의 모듬살이에서의 현주소를 사회학자들은 사회계층 혹은 사회계급이라고 부르기도 하였다. 인간은 모듬살이의 판에 끼어들게 됨으로써 그 위치에 따라 정해진 몫의 '판떡'을 할당받는다. 판떡이란 인간이 사회 속에 살게 됨으로써 획득하게 되는 경제적 가치를 비롯한 여러 가지의 사회적 이익을 말한다.

'판떡'의 길이는 '판소리'의 높낮이를 결정한다. 이것은 옳은 말인가? 파이프와 현의 길이가 소리의 높낮이를 결정하는 것처럼 말이다. 모듬살이의 판에 끼어들어 사람이 획득하는 이익이 판떡이라면, 그러한 모듬살이의 판에 참여하여 살면서 인간이 입에서 내뱉는 언어가 바로 판소리이다. 그 언어는 그 개인의 생각이요 사상이다.

소위 지식사회학은 이렇게 말한다. 사람의 생각, 사람의 사상이란 별것이 아니다. 그것은 그가 어떤 사회적 위치(계층)에 놓여 있느냐에 따라 결정된다. 왜 그런가? 사회적 위치 — 계층이나 계급 — 는 바로 판떡의 길이를 결정하기 때문이다. 결국 사람은 그가 어떤 판떡을 얻어먹는가에 따라 그의 판소리(사상)가 달라지는 존재라는 말이다.

이러한 소위 지식사회학적 명제는 인간의 고귀한 자존심에 상처를 주는 말이라고 나는 생각한다. 그 명제는 우리에게 사람이란 결국 떡을 먹는 존재 이상도 이하도 아니라는 점을 보여주기 때문이다. 우리가 소위 사상이니 진리니 하고 떠들어대는 것도 그 속을 뒤집어놓고 보면 그 떠들어대는 자의 떡 사정을 보여주고 있는 것밖에 아무것도 아니라는 것을 그 명제는 말해 주고 있기 때문이다. 긴 떡을 먹은 자는 '부' 하는 소리를 내며, 짧은 떡을 먹은 자는 '뿅' 하는 높은 소리를 내고 있는 데 불과하다는 것이니, 인간의 점잖은 지성의 얼굴이 화끈거리지 않을 수 없다.

인간이란 과연 그런 떡의 노예인가? 인간은, 아리스토텔레스에 의하면, '이성적 동물'이다. 여기서 주의해야 할 것은, 인간은 두 가지 다른 특성을 동시에 가지고 있다는 점이다. 이성과 동물성이 그것이다. 동물성을 지니고 있으니 떡 먹는 존재가 아닐 수 없다. 동물이란 먹어야 생존을 유지할 수 있는 존재이기 때문이다. 그런데 아리스토텔레스의 인간에 대한 정의는 서양에서 오랫동안 제대로 인식되지 못했다. 떡 먹는 존재로서의 동물성을 지닌 인간의 특성에 관해서는 충분한 논의를 회피해 왔기 때문이다. 그리고 인간을 오직 이성적 특성의 관점에서만 해명하려는 노력이 경주되어 왔다. 이성은 진리에의 참된 통로라고 인식되어 왔다. 진리가 어떤 것인가를 파악하는 인간의 최고 능력이 바로 이성이라고 보았다. 인간은 이성을 지니고 있음으로써 진리의 발견자가 되며 진리의 파수꾼이 될 수 있다고 믿었다. 이것이 오랫동안 서구문명을 지배해 온 인간관이었다. 지식사회학적 입장은 이러한 서구의 전통적 인간관에 대한 도전으로 풀이될 수 있다. 참으로 동물성을 초월하여 세계와 인간 자신을 객관적으로 볼 수 있는 능력이 인간에게 과연 없는 것인가?

인류의 역사를 굳이 들먹이지 않고도, 인간이 얼마나 떡에 약한 존재인가 하는 사실을 우리 한국 사람들이 겪은 최근의 한국의 수난의 기록에서 분명히 읽을 수 있다. 우리가 일본 제국주의의 억압의 그늘 속을 헤매고 있을 때, 한때 민족의 양심으로 자처하던 사람들이 긴 떡 몇 가락을 뒷전에서 얻어먹고 일본제국의 예찬자로 변신하여 갑자기 미친 소리를 고래고래 내질러대던 꼴을 우리가 보지 않았던가. 그리고 온 세상에 돌개바람을 불어대며 영원히 강자로 군림할 것 같던 일본이 한때의 광풍으로 사라져버린 후 우리가 일본의 압제에서 해방이 되자, 새 '역사의 판'에서 새 떡을 얻어먹고자 일본 쪽발이의 예찬자였던 자가 열광적인 애국자로 돌변하여 입에서 불을 뿜어대는 것과 같은 애국의 열변을 토하던 꼴들도 우리가 이미 겪은 체험이다. 이런 꼴들을 머리에 떠올리면 인간이란 한갓 떡의 노예로구나 하는 생각을 떨쳐버릴 수가 없다. 떡이 있는 곳에 진리가 있다고 믿는 떡의 광신자들이 바로 사람이란 동물인가 하는 생각에 사로잡히면, 정말 살맛이 싹 가시고 만다. 사람이 별것이라고 생각해 온 것이 하나의 착각인가?

어찌 그뿐인가. 지난 20여 년 동안 이 땅에서 벌어진 역사의 몇 페이지만 들춰봐도 비슷한 몸짓들을 무수히 발견할 수 있다. 지성인이라고 자처하며 진리가 어떻고, 역사의 대의가 어떻고, 정의가 무엇이고 하며 한때 길거리에서 고함치던 사람들이 입에 기다란 떡 몇 덩어리가 투입되자마자, 갑자기 이제까지와는 정반대의 소리를 짐짓 진지한 표정을 지으며 질러대고 있는 꼴을 보아온 것이 우리의 경험이다. 정말 지성의 목소리란 긴 떡을 달라는 고함소리라고밖에 상상할 수 없는 불행한 경험, 그것이 우리가 최근에 겪은 경험이다. "판떡의 길이는 판소리를 결정한다"는 명제가 진리라는 것을 확인해 주는 것 같은 역사의 음울한 체험이다.

"인간은 떡의 완전한 포로"라는 명제를, 그러나 나는 보편타당한 진리라고 믿지 않는다. 물론 인간은 많은 경우에 있어서 떡의 꼭두각시이다. 떡이 시키는 대로 말하고 행동한다. 그러나 그것은 누구에게나 언제나 그런 것은 아니라고 나는 생각한다. 인간은 가끔은 떡을 초월할 수 있다. 떡이 시키는 대로 하는 소리는 떡판의 소리는 될 수 있어도, 그런 의미에서 떡의 소비자에게는 이로운 이야기는 될 수 있어도 누구나 고개를 끄덕일 수 있는 명제, 진리는 아니다. 진리는 개인적인 것이 아니다. 또한 진리는 인간들의 어떤 떼거리의 것도 아니다. 만일 진리가 존재한다면 그것은 함께 사는 모든 삶의 꾼들이 다 같이 고개를 끄덕일 수 있는 것이라야 한다. 그리고 그것은 그 누구에게도 억울함과 응어리를 만들어놓는 것일 수도 없다. 각자의 떡 타령은 진리일 수 없다. 인간이 만일 진리의 소유자가 될 수 있다면, 그것은 떡의 시험, 단꿀의 유혹으로부터 초연할 수 있는 그 어떤 가능성이 인간에게 있음을 의미한다. 그런데 그것은 과연 가능한가?

떡을 보는 것은 인간의 욕망의 눈이다. 욕망의 눈은 떡 이외의 것을 제대로 보지 못하게 하는 그 어떤 마력을 지니고 있다. 석가의 가르침의 알맹이는 바로 인간이 욕망으로부터 자기 스스로를 해방시킬 수 있을 때 진리를 볼 수 있다는 것이다. 우리의 이성의 눈을 흐리게 하거나 눈멀게 하는 것은 우리의 욕망이요, 떡 자체는 아니다. 떡이 눈앞에 있더라도 욕망이 가동하지 않으면 그 떡은 없는 것과 마찬가지다. 방만한 욕망은 눈앞에 떡이 없더라도 마치 떡이 놓여 있는 것처럼 표상한다. 그것은 거짓된 욕망이 만들어내는 환상이요, 가상의 세계이다.

예수는 40일 동안의 금식을 마친 후 세 가지 시험(유혹)을 받았다. 그 가운데 하나가 돌을 떡으로 만들라는 시험이다. 돌을 떡으로 만들고자 하는 것, 그것은 바로 방만한 떡에의 욕망이다. 물론 예수는 그 시험을 거부했다. 이것을 단순히 예수의 일생에 있었던 이야기로 볼 것이 아니다. 그것은 바로 인간의 근원적 조건을 보여주는 이야기이다. 떡을 초월하지 않은 곳에 진리는 깃들지 않는다. 떡의 시험에 빠지면, 진리와 무관한 지점에 서게 된다. 입에 떡을 물고 잘 알아들을 수 없는 주문과 같은 소리를 내지르는 자의 소리는 진리와는 아무 상관없는 소리이다.

인간이 마치 언제나 진리의 사도요 진리의 파수꾼일 수 있는, 순수이성적 존재인 양 보는 것은 분명히 인간들의 구체적 삶의 현장을 눈여겨보지 않고 떠들어대는 환상적 발언임에 틀림없다. 우리의 구체적 역사적 체험은 그것이 하나의 허구임을 폭로한다. 그렇다고 인간은 필연적으로 떡의 포로라고 말하는 것도 인간의 존재 현실과 일치하지 않는다. 인간이 떡의 유혹으로부터 자유롭게 되는 것이 비록 쉬운 일은 아니더라도, 그것이 불가능한 것은 아니다. 예수와 석가와 같은 삶이 바로 그것이 불가능한 것이라는 데 대한 반례를 제공해 준다.

떡으로부터 초연한 위치에 서는 것은 개인적으로 매우 어려운 일이라는 것을 우리는 부정할 수 없다. 그러나 그것은 인간에게 불가능한 일은 아니다. 더구나 인간은 필연적으로 자기가 속한 사회적 계급의 수인도 아니다. 적어도 마르크스는 자기가 속한 사회적 계급의 이익을 대변한 떡 먹은 소리를 편 사람은 아니다. 그렇다고 칼 만하임의 말처럼 소위 인텔리겐치아라고 그가 부른 먹물들이 언제나 떡으로부터 초연한 위치에 서 있는 자들도 아니다. 어쩌면 인텔리겐치아야말로 가장 얄밉고 떡에 약한 무리들인지도 모른다.

떡의 유혹으로부터 필연적으로 자유로울 수 있는 개인도 없으며 사회 계급도 없다. 우리를 떡의 유혹으로부터 구제해 주는 것은 끊임없는 비판적 자기성찰과 사회적 장치에 의한 비판적 상호견제이다. 그리고 적어도 관념적 차원에서 모든 떡의 편견으로부터 초월한 이상적 위치를 이론적으로 상정할 수는 있다. 독일의 위대한 철학자 칸트는 그러한 떡의 편견으로부터 자유로운 입장을 '본체적 자아'라고 불렀다. 그것은 여러 가지 자연적, 사회적 차이점들이 완전히 제거된 순수이성적 입장이라 할 수 있다. 현실적 인간이 어떻게 그런 입장에 서서 세상을 볼 수 있는지는 의문이다.

오늘의 철학자 롤스는 그러한 개인적, 사회적 이익에 얽힌 편견이 배제된 입장을 '원초적 입장'이라는 말로 표현하였다. 물론 그러한 원초적 입장은 현실적인 인간이 놓일 수 있거나 놓여 있는 사실적 세계는 아니다. 그것은 사고의 실험을 위한 하나의 이론적 모형이다. 그것은 가정법의 세계이다. 우리가 만일 각자의 소질이나 능력, 사회적 처지 등과 같은 개인들이 지닌 개별적 특성들을 모른다고 할 때, 우리는 어떠한 원리를 지닌 사회 속에 살기를 원할 것인가를 합리적으로 따져보는 사고의 실험이 수행되는 세계가 바로 원초적 입장이다. 이러한 가상적 세계에서 숙고되어 도출된 원리가 바로 '공정성으로서의 정의의 원리'라고 롤스는 주장한다. 원초적 입장의 설정이 흥미로운 것은, 인간이 공정성을 잃게 되는 것은 사람이 각자가 처한 자기의 사정에 유리한 편을 들고 나오기 때문이라는 통찰을 그 밑에 깔고 있다는 점이다. 그러므로 공정성을 확보하는 길은 그러한 개인적 차이가 배제된 상황에서 사람들이 어떤 판단을 내리는가를 살펴보는 것이다. 지식사회학의 통찰은 바로 인간의 판단이 인간의 사회적 이기심에 의해 흐려짐을 지적하는 것이었다. 따라서 원초적 입장은 바로 그러한 지식사회학적 통찰이 노리는 인간의 약점을 극복하려는 처방으로 제시된 것이라고 할 수 있다.

불평등한 사회에서 가진 자는 불평등한 기존 질서를 그대로 존속시키는 것을 원하고, 갖지 못한 자는 그 기존 질서의 변화를 요구하는 것은, 모두 그것이 그들의 이익의 보호와 증진에 도움이 되기 때문이다. 롤스의 저 원초적 입장은 그와 같은 차별적인 현실세계가 아니다. 원초적 입장은 자기와 타인을 구별하는 차이가 배제되어 있기에, 그러한 차이에 따른 편견들의 대립이 있을 수 없다. 이러한 위치에 서서 숙고된 결과는 결코 떡에 홀린 소리일 수가 없다. 거기에는 길고 짧은 떡이 없기 때문이다. 떡의 장단을 결정하는 것은 인간이 놓인 사회적 위치이기 때문이다. 원초적 입장은 현실적 사회의 세계가 아니므로 거기에는 사회적 위치의 차별도 있을 수 없다.

우리는 적어도 사고의 공간에서나마 떡으로부터 자유로운 위치를 상정할 수 있다. 인간이 떡의 편견을 초월하여 진리의 자리에 설 수 있는 것은 그러한 사유의 지평에 자신을 올려놓고 비판적 자기성찰을 할 수 있을 때이다. 그리고 우리가 현실적으로 어느 정도 자기의 이해의 좁은 울타리로부터 깨어 나와 남의 처지를 희미하게나마 들여다보고 남의 처지를 나의 처지와 동시에 저울질할 수 있게 되는 것은, 비판적인 상호견제를 할 수 있는 사회적인 장치를 만들어냄으로써 어느 정도 가능할 수 있지 않을까 한다. 만일 우리가 이 두 가지 가능성을 거부하거나 부정한다면 우리 앞에 남겨진 인간들 사이의 떡 싸움의 해결책은 우리에게 주어진 동물적인 힘의 법정에 호소하는 수밖에 없을 것이다. 이빨의 날카로움과 주먹의 세기가 유일한 해결사로 우리에게 남고 말 것이다. 이것은 그러나 자기 스스로를 동물 이상이라고 보고, 동물 이상인 존재로서 인간다운 삶을 살려고 꿈꾸는 사람에게는 자기모순적인 일이 아닐 수 없는 것이다.

『마당』(1985년 6월)

더불어 잘 사는 지구촌 시대를 꿈꾼다

인류는 오랫동안 피의 칸막이를 높이 쳐놓고 살았습니다. 그렇게 벽을 높이 쌓아놓고 증오의 몸짓을 하며 허덕여왔습니다. 민족과 국가라는 깃발 아래 힘겨루기를 하며 살아왔습니다. 어쩌면 그것이 인류의 오랜 역사라 해도 과언이 아닙니다.

그런데 과학기술의 발달로 인해 국경의 높은 벽이 점점 낮아지고 있습니다. 처음에는 교통수단의 발달로부터 시작하여 오늘에는 정보통신 기술의 첨단화가 인류의 삶을 지배하던 공간과 시간의 장벽을 낮추고 있습니다.

그러나 물리적으로 장벽이 낮아져 지구가 하나의 촌락처럼 변하고 있음에도 마음속에 옛적부터 자리 잡은 불신과 적대의 장벽이 지구 위에 사는 사람들을 갈라놓고 있습니다. 소통 대신 불신, 더 나아가 분쟁의 경계선을 넘나들고 있는 것이 지구 위의 인간들의 모습입니다.

여러 가지 모양의 다른 것들에 대한 거부감이 지구라는 위성 위에 존재하고 있는 인간존재들의 삶터를 어지럽혀놓고 있습니다. 입으로는 평화를 외치면서도 마음속에는 불신의 벽이 가로놓여 있습니다.

봄이 되면 꽃이 피고 벌들이 꽃 사이를 춤추며 날아다닙니다. 벌들은 이 꽃 저 꽃을 방문하며 단꿀을 빨아 몸에 저장합니다. 벌들은 제 볼일에 열중합니다. 벌들의 발자국은 꽃들의 후손을 잉태하는 놀라운 생명 지속의 매체 역할을 수행합니다. 단꿀을 매개로 한 꽃과 벌의 놀라운 상생(相生)의 질서를 우리는 목격합니다. 서로가 서로의 존재를 살려주는 연결구조(interdependent connectivity), 이것이 벌과 꽃 사이에서 우리가 발견하는 놀라운 질서입니다. 여기서 우리는 꿀에 몰두하는 벌의 몸짓을 이기적이라고 힐난할 필요가 없습니다. 겉보기에 이기적인 벌의 몸짓이 없다면 꽃의 생명의 지속이 어떻게 가능하겠습니까? 이기(利己)와 이타(利他)라는 언어적 구별은 존재질서의 거시적 구조를 외면하고 한쪽 면만을 보고 내지르는 인간의 편파적 안목의 언어적 표현이 아닐까요?

나의 존재가 이기의 감옥으로부터 벗어나, 나와 다른 존재들을 보다 넓은 존재의 지평에서 바라보노라면, 나와는 다른 당신과 내가 서로 연결될 수 있는 소통의 길, 만남의 광장, 나눔의 세계가 열리게 되지 않을까요?

『철학과 현실』(2014년 겨울)

보수와 진보, 그 낡은 대립을 깨자

이름을 잘 지어야 좋다는 것은 가장 평범한 진리(?)인지도 모른다. 그래서 좋은 이름이 하나 생기면 서로 다투어 그걸 사용하려 든다. '원조 (元祖)'라는 글자가 들어간 음식점들이 도처에 나타나는 것도 그런 하나의 예에 속한다. '성명 철학원'이라는 간판을 붙여놓고 재미를 볼 수 있는 것도 좋은 이름에 대한 애착이 많기 때문이리라.

요즘 우리나라에서는 사람들에 대한 분류법의 하나로 '보수(保守)'와 '진보(進步)'라는 말이 유행하고 있다. 특히 정치에 관여하는 사람이나 집단에 관련하여 이 말이 쓰일 때는 매우 자극적이고 폭발적인 내용을 함축하고 있는 것 같다.

특히 요즘 젊은 사람들 사이에서는 '진보'라는 이름은 꽤 시장성이 높은 언어가 되어 있는 듯싶다. 젊은 사람들에게는 '보수'라는 이름은 뭔가 답답하고 고루한 것, 곰팡이 냄새를 연상시키는 그 어떤 언어로 자리매김하고 있는 듯싶다. 그런가 하면 '진보'는 신선한 것, 미래지향적이고 생동력 있는 것이라는 막연한 이미지를 풍기고 있는 듯하다.

진보와 보수라는 낱말의 위상이 이렇게 자리매김하고 나면, 젊은 사람들은 거의 자동적으로 진보의 분류 항목에 자리매김하려 들기 마련이다. 그렇게 되면 보수라는 이름은 나이가 지긋한 분들을 묶어놓는 딱지로 변하고 말 수밖에 없다. 사정이 이쯤 되면 진보와 보수의 분류법은 사실상 세대 분류 범주가 되고 만다.

이러한 세대 분류 범주를 정치의 영역으로 옮겨놓게 되면, 그것은 매우 자극적이고 폭발적인 효능을 나타낸다. 그래서 진보의 이름을 앞세우면서 나서는 정치적 깃발 아래에는 젊은 사람들이 대거 운집하기 마련이고, 보수의 깃발을 들고 나서는 정치적 모임은 나이 지긋한 분들의 집합장소가 되기 마련이다. 적어도 겉으로 드러나는 시장의 언어에서는 그렇다. 적어도 오늘의 한국의 정치의 겉모습은 이런 수준에서 움직이는 것처럼 보인다.

그런데 본래 이 말이 탄생된 서양의 경우를 살펴보는 것은 우리의 처지를 조명해 보는 데 사뭇 흥미로운 일이 될 수 있다. 보수란 말은 좋은 것을 지켜나간다는 뜻인 'conservation'에 그 어원을 두고 있다. 우리가 요즘 환경보호운동에서 목표로 하고 있는 보존이라는 말도 바로 'conservation'이다. 그런가 하면 진보라는 말은 앞으로 나간다는 'progress'란 말에 어원을 두고 있는데, 자연개발은 바로 이러한 'progress'의 범주에 속한다. 이러한 어원에서 볼 수 있듯이 보수와 진보라는 말 자체는 구체적 문맥에서 어떻게 쓰이느냐에 따라 상이한 함축을 지녀왔다.

박물관은 보존의 가치를 가장 압축적으로 경험할 수 있는 현장이다. 그리고 오늘의 환경운동은 바로 자연의 보존이라는 것을 마치 지상의 가치처럼 떠받들고 있는 듯이 보인다. 그런가 하면 자연개발과 같은 진보의 활동을 부정적인 눈으로 바라보는 운동이 바로 환경운동이라 할 수 있다. 그러므로 단순히 어원적으로만 본다면 보수와 진보 중 그 어느 것이 좋다는 식의 판단은 나올 수 없는 것이다.

문제의 핵심은 무엇을 지키고 무엇을 새롭게 개척해 나가자고 하는가에 달렸다. 따라서 무엇을 지키는 것은 나쁜 것이요, 무엇을 새롭게 개척해 가는 것은 무조건 좋은 것이라는 생각은 사려 깊지 못한 판단이라 하지 않을 수 없다. 그래서 서구에 있어서는 근대 이후 처음 자리를 잡은 시장경제체제 옹호자들에게 보수라는 이름이 붙여졌으며, 그것을 비판하는 사회주의 노선 옹호자들에게 진보라는 이름이 붙여왔다.

일반적으로 말해서 기존의 전통의 보존에 역점을 두는 쪽은 보수라는 명칭이 붙어왔으며, 그보다는 새로운 변화를 추구하는 쪽에는 진보라는 명칭이 붙어온 것이 관례였다. 그래서 정치적 노선과 관련해서도 이러한 관례에 따라 보수와 진보라는 명칭이 사용되어 온 것 또한 사실이다.

그런데 최근 러시아에서는 페레스트로이카 이후 보수는 기존의 공산주의 옹호 세력에 붙여졌으며 진보는 자유주의 시장경제를 옹호하는 세력과 흐름에 붙여졌다. 독일의 경우도 베를린 장벽이 무너진 이후 기존의 공산주의 세력은 보수라는 이름이 붙여졌으며 자유주의 시장경제 옹호 세력에는 진보라는 이름이 붙여졌다. 여타의 다른 동구 국가들에서도 사정은 매한가지다. 이렇듯 자유시장주의가 한편에서는 보수, 또 다른 한편에서는 진보, 사회주의가 한편에서는 진보, 또 다른 한편에서는 보수로 불리고 있음을 볼 수 있다.

여기서 보는 바와 같이 보수와 진보는 그 자체가 그 어떤 내용을 가진 명칭이 아니어서, 그 말이 어떤 역사적 상황에서 사용되느냐에 따라 전혀 다른 뜻을 지니게 되는 것을 볼 수 있다.

따라서 문제는 보수와 진보라는 말이 아니라, 무엇을 보존하고 무엇을 새롭게 변화시킬 것인가가 우리에게 매우 중요한 물음이 아닐 수 없다. 그런데 우리가 이러한 물음에 대한 해답을 얻기 위해서는, 먼저 우리가 놓인 역사적 상황이 어떤 것인가를 확인하는 작업이 매우 중요하다.

오늘 세상의 대세를 내다보는 사람들은 입을 모아 말한다. '문명의 대전환'이 지금 일어나고 있다고. 문명의 대전환이란 무엇인가? 우리의 삶의 모양새가 근본적으로 변화하고 있는 때라는 것이다. 적어도 우리는 그것을 크게 두 가지 차원에서 바라볼 수 있다. 그 하나는 사상의 틀의 차원에서, 또 다른 하나는 그런 사상이 실현되는 구체적인 정치, 경제라는 제도적 틀의 차원에서 바라볼 수 있다. 지난 20세기까지 서양 역사를 주도해 온 사상의 틀은 근대에 형성되었다. 그리고 그 사상의 맥락 속에서 산업화, 민주화의 제도적 틀이 형성되었다.

문명의 대전환이란 바로 이러한 근대적 형성물인 사상과 제도의 틀이 크게 바뀌는 것을 위미한다. 지금은 바로 그 변화의 소용돌이 속에 있다. 대단한 과도기이다. 그 변화의 방향은 어렴풋하게 예견해 볼 수 있으나, 명확한 모습을 내다볼 수는 없다. 그것은 시간과 함께 형성될 것이기 때문이다.

그런데 우리는 지금 무엇을 하고 있는가? 우리 땅에서 지금 말하는 진보와 보수라는 분류의 범주는 다분히 근대적 형성물에 근거하고 있는 것이다. 우리의 진보세력이 말하는 그 내용이 과연 무엇인가? 그것이 과연 새로운 문명의 대전환을 염두에 둔 새로운 틀 짜기인가? 아니면 냉전시대의 분류법을 기준으로 삼고, 어느 한쪽을 치켜세우고 다른 한쪽을 매도하는 그런 것인가? 냉전의 종식과 더불어 사라진 옛 분류법을 우리가 아직도 붙들고 다닌다면, 새로운 역사와 문명의 도전에 어떻게 제대로 대처할 수 있을 것인가?

어제의 사회주의권에서조차 보수로 몰아세우는 것을 붙들고, 그것을 우리가 구축해야 할 21세기의 새로운 세계상이라고 외칠 수는 없는 것이 아닐까? 그렇기에 지금 우리에게 중요한 것은 진보와 보수라는 명칭이 아니다. 문명의 대전환의 새로운 역사의 무대 위에서 제구실을 할 수 있는 '때에 알맞은 새 생각의 틀과 제도의 틀'을 창안해 내는 일이 우리에게 지금 맡겨진 중대한 과제가 아닐 수 없다.

산업화 시대와 민주화 시대에 농경시대의 생각과 제도를 고집하면 때에 알맞은 일이 아닌 것처럼, 이제 문명의 대전환의 시대에 지난 산업문명 시대의 생각의 범주에만 매달리는 것은 새 역사의 도전에 대한 제대로 된 응전의 자세라고 할 수 없다.

우리는 지난 산업문명의 변방에서 헤매다가 산업문명의 끝머리에 막차를 올라탄 사람들이다. 우리가 새로운 문명의 새 판에서 변방이 아니라 그 중심에 자리 잡기 위해서는, 무엇보다 먼저 지나간 생각과 제도의 틀로부터 자유로워야 한다. 그리고 새로운 세계를 위한 새로운 그림을 제시해야 한다. 그것이 바로 오늘 이 땅을 이끌고 가려는 사람들이 수행해야 할 과제이다.

어쩌면 현실정치에 종사하는 사람들에게 이러한 새 문명을 위한 큰 그림을 제시하라고 요구하는 것은 실현 가능성이 없는 요구인지도 모른다. 물론 그것은 이론에 몰두하는 사람들의 몫인지도 모른다.

그런데 우리가 이런 이야기를 하지 않을 수 없는 것은 오늘 한국사회가, 특히 한국의 정치가 쓸데없는 이름 논쟁에 휘말려 정말 쓸데없는 '주의(ism) 싸움'에만 매달려 있을 뿐, 오늘의 세계와 우리나라가 당면한 문제들을 새로운 시각에서 접근하고 해결하는 일로부터는 멀리 떨어져 있는 현실을 그냥 지나칠 수 없기 때문이다.

적어도 우리의 정치가 이 급변하는 문명의 격랑 속에서 우리에게 '살아 있는 문제'를 해결해 주는 그 어떤 지도력을 갖기 위해서는 오늘의 인류문명이 당면한 근본적 상황이 어떤 것인가에 대한 기본적 통찰을 갖지 않으면 안 될 것이다.

더구나 젊은 세대에게 내일의 희망의 이야기를 던져주는 앞서가는 정치를 말하고자 하는 정치세계의 핵심 인물들은 말할 것도 없다. 지나가

버린 옛 유행가나 부르면서 새 역사의 선도자로 자처할 수는 없지 않은
가.

『월간 헌정』(2003년 7월)

왼쪽 오른쪽 날개끼리만 부딪히고
몸통은 없는 나라인가

새는 두 날개가 있어야 날 수 있다. 이 말은 삼척동자가 아니라면 누구나 아는 너무나 자명한 이야기이다. 왼쪽 날개(좌익)와 오른쪽 날개(우익) 양쪽을 잘 저어야 새는 하늘로 날 수 있다. 정상적인 서구 선진국가에서는 이른바 좌파와 우파, 진보와 보수라는 딱지를 붙일 수 있는 정치적 노선을 달리하는 정당이 존재하고 있다.

그런데 우리 경우는 제2차 세계대전의 종전과 함께 연합 승전국인 미국과 소련이 한반도의 38선을 경계로 북쪽은 소련이, 남쪽은 미국이 일본군의 무장을 해제한다는 협약에 의해서, 북쪽은 소련의 공산국가체제를, 남쪽은 미국의 자유시장 민주정치체제를 따르게 되었다. 그래서 북쪽은 좌익 사상만이 용납되고 남쪽은 우익 사상만이 용납될 수밖에 없는 구조가 되었다.

그렇지만 남한은 여러 가지 우여곡절이 있었음에도 정상적인 서구 선진국을 지향해 왔기 때문에 선진국의 정치에서와 같은 좌익과 우익은 아니라도 진보와 보수의 이분법은 허용이 되어왔다. 그러나 6 · 25 전쟁

후 남한과 북한이 적대관계에 있게 됨으로써, 그 진보가 북한과 같은 노선을 따르는 것은 남한 정부의 정체성을 보존하기 위해 법적 규제의 대상이 되었다.

지난 100년의 한국 역사는 일찍이 서양에서 생산된 자유시장 경제와 공산주의 경제에 대한 갑론을박의 논쟁을 넘어서서 패거리를 만들어 좌충우돌하는 역사였다. 또한 북한은 민족주의를 앞세운 공산독재체제가, 남한은 군부 쿠데타를 통한 군사독재체제가 한때 위세를 떨치기도 하였다. 그뿐만 아니라 일제 식민지하에서의 독립투쟁의 과정에서도 좌파와 우파가 나뉘어 세력 다툼을 하며 일본 제국주의에 맞서기도 했다.

요즘 한국의 교육계를 강타하고 있는 한국사 교과서 파동은 바로 이러한 한국의 지난 고난의 행군을 그대로 반영하고 있다. 이 교과서 파동이 이른바 좌파의 우세로 드러나게 된 것은 무엇보다도 전두환 군부가 친위 쿠데타로 집권한 1980년 이후 대학가에 유행병처럼 번진 좌편향 사상에 감염된 이른바 386세대의 출현과 깊은 연관이 있다. 오늘날 이른바 민주화 세력 내부에 이런 왼쪽 날개와 오른쪽 날개가 부딪치는 소리가 만만치 않다.

우리 모두가 다 알다시피 소련의 공산체제와 그 위성국가의 공산체제는 이미 역사의 뒤안길로 사라진 지 오래이다. 물론 중국은 시장경제체제로 전환한 이래 세계의 경제대국으로 등극하고 있으나 정치는 아직도 구공산당 세력이 장악하고 있다. 그러나 머지않은 장래에 세계사의 대세로 방향 전환이 이루어질 것이다. 그런데 유독 한반도에서만 흘러간 이데올로기 유행가를 부르는 기묘한 상황이 연출되고 있다.

지금 인류 역사는 새로운 문명 속으로 대전환을 하고 있다. 우리가 지난 100년의 역사에서처럼 선진국을 뒤쫓아 가는 추격형 국가에서 벗어나려면 옛날을 이끌어가던 낡은 사고의 문법을 벗어버려야 할 것이다. 신문명은 새로운 사고의 틀과 제도의 틀을 요청하기 때문이다. 신문명

이 요구하는 새로운 사고와 제도의 틀, '신문법'으로 무장한 사람들이
이 땅의 몸통이 될 때 한반도는 신문명의 중심에 우뚝 서게 될 것이다.

『성숙의 불씨』(2014년 1월 14일)

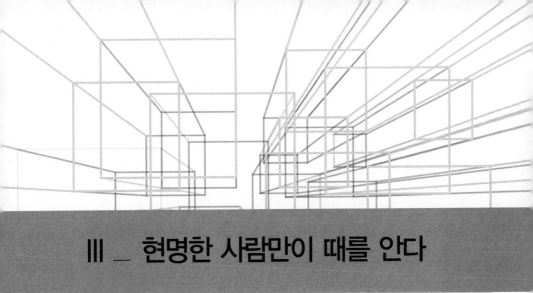

Ⅲ ― 현명한 사람만이 때를 안다

현명한 사람만이 때를 안다

봄이 왔는데도 겨울옷을 걸치고 다닌다면, 그는 때를 아는 사람이라 할 수 없다. 봄이 온 줄을 모르는 사람이다. 봄이 온 것을 알면서도 겨울옷을 걸치고 다닌다면, 그는 때에 알맞은 일을 실천에 옮기지 않는 사람이다. 지금이 봄이란 때를 알고, 봄에 맞는 옷을 입고 다니는 사람은 정상적인 사람이다. 그는 때를 알고 거기에 알맞은 일을 하는 사람이기 때문이다.

역사에는 때가 있다. 역사의 때를 정확히 읽고 거기에 알맞은 처신을 하는 사람은 모름지기 현명한 사람이라 할 수 있다. 오늘 인류문명은 비상한 때를 만나고 있다. 나는 그것을 10여 년 전부터 '문명의 대전환'이란 말로 표현해 온 사람의 하나이다. 아직 그 대전환이 어떤 모습으로 나타날지 확실하지는 않지만, 지금까지의 산업문명이 걸어온 길과는 확연히 구별되는 새 길로 접어들 것이라는 것쯤은 예단(豫斷)할 수 있다.

한국 사람들은 지난 19세기 말 이래 세계사의 주변 그늘진 곳에서 세계의 천덕꾸러기처럼 이리 밀리고 저리 밀리면서 겨우 생명을 부지해 왔다. 그러다가 지난 산업문명의 막차를 겨우 올라타느라고 천신만고의 고통을 감내한 끝에 드디어 가슴을 좀 펴고 세상을 내다볼 수 있는 처지가 되었다. 너무나 다행스럽고 대견한 일이 아닐 수 없다.

이런 우리 앞에 밀어닥친 것이 문명의 대전환의 질풍노도라 할 수 있다. 이런 대전환의 새 물결 앞에서 새로운 자세와 응전(應戰)의 전략을 강구하지 않으면 안 되는 처지에 지금 우리가 놓여 있다. 그래서 튀어나온 말이 "변하지 않으면 안 된다"는 말이 아닐까 한다. 어느 대기업 총수의 말처럼 "아내 빼고는 모두 바꿔야 산다"는 급박한 상황에 우리가 놓여 있는지 모른다.

변화와 개혁이란 말이 그래서 이 땅의 정치적 화두가 된 지 벌써 10여 년이 넘었다. 문민정부, 국민의 정부, 그리고 참여정부를 통해서 적어도 말만은 '변화와 개혁'이 일관되게 주장되어 왔다.

그러나 변화와 개혁이라는 보따리 속에 들어 있는 것은 동일한 것이 아닌 듯싶다. 그 보따리 속에는 정보화와 세계화라는 새 카드가 들어 있는가 하면, 소위 보수와 진보, 우익과 좌익이라는, 지난 19세기나 20세기 초에서 들었음직한 낡은 카드가 들어 있다.

여기서 나는 일종의 개념의 혼란을 본다. 도대체 지난 세기의 보수와 진보, 그리고 우익과 좌익의 개념적 지도가 어떻게 새로운 문명적 전환 앞에서 터져 나오는 변화를 향한 몸짓과 연결되는 것인지 알 수가 없다.

어제 사용되었던 생각의 틀을 끄집어내다가 재가동시키면 우리가 부딪히는 새로운 문명적 도전에 대해서 제대로 대처해 나갈 수 있다는 것인지, 아니면 내가 문명적 대전환이라고 표현하는 그런 새로운 상황이 전개되고 있다는 주장은 허황된 소리요, 지금 문제가 되고 있는 것은 옛 문제의 연장선상에 있는 것뿐이라는 말인지, 나는 가늠하기 어렵다.

"새 술은 새 자루에"라는 말이 있거니와, 새로운 시대, 새로운 문명은 새로운 생각의 틀을 요구한다. 낡은 자루에 새 술을 담지 않듯이, 낡은 생각의 틀 속에 새 문명을 담으려 해서는 안 된다. 봄이 찾아온 것을 모르고 겨울옷을 걸치고 다니려는 것과 같은 풍경을 우리가 보고 있다면 그릇된 말일까?

지금 역사의 중심권에서 사는 생각하는 사람들은 새로운 문명에 걸맞은 새로운 생각의 틀을 찾아보려고 이 궁리 저 궁리를 하고 있다. 혹자는 그 새로운 생각의 틀이 이제까지 중심권 속에 있는 사람들이 아니라, 그 중심권 밖에 있었던 사람들에게서 나타날 수 있으리라는 추측을 하는 사람도 있다. 여하튼 우리가 새 문명의 중심의 자리에 있으려면 새 문명에 알맞은 새로운 생각의 틀을 창안해 내어야 한다는 점을 강조하지 않을 수 없다.

솔직히 말해서 우리가 소위 보수니 진보니, 우익이니 좌익이니 하고 말하는 생각의 틀도 한국 사람들의 머릿속에서 나온 것이 아니라, 서양으로부터 수입해 온 수입품의 일종이다. 우리끼리 두 편으로 나누어 야단법석을 떠는 것은 어찌 보면 남의 장단에 맞추어 놀아나는 모습으로 보일 수도 있을지 모르겠다.

우리에게 오늘 중요한 것은 어제도 아니며 어제의 이야기도 아니다. 오늘을 어떻게 살며, 내일을 어떻게 꾸려갈 것인가, 그것이 문제이다. 어제를 들추면서 우리끼리 티격태격하는 데 열을 올리기보다는 오늘과 내일의 문제를 놓고 열띤 토론을 해야 우리에게 미래가 있으며 희망이 있는 것이 아닐까.

나는 이번 총선을 보면서 우리가 너무 과거지향적인 데 열을 쏟고 있다는 느낌을 받았다. 어제는 우리 앞에 살다간 어른들의 고통스러웠던 이야기 덩어리였음에 틀림없다. 우리가 그 어제의 고통스러웠던 이야기

속에만 푹 잠겨 있다면, 우리의 미래와 희망의 이야기는 어떻게 될 것인가?

어제의 이야기는 미래를 위한 뜀틀로 사용될 때만 빛이 난다.

자기의 철밥통만을 고집하며 변화와 개혁을 부르짖는 것은 너무나 코미디 같은 익살꾼의 울부짖음이 아닐 수 없다. 많은 사람들은 지금 변화와 개혁을 입버릇처럼 부르짖고 있다. 그런데 그 변화와 개혁이라는 보따리 속에 담으려 하는 내용이 무엇인지는 분명치 않다. 한마디로 너무나 혼란스러울 뿐이다. '내 것'만은 절대적으로 양보할 수 없다는 자세를 고집하면서 서로 격돌한다면, 결과는 불을 보는 것만큼이나 분명하다.

결국 우리는 모래알처럼 흩어지고 말 것이다. 하나의 공동체, 그것도 '더불어 잘 사는 모듬살이'가 되려면 모래알들을 붙여놓는 접착제가 있어야 한다. 갈등, 투쟁, 결사반대와 같은 것은 접착제가 될 수 없다. 공감, 신뢰, 협동 같은 마음의 접착제가 있어야 한다.

내가 어렸을 적에 남미의 국가들은 나의 꿈의 세계였다. 내가 살고 싶은 꿈속의 공동체였다. 그랬던 남미 국가들의 오늘의 모습을 보며, 나는 깊은 수심에 싸일 뿐이다. 남미가 따로 없기 때문이다.

보릿고개의 긴 한숨으로부터 우리는 지금 벗어나 있다. 가슴을 활짝 펴고 세계를 내다볼 수 있는 여유가 지금 우리에게 있다. 그동안의 인고(忍苦)와 극성 때문에 그래도 이만한 처지에 이르렀다. 그런데 우리가 우리끼리 분파로 나뉘어 다투는 데만 열을 올리다 보면 남미가 따로 있겠는가 싶은 것이다. 생각만 해도 오싹해지지 않을 수 없다.

지금 우리에게 절실한 것은 참으로 열린 마음이다. 열린 마음으로 미래를 내다보며, 새로운 열린 생각으로 열린 세상을 만들어가는 일이 우리에게 절실히 요구된다. 그러기 위해서는 상대방의 다름이 나를 보태어주어 보다 한 단계 높여 살게 해주는 보약이 될 수 있다는 상생(相生)의 지혜를 가슴속 깊이 새기는 것이 무엇보다 선행되어야 한다. 그럴 때 우리에게는 희망의 미래가 있을 것이다.

『월간 헌정』(2004년 5월)

갈등의 도가니 속에 있는
지구촌 평화를 구축하기 위하여

서양철학의 역사를 관통하는 두 가지의 큰 상반된 생각의 흐름을 추적해 볼 수 있다. 그 하나는 인간존재를 과대평가하여 마련된 절대 진리에 대한 열망과 확신이요, 그 다른 하나는 인간존재를 과소평가하여 마련된 진리 상대론 내지 허무주의이다.

전자의 대표적 사례는 고대 그리스의 플라톤 이데아 사상과 그의 후계 사상들로서, 인간은 절대 진리를 희구할 뿐 아니라 절대 진리를 파악할 수 있는 특별한 능력인 이성을 가진 존재라는 것이다. 또한 중세의 기독교 철학도 절대 진리에 대한 확신을 고수하였다.

그리고 후자의 사례 중 대표적인 것으로 독일의 니체의 사상과 현대의 포스트모더니즘을 들 수 있다. 니체는 절대 진리의 상징인 '신의 죽음(Gott ist tot)'을 선포함으로서 절대적 진리의 부재로 인해 나타나는 허무주의의 심연을 들여다보았으며, 포스트모더니즘은 진리를 담보해줄 어떠한 객관적 기준도 없으며 절대적 진리를 파악할 수 있는 인간의 능력도 없다고 주장한다.

이러한 인간에 대한 과대평가와 과소평가는 인간에 대한 제대로 된 이해도 아니요 적정한 평가도 아니다. 앞엣것은 인간을 지나치게 월등하게 보며, 뒤엣것은 인간을 너무 얕잡아 본다. 인간을 있는 그대로 보지 못하는 두 극단적 안목이 아닐 수 없다.

지금 우리가 새롭게 찾아나서야 하는 길은 인간을 있는 그대로 바라보는 '적정한 안목'이다. 과찬과 비하가 아닌, 있는 그대로 바라보고 받아들이는 겸허한 마음이다.

근대사상의 선구자인 데카르트는 중세의 가톨릭 전통과 그 당시 새로 등장하던 천문과학자들과의 정면충돌을 피할 수 있는 사상의 평화지대를 구축하는 것을 그의 철학의 과제로 삼았다. 그의 방법론적 회의론을 출발점으로 삼는 인식론과 심신 이원론이 마련하고자 했던 것은 종교의 길과 과학의 길이 자기의 고유 영역을 확보하게 함으로써 사생결단의 피흘림으로부터 벗어난 평화의 새 시대를 여는 것이었다. 이것은 그 당시 서구세계 안에서의 충돌과 갈등의 해결책이었다.

오늘날 지구 위에 사는 사람들은 하나의 공동체, 하나의 모듬살이를 영위하는 지구촌 속의 동네 사람으로 더불어 살 수밖에 없는 문명 대전환의 시대를 맞이하고 있다. 무엇보다 정보통신기술(Information Communication Technology)이 이러한 상황을 초래했다. 그리하여 재래의 높은 공간과 기나긴 시간의 장벽이 소멸되었다. 그럼으로써 이제 인간이 지구의 어느 시공에 존재하든 얼굴과 얼굴을 서로 마주보는 대면의 관계망에 놓이게 되었다. 이러한 새로운 삶의 그물망 속에 존재하는 지구촌 시민임에도 불구하고, 마음속 깊은 곳으로부터 우러나오는 소통의 음성은 닫히고, 갈등의 심연은 날로 깊어가고 있다. 이것이 오늘 지구촌 시대의 역설이요 최대 위기이다.

오늘을 사는 생각하는 사람들에게 이보다 더 화급하고 중차대한 사고의 도전이 있을 수 없다. 시공상으로는 가장 가까이 있으면서, 마음의 문은 닫혀 불통과 갈등의 열기는 달아오르고 있는 이 지구촌의 모순을 어떻게 해결할 것인가?

이것이 오늘을 사는 생각하는 사람들 앞에 놓인 사상적 도전이 아닐 수 없다. 이것이 바로 지구촌 시대의 철학이 탐색해야 할 과제이다. 그것은 바로 지구촌 평화지대의 건설이다. 그것을 위해서는 사고의 옛 장애물을 걷어버리고 새로운 사고와 행동의 틀을 창안해 내야 할 것이다.

『철학과 현실』(2013년 가을)

광복 70주년 감회

광복절이란 한반도에 사는 사람들이 나라의 주권을 일본에게 빼앗겼던 식민통치로부터 해방된 날을 지칭하는 말이다. 광복이라는 말의 어원은 한자 '光復'이다. 빛을 회복했다는 뜻이다. 일본 식민통치 아래서의 삶은 빛을 잃어버린 삶이라는 것을 함축하는 말이 광복이다.

제2차 세계대전 후 새로 탄생한 나라들 가운데 대한민국처럼 최단 시간에 산업화와 민주화를 달성하여 세계 10대 경제대국 근처에서 노는 나라는 대한민국 말고 거론될 만한 나라가 거의 없다는 사실 하나만으로도 대한민국의 국민은 자존의식을 가질 만하다. 오늘에 이르기까지 우리는 엄청난 수난의 터널 속을 통과했다. 그래서 우리를 보고 '한강의 기적'이라고 말하기도 한다.

오늘 이 땅의 젊은이들의 몸짓을 보며, 세계의 청년들이 '케이팝(K-POP)'이라고 탄성을 지르게 된 것도 결코 우연이 아니다.

그런데 오늘 우리가 방심해서는 안 될 것은, 다시는 과거와 같은 치욕의 삶을 되풀이하지 않도록 허리띠를 굳건히 동여매야 한다는 것이다.

무엇보다도 오늘 이 땅에 사는 젊은이들이 자신의 사람됨의 높이를 진작시킬 뿐 아니라 인간을 포함한 존재세계에 대한 과학적 탐구를 결코 게을리해서는 안 될 것이다. 한마디로 교육의 질을 높이기 위해 최선을 다하도록, 국가의 제도적 노력과 개인의 정열을 극대화해야 할 것이다.

우리가 빛을 잃고 다른 나라의 종살이를 했던 것은 무엇보다도 나라와 나라를 구성하고 있는 사람들이 남의 손아귀에 잡혀 들어갈 정도로 '허약한 상태'에 있었기 때문이다.

우리가 나라를 잃어버렸을 시절, 세계는 약육강식(弱肉强食)의 엄청난 싸움터였다.

우리는 지금 남의 도움을 받는 나라에서 남을 돕는 나라로 바뀌어가고 있다. 남의 도움을 받는 자는 허약한 자이다. 자신을 채찍질하며 자신을 연마하는 자는 남을 도울 수 있는 능력을 갖추게 될 것이다.

광복 70년을 맞이하면서 다시 한 번 우리 자신을 뒤돌아보며, 깨어 있는 국민, 오늘보다 내일을 향한 희망에 찬 국민으로 살아야 한다는 다짐을 해본다. 나는 혼자 존재하는 외로운 개인이 아니며, 내가 곧 대한민국의 주인이라는 인식을 지닐 때, 나의 매일의 삶은 가슴 뛰는 행복한 시간이 될 것이다.

『성숙의 불씨』(2015년 8월 18일)

동시대의 공동 운명체, 우리

나는 가끔 로빈슨 크루소의 삶을 상상해 본다. 그리고 그럴 수 있으면 얼마나 좋을까 하고 염원해 보기도 한다. 물론 얼마 동안은 그렇게 살 수도 있을 것이다. 혼자서 외로운 고도(孤島)에서 말이다. 그러나 그러한 혼자만의 삶은 인간존재의 근원적인 모습은 아니다.

그럼에도 그러한 혼자만의 삶, 혼자 있음의 상태를 상상 속에서나마 내가 동경하는 까닭은 무엇일까? 인생살이에 지친 탓일까? 무엇 때문에 지침을 느끼는 것일까? 사회학자들이 흔히 '사회적 갈등'이라는 말로 표현하는 그 숱한 문젯거리에 시달려 지쳤는지도 모른다.

'사회적 갈등'이란 다름 아닌 사람들이 지닌 여러 가지 욕망과 욕구들이 서로 엇갈려 부딪히는 비명소리들이다. 조절되지 않은 욕망들이 이리저리로 분출되어 충돌할 때, 우리는 즐거움보다는 비탄과 연민을 느낀다. 그러나 그러한 욕망의 충돌 현상에 대해 내가 할 수 있는 일은 거의 없다. 그야말로 속수무책이다.

내가 할 수 있는 일은 나의 욕망을 되도록 줄임으로써 내 이웃의 욕망과의 충돌을 피하려고 꾀해 보는 일이다. 그러나 나만의 일방적인 노력으로는 그 충돌을 예방하거나 없앨 수가 없음을 발견한다.

이럴 때 나는 로빈슨 크루소의 삶을 동경하게 되는 것인지도 모른다. 로빈슨에게는 그런 사회적 갈등으로부터 나오는 고통은 없겠기 때문이다. 그러나 그러한 혼자의 삶은 오직 상상의 세계에서 가능할 뿐, 나의 현존의 구체적 삶의 세계의 현실이 아님을 발견한다.

현실은 상상의 세계가 아니다. 그리고 우리는 몸담고 있는 현실로부터 영원히 도피할 수도 없다. 물론 도피는 가능하나 그것은 일시적일 뿐이다. 유일한 도피에의 길은 삶 자체를 거부하는 길뿐이다. 그러나 그것은 삶의 지혜로운 자세일 수 없다. 인간이 사회적 갈등으로부터 나오는 고통을 줄이는 한 가지 방법은, 인간은 모두 누구나 할 것 없이 언젠가는 죽는 존재라는 엄연한 사실을 깊이 깨닫는 데 있다.

삶의 참다운 지혜는 삶 자체의 거부로부터 나오는 것이 아니라, 삶의 유한성에의 인식으로부터 나온다. 인간은 죽음에로 향하고 있는 존재라는 것, 그리고 죽는 존재라는 것을 깨닫는 데서 삶의 참다운 지혜가 움터 나온다. 마치 영원히 살 것처럼 생각하고 끝없는 욕망을 내뿜어내는 데서 욕망들 사이에 충돌이 일어나기 때문이다.

그러나 사람이 영원히 산다고 생각하는 것은 착각이다. 착각 가운데 이보다 더한 착각이 어디에 또 있을 것인가. 그것이 착각임을 뼛속 사무치게 깨닫게 될 때, 바로 우리는 눈이 벌개가지고 쫓던 욕망의 대상의 정체를 제대로 볼 수 있게 된다. 그리고 그때야 비로소 우리는 우리의 욕망과 충돌하는 욕망의 주인공의 모습도 똑똑히 볼 수 있게 된다.

내가 쫓던 욕망의 대상이 별것 아니라는 것을 볼 수 있게 될 때, 우리는 내 옆에 서 있는 이웃의 얼굴과, 이웃의 눈동자와 만나게 된다. 내가 나의 욕망에 눈이 멀었을 때는 나의 이웃은 내 눈에 잡히지 않는다. 비록 내 옆에 같이 앉아 있더라도, 그 이웃은 나에게 없다.

인간은 근원적으로 혼자 있지 않은 존재이다. 인간의 탄생의 전제조건은 타인의 존재이다. 혼자 있음이란 근원적으로 불가능하다. 인류 역사의 초기에는 아마도 피로 연결된 소수의 사람들끼리만 살았는지도 모른다. 그때만 해도 사회적 갈등이라고 할 만한 것은 없었는지도 모른다. 그러나 사촌이 논을 사면 배가 아프다는 속담에 그 무슨 진리가 담겨 있다면, 핏줄들 사이라 해서 욕망의 갈등이 없다고 잘라 말할 수 없는 것 같다.

현대사회는 핏줄끼리만 모여 사는 세상이 아님은 누구나 잘 안다. 모르는 사람들끼리 모여 같이 사는 세상이다. 그것이 오늘의 인간의 삶의 조건이다. 이런 삶의 조건을 우리가 어찌할 수 없다. 그것은 인류 역사의 쌓이고 쌓인 여러 가지 과정의 결과이다. 그러므로 오늘 인간이 살고자 하는 한, 이 삶의 조건으로부터 초월할 수 없다.

현대사회는 두 가지 두드러진 특징을 지니고 있다. 그 하나가 익명적 다수의 집합이라는 것이요, 그 다른 하나는 과학기술을 토대로 한 산업 사회라는 것이다. 익명적 다수의 집합이란 서로 낯선 사람들의 거대한 모듬살이라는 말이다. 그러니 이 낯선 사람들 사이의 관계를 조정할 그 무엇이 요청된다. 그것이 이른바 사회적 규범이다. 여러 가지 종류의 글로 쓰였으나 암암리에 통용되는 규칙들이 바로 그것이다.

이런 의미에서 현대인은 복잡한 규칙 속의 존재이다. 이 규칙을 안 따르면 어떻게 되는가? 그 모듬살이가 깨어지고 말리라는 것은 불을 보는 것과 같이 뻔하다. 그 모듬살이를 하나의 체계로 가능하게 했던 것이 바로 그 규칙들이었기 때문이다. 그러한 모듬살이의 체계의 붕괴는 그 체계 속에 있는 어느 특정한 구성원에게만 짐스러운 것이 아니다. 모든 구성원의 삶의 근거가 위협을 받는다.

과학기술을 토대로 한 산업사회는 더욱이 그 체계의 복잡성에 있어서 어떤 사회체계보다 심원하다. 한마디로 상호연관성, 상호의존성이 심화되어 있는 체계이다. 조그만 한 부분의 문제가 전체의 체계의 문제와 직결되어 있다.

이러한 두 가지 특징을 지닌 현대사회 속에서 산다는 것은 참으로 숨막히는 일일는지 모른다. 그래서 어떤 사람들은, 이런 현대적 인간존재의 상황을 기계 속의 부분품에 비유한 바 있다. 오늘의 문명 속의 인간은 그러한 조건을 받아들이는 것이 어쩔 수 없는 것이 아닐까? 그러나 이러한 현대사회가 반드시 인간의 삶에 그러한 어두움만을 드리우는 것은 아니다. 사람들이 과학이 주는 문명의 이로움을 찾는 것은 반드시 어리석음 때문만은 아닐 것이다.

오늘의 문명이 인류에게 가르쳐주는 가장 중요한 교훈이 있다면, 그것은 존재의 상호의존성의 진리가 아닌가 한다. 인간과 인간의 관계에 있어서의 상호의존성, 인간과 자연의 상호의존성이 얼마나 중요한 진리인가를 현대문명은 보여주고 있다.

이제는 어떤 존재도 고립되어 자족할 수 없다. 모든 존재는 상호의존한다. 과거 문명에 있어서는 지배와 정복이 진리처럼 통용되었다, 지배와 정복의 철학은, 나는 살고 너는 죽는 철학이다. 이런 철학은 오늘의 삶에서 생명력이 없다. 그것은 이미 죽은 철학일 뿐이다.

이제 모든 존재들 사이에 대등한 관계에서 이루어지는 적정선이 정립되어야 할 것이다. 그러한 적정선 위에서 모든 존재는 함께 있음이 가능하게 될 것이다.

『대우가족』(1985년 5월 15일)

누가 우리를 패배주의자로 만드는가

일손을 잠시 멈추고, 우리의 삶의 모습을 되돌아봅시다. 한 가지 분명한 사실은, 지금 이 나라에 사는 사람들은 우리의 역사상 그 어느 때보다도 뜨거운 열기로 가득 차 있는 사람이 매우 많다는 사실이 아닌가 합니다. 기가 죽어, 풀이 꺾여 어깨를 쭈그리고 한숨만 내쉬고 살아왔던 많은 사람들이 이제 꽤 기를 펴고 무엇인가를 하려는 강한 삶의 의지를 가동시키고 있는 오늘이 아닌가 합니다. 물론 그 몸짓의 모양새는 한두 가지가 아니며 달리는 방향도 모두 일정치가 않습니다.

오늘의 역사 기관차를 움직이는 동력은 한(恨)의 석탄입니다. 석탄은 유기물질이 장구한 시간에 걸쳐 농축되어 형성된 에너지 알맹이입니다. 우리의 오랜 역사에 농축된 마음의 응어리가 바로 오늘의 역사 기관차를 움직이는 마음의 에너지입니다. 활활 타오르는 석탄이 기관차를 칙칙폭폭 소리를 내며 움직여 가게 하듯, 농축된 한의 에너지가 오늘 이 땅을 뜨겁게 하고 있습니다.

여기서 어떤 사람들은 '새로운 한국의 가능성'을 읽고 놀라움을 느끼기도 하며, 어떤 외국인은 거기서 위협마저 느끼기도 합니다. 또 어떤 정치집단은 자기들의 정치적 공적으로 치부하려 들기조차 하는 것을 봅니다. 사실을 말하면, 잘한 정치 때문에 그런 것이라기보다는, 잘못하는 정치에도 불구하고 그런 것이라고 말해야 할 것입니다.

어떤 외국의 언론이 지적한 대로 현대 차 수준에 못 미치는 오늘의 한국의 정치에도 불구하고, 우리가 이쯤이라도 된 것은 한국 사람의 강한 삶의 의지의 발로 때문임에 틀림없습니다. 그러니 정치가 이 창피스러운 꼴을 면한다면, 우리의 삶의 모습은 새로운 차원으로 상승할 수 있게 되리라는 짐작을 하기가 어렵지 않습니다.

오늘 우리가 '새로운 한국의 가능성'을 말함에도 불구하고, 오늘의 우리 삶을 평안한 모습으로만 바라볼 수 없는 까닭은 무엇입니까? 모든 운동에는 힘, 에너지가 필요합니다. 역사의 움직임에도 그렇습니다. 우리에게는 지금 불타는 한의 석탄이 있습니다. 인간의 삶이 단순한 힘, 아무런 목적도 없이 밀어제치는 저돌적인 힘에 의해 지배될 때, 거기에는 격돌과 갈등이 난무하고 아비규환의 수라장이 전개될 뿐입니다. 저마다 제 갈 길만 먼저 가겠다고 질주하는 길거리의 자동차들이 초래하는 장면을 상상해 보십시오. 파괴와 죽음의 거리가 바로 그것입니다.

난세라는 말이 있습니다. 사람이 사람답게 살기 매우 어려운 세상이라는 뜻이 그 안에 담겨 있습니다마는, 난세란 다름 아닌, 사람들 사이에 공통된 가치기준, 가치의 이념이 상실된 세상, 바로 그것입니다.

사람도 물론 동물임에 틀림없습니다. 그렇기에 다른 동물과 마찬가지로 개체보존과 종족보존에 필요한 욕구를 충족해야 살 수 있는 존재입니다. 먹고 배설하며, 또 추위와 더위를 가리는 옷을 입어야 하며, 잘 처소가 있어야 하며, 짝을 찾아 살아야 합니다. 이것은 아무도 부정할 수 없는 진리 중의 진리입니다. 그렇기에 가치와 삶의 목적을 이야기한다고 해서, 그것이 이러한 삶의 기본적 사실을 무시한 그 무슨 구름 잡는, 구름에 뜬, 그저 고답적인 이야기일 수는 없습니다.

문제는 방식에 있습니다. 어떻게 먹고, 어떻게 입고, 어떻게 자는가에 있습니다. 아무렇게나, 되는대로 마구 해치우는 데 문제가 있습니다. 할 수 있다는 자신감의 표현으로서 '하면 된다'는 매우 좋은 것이지만, 아무렇게나 해도 좋다는 저돌과 맹목의 표현으로서의 '하면 된다'는 생각은 매우 위험한 생각이요, 세상을 파국으로 이끌어가는 허무주의의 표현입니다.

수단과 방법을 가리지 않는 모든 저돌주의, 편법주의가 오늘 이 땅을 휩쓸아치고 있습니다. 그것이 바로 저 '새로운 한국의 가능성'에도 불구하고 이 땅 위에 드리운 어두운 그림자입니다.

사람은 더불어 사는 존재입니다. 사람은 혼자서 존재할 수 없습니다. 적어도 나 이외에 두 사람의 존재는 전제되어야 내가 여기에 존재할 수 있는 그런 존재입니다. 나를 가능케 한 부모가 없이 내가 세상에 존재할 수는 없기 때문입니다. 오늘 현대사회는 그 어느 때보다도 나의 존재가 나 아닌 다른 사람의 존재와 떼려야 뗄 수 없이 얽혀 살아가는 시대입니다. 나의 잘못이 내가 얼굴도 모르는 수많은 사람들의 삶에 막대한 영향을 줍니다. 버스 운전을 하는 내가 내 기분을 푼다고 소주를 과음하고 운전석에 앉아 있게 된다면, 이름 모를 수많은 사람들의 운명에 어떤 불행한 영향을 미칠지도 모를 일입니다. 제약회사에서 일하는 내가 부주의로 극약 성분의 화학물질을 잘못 배합한다면, 나의 그러한 실수가 이름 모를 수많은 나의 이웃들에게 말할 수 없는 불행을 가져올 것입니다. 어찌 이뿐이겠습니까. 수도국에 종사하는 기술자나 전기회사에서 일하는 전공의 실수, 세무공무원의 비뚤어진 마음은 말할 것도 없으며, 더구나 나라의 온 백성의 삶에 중대한 영향을 미치는 고급 공무원을 비롯한 정치가의 생각 하나하나가 초래할 결과는 실로 엄청난 것입니다.

나의 생각과 나의 몸짓은 나 한 개인에 그치고 마는 세상이 아닌 세상이 바로 오늘 우리가 살고 있는 시대입니다. 모든 것은 서로가 서로에 얽혀 있으며, 서로에 의존해 있습니다. 너와 내가 결코 무관한 채 있을 수 없습니다. 나는 너에게, 너는 나에게 얽혀 있으며 업혀 있습니다. 이런 세상에 살면서 나 좋은 대로, 내 멋대로 생각하며 행동한다면 그 결과는 너무나 뻔합니다. 오늘 이 땅을 지배하고 있는 '돼지 셈법'은 자기를 늘 예외자로 생각하고 자기 멋대로 자기 좋은 대로 생각하고 행동하는 삶의 방식입니다. 이런 '돼지 셈법'의 삶의 방식이 오늘 이 땅을 난세로 만들고 있는 주범의 하나입니다.

이 땅에 지금 '법대로'라는 말이 신문에 즐비하게 박혀 있습니다마는, 거기에도 '돼지 셈법'은 여전히 살아 움직이고 있으니, 어찌 '법대로'가 제대로 설득력을 지닐 수 있겠습니까.

우리가 여기서 절실하게 느끼는 것은 우리 모두 '돼지 셈법'의 삶의 방식으로부터 해방되는 일입니다. 자기를 예외자로 인식하는 마음으로부터 너와 함께 있는 나를 인식하는 태도에의 전환이 바로 오늘 우리에게 화급히 요청되는 가치관입니다.

내가 수많은 너와 함께 존재한다는 이 엄연한 사실의 인식에서, '돼지 셈법'으로부터의 해방은 움트기 시작할 것입니다. 같은 게임을 하는 역사의 동반자라는 인식이 바로 그것입니다. 게임을 하는 사람에게 요구되는 기본적인 덕목은 페어플레이 정신입니다. 공정성이 바로 그것입니다.

공정성이란 무엇입니까? 치사하다든가, 야비하다든가, 억울하다는 생각이 끼어들 수 있다면 그것은 공정성과 무관하거나, 그 반대의 것입니다. 당당하고 떳떳한 일에 공정성은 깃듭니다.

공정성은 내가 수많은 너와 서로 뗄 수 없이 함께 살 수밖에 없는 오늘과 같은 사회에 있어서, 무엇보다도 가장 절실하게 요청되는 제일의 가치이념이 아닐 수 없습니다. 무엇이 공정하다고 느낄 때, 우리는 억울하다거나 밑졌다거나, 혼자 당했다거나 하는 한이 생길 수 없습니다. 만일 무엇을 공정하다고 생각하면서도, 그것을 승인하지 않으려는 몸짓을 한다면, 그것이야말로 억지요 비리가 아닐 수 없습니다.

억지는 함께 사는 원리가 결코 될 수 없습니다. 억지가 기세를 부리는 세상이 바로 난세입니다. 우리가 참으로 우리의 사회를 사람이 사람답게 살 수 있는 세상으로 만들기 원한다면, 억지꾼들을 몰아내는 운동을 벌여야 할 것입니다.

사람은 단순한 동물이 아닙니다. 이성적 존재가 바로 그것입니다. 그렇기에 존 스튜어트 밀은 일찍이 "배부른 돼지보다 고민하는 소크라테스가 낫다"고 갈파하고 있음을 우리가 기억하고 있습니다. 이성은 생각하는 힘이요 능력입니다. 이 생각하는 능력에는 계산적 사고능력뿐 아니라, 사물을 통합적으로 인식하며 자신을 넘어서서 사고하는 능력도 포함되어 있습니다.

컴퓨터도 계산하는 능력은 있습니다. 이런 의미에서 컴퓨터는 이성의 분신이라고 볼 수도 있습니다. 그러나 그것은 어디까지나 이성의 한 부분에 지나지 않습니다. 사물을 통합적으로 볼 뿐 아니라, 자기를 넘어서서 초월적 사고를 하는 이성을 지닌 인간이기에 우리는 단순히 먹고 배설하는 일이 충족됨으로써 삶의 문제가 완결될 수 없습니다. 여기에 바로 배부른 돼지보다 고민하는 소크라테스에게 더 높은 가치를 부여하지 않을 수 없는 이유가 있습니다.

오늘 한국 사람들은 너무나 굶주렸던 우리 과거의 역사적 경험 때문에 횡격막 이하의 욕구충족 이상의 문제에는 너무나 관심이 소홀한 면이 있지 않은가 합니다. 사람이 사람답게 산다는 것은 사람됨에 적합한 모든 가능성이 실현됨을 뜻합니다. 사람이 단순한 동물이 아닌 이상, 동물로서의 욕구가 충족되는 것으로써 사람이 사람답게 살게 될 수는 없음이 너무나 분명합니다. 눈에 보이지 않는 가치의 세계가 바로 인간이, 고차원적인 이성을 지닌 존재가 추구하는 세계입니다.

내 눈앞에 놓인 떡에만 나의 눈이 고정되어 있다면, 나는 결코 동물 이상의 존재가 될 수 없습니다.

소크라테스의 고민은 눈앞에 놓인 떡에 대한 고민이 아닙니다. 그것은 횡격막 이하에 대한 고민이 아닙니다. 그것은 차원 높은 고민이며, 세계와 나의 존재의 의미에 대한 고민입니다. 그것은 탐욕에 사로잡힌 나로부터의 해방을 위한 고민입니다. 그리고 그것은 내가 너와 더불어 함께 살 수 있는 원리, 함께 동의할 수 있는 진리에 대한 고민입니다.

그러한 진리에 대한 고뇌가 없는 곳에 인간다운 삶은 없습니다. 오직 금수의 생존이 있을 뿐입니다.

오늘 이 땅의 어버이들은 자기 자식에 대하여 지대한 관심을 쏟고 있습니다. 좋은 것이라면 무엇이든지 자식에게 해주려고 하는 열의가 이만저만이 아닙니다. 그런 나머지 자식이 원하는 것은 무엇이든지 다 들어주려고 애씁니다. 그리고 좋다는 것은 모두 배워주려고 합니다. 그 결과 나타나는 것이 과교육열입니다. "좋은 대학만 들어가라." 그것이 자식에게 부모가 가르치는 제일의 인생철학입니다.

그러나 이런 인생철학에 의지하여 악전고투하여 대학의 문을 들어선 젊은 사람들이 느끼는 것은 무엇이겠습니까?

자기들이 지고의 목표로 삼았던 대학은 결코 천당도 아니요 유토피아도 아님을 발견하였을 때 그들이 감당해야 하는 절망은 어떤 것이겠습니까? 차라리 진리를 추구하라고 가르쳤던들, 그들의 마음은 그렇게 공허하지 않을 것입니다.

나는 오늘의 어른들이 자기의 후손들에게 사람됨의 참뜻을 가르치는 데 실패하고 있다는 느낌을 저버릴 수가 없습니다.

어린아이가 원하는 것을 모두 들어주는 것이 결코 그 아이를 참으로 위하는 일이 아님을 우리가 잊어서는 안 됩니다.

사람은 교육을 통해서 제대로 된 사람이 되는 존재입니다. 방목(放牧)은 결코 교육이 아닙니다. 아이가 하자는 대로 놔두거나, 원하는 대로 모두 들어주는 것은 일종의 방목입니다. 방목된 아이는 성장하여 억지와 아첨으로 세상을 살아가는 사람이 되기 쉽습니다. 억지와 아첨이 위력을 떨치는 세상은 어지러운 세상이요, 구조적인 부정으로 가득 찬 세상입니다.

자기의 자식이 사랑스럽고 귀하면 귀할수록, 해야 할 것과 해서는 안될 것을 분명히 구별하는 원칙과 원리를 교육해야 합니다. 이것도 좋고 저것도 좋은 무원칙한 사람, 뼈대가 없는 사람이 아니라, 원칙과 뼈대가 있는 사람으로 훈련시키는 것이 참교육이요, 그것이 참으로 자식을 사랑하고 귀하게 여기는 바른길입니다.

어른들이 자식을 방목하는 한, 원리가 지배하는 세상은 결코 오지 않을 것입니다. 방목된 인간은 난세의 원자재입니다. 참교육은 참사람을 만드는 일입니다. 참사람은 동물 이상의 존재입니다. 그것은 함께 사는 참도리를 체득한 사람이요, 진리를 찾아 고뇌하는 존재입니다.

사람이 사람을 가르친다는 것은 단순한 언어의 놀이는 아닙니다. 아이들은 어른들의 말보다는 어른들의 실천에 민감합니다. 실천이 따르지 않는 빈말을 많이 들은 아이일수록, 냉소적 인간이 되고 맙니다. 실천이 동반되지 않는 말을 듣고 감동되기보다는 깊은 마음의 상처를 받기 때문입니다. 그 상처가 남긴 자국이 바로 냉소적 태도입니다.

그렇기에 사람을 사람으로 교육한다는 일처럼 어려운 일은 없습니다. 교육하는 사람이 참사람으로 살지 않으면 안 되기 때문입니다.

도둑도 자기 아들만은 좋은 사람이 되길 바라고, 좋은 말로 교육하고자 합니다. 그러나 그런 시도는 성공할 수 없습니다. 그 아이가 어버이의 행실을 눈여겨보고 있는 한, 그는 결코 어버이의 공허한 빈말에 감동되지 않기 때문입니다. 거기서 아이는 하나의 큰 위선을 보며, 마음의 상처를 받을 뿐입니다.

우리는 자기 자신이 사람답게 삶으로써만, 자기의 후손을 사람다운 사람으로 교육할 수 있습니다.

어린아이는 빵과 우유로만 성장하지 않습니다. 정신적 양식을 먹어야 참사람으로 성장할 수 있습니다.

오늘 기성세대가 부끄럽지만 인정해야 할 것은, 젊은 세대에게 그런 정신적 양식을 제공하는 데 성공하지 못함으로써, 젊은 세대에게 도덕적 권위를 상실했다는 이 슬픈 사실입니다. 오늘 이 땅 위에는 선진사회를 지향하는 여러 가지 구호가 나부끼고 있습니다. 그러나 선진사회는 번지르르한 자동차의 행렬이 도로를 꽉 채우고 있거나, 고층빌딩으로 도시의 공간이 채워지는 것만으로 이룩되지 않습니다. 사회는 자동차나 빌딩의 모임이라기보다는 사람의 모듬살이이기 때문에, 사람이 선진화되지 않고서는 선진사회가 이룩될 수 없습니다.

그러면 사람의 선진화란 무엇입니까?

모듬살이의 기본 원칙을 터득한 사람들이 모여, 수준 높은 이성적 활동을 하는 데 사람의 선진화가 있습니다.

아첨과 억지, '돼지 셈법'이 힘을 발휘하는 세상은 결코 선진사회가 아닙니다. 횡격막 이하의 문제에만 혈안이 되어 있는 사람들로 득실거리는 사회는 결코 선진사회가 아닙니다.

선진사회는 그러므로 자동차와 빌딩의 숫자의 증가와 더불어 가까워지는 것은 아닙니다. 억지와 '돼지 셈법'의 사고를 우리 각자의 마음으로부터, 우리의 사회로부터 추방하는 운동을 벌여야 합니다. 선진사회란 다름 아닌 사람이 사람다운 대접을 받으며, 사람답게 살 수 있는 모듬살이입니다.

『주부생활』(1987년 6월)

아쉬운 역사적 상상력

    1970년대 말엽에 어느 대폿집에서 들은 이야기이다. 화자(話者)의 이름은 기억에 없으나 그의 직업은 기자라고 기억된다. 그의 사무실은 광화문 네거리로부터 가까운 데 자리 잡고 있었다. 그래서 그는 날이면 날마다 광화문 네거리에서 벌어지고 있는 풍경을 수년 동안 관찰할 수 있었다. 그가 4–5년 동안 끊임없이 관찰할 수 있었던 풍경은 광화문 네거리 어느 구석에선가 이루어지고 있던 도로와 지하도 공사판 풍경이었다.

    끊임없이 파고 묻는 공사판. 그것은 마치 어린애들이 소꿉장난을 하느라고 장난감 집을 지었다가 허무는 일을 끊임없이 반복하는 것처럼 그에게 보였다. 그의 말을 듣고 있던 대포꾼들은 그게 어찌 광화문 네거리에서만 일어나고 있는 일이냐고, 그 소리 그만하라고 하여 그의 입을 다물게 했다.

    벌써 그 이야기를 들은 지 7–8년이 지났으나, 이 하찮아 보이는 이야기가 나의 뇌리에 앙금처럼 침전되어 나의 마음을 지금도 무겁게 짓누르고 있다.

나는 지금도 그의 이야기가 얼마나 진상과 일치하는 이야기인지를 모른다. 그럼에도 그의 이야기를 불혹의 나이가 넘도록 한국 땅에서 목숨을 붙이고 살면서 겪은 나의 경험세계가 지니고 있다. 그 대폿집 이야기가 어떤 근본적인 문제의 실마리를 암시해 주는 것같이 느껴지기에, 이제 다시 되씹어보게 되는 것이다. 팠다가 묻고 나면 얼마 안 가 또 팠다가 묻는 일들이 계속되고 있는 사태가 말해 주는 것은 무엇인가? 물론 사정이야 경우마다 다르겠지만 한마디로 나는 '상상력의 빈곤'이 낳은 산물이라고 말하고 싶다.

상상력은 지금 눈앞에 없거나 실재하지 않는 것을 머릿속에 그려보는 능력이다. '관념의 집'을 짓는 '정신의 창조력'이 바로 상상력이다. 지금 없는 사태를 종합적으로 머리에 그려보는 고도의 상상력이 없으면, 무엇이 눈앞에 감각적으로 제시되어야 비로소 무엇이 잘못되었으며 부족한가를 깨닫게 된다. 이 땅에서 이루어지는, 수많은 아침에 짓고 저녁에 헐어 뜯어고치는 조령모개식 작업들은 모두 상상력의 빈곤이 낳은 아들들이라고 나는 생각한다.

도로공사쯤이야(?) 돈이야 좀 더 들겠지만 아침에 만들고 저녁에 다시 뜯어고친들 그렇게 대단한 일은 아니겠지만, 수많은 사람들의 삶과 죽음, 행복과 불행이 걸려 있는 국가의 대사(大事)인 경우에 있어서 아침과 저녁이 달라지는 것은 크나큰 문제가 아닐 수 없다.

더구나 한 나라의 흥망성쇠를 가늠하는 문제가 걸려 있는 사태에 당면하여 상상력의 빈곤이 자아낼 결과는 그야말로 엄청난 일이 아닐 수 없다.

이때는 도로공사의 경우처럼 잘못되면 뜯어 다시 고칠 수도 없다. 잘못 둔 장기처럼 상대방의 양해를 구함으로써 한 수 물려 다시 둘 수도 없다. 역사의 냉혹함은 바로 '일회성'에 있다. 역사의 냉혹한 일회성은 인생의 냉혹한 일회성과 맞물려 있다. 그 누구도 두 번 인생을 다시 살 수 없는 것이 바로 인생의 냉혹함이다. 이미 가버린 꽃다운 청춘을 다시 되돌려 받을 수 없는 그 인생의 냉혹함은 인생의 석양을 마주보고 있는 노인들에게만 자명한 진리는 아니다.

역사는 단순한 과거의 집적(集積)이 아니다. 그것은 현재를 축으로 과거와 미래가 긴장관계를 형성하고 있는 하나의 시간의 장(場)이다.

이 시간의 장은 인간의 의식의 장과 맞물려 있다. 인간의 의식은 기억을 통해 과거를 오늘에 있게 하며, 예측을 통해 미래를 오늘에 살아 있게 하며, 지각(知覺)을 통해 현재와 만난다. 그렇기에 건망증에 걸린 사람에게 과거는 무(無)와 같고, 앞을 내다보지 않는 사람에게 미래는 허공과 다름없다. 있는 것은 오직 눈앞에 놓여 있는 탐욕의 대상들뿐이다. 지금뿐이다.

인간이 다른 동물보다 위대하게 되는 것은 기억과 예측의 정신능력을 통해 농축된 과거를 현재에서 보며, 현재의 귀결인 내일을 오늘에 읽을 수 있기 때문이다. 그리고 인간 가운데 위대한 개인과 민족은 어제의 역사로부터 오늘의 현존의 의미를 읽으며, 오늘의 몸짓들이 낳을 내일의 역사적 귀결을 오늘에 읽을 수 있는 '역사적 상상력'을 지니고 있는 존재이다. 오늘 지금 당장 눈에 보이지 않는다고 과거와 미래가 없는 것은 아니다. 역사란 본질적으로 시간성이기 때문이다. 과거-현재-미래는 분리될 수 없는 시간성의 존재양식이다.

그런데 왜 사람들이 과거와 미래를 눈여겨보지 못하는가? 물론 역사적 상상력의 빈곤 때문이다. 그러나 그것은 단순한 능력의 문제만은 아니다. 방만한 탐욕이 상상력의 작동을 방해하기 때문이다. 방만한 탐욕이 사물의 본질을 꿰뚫어 보는 눈을 흐리게 하기 때문이다. 이것은 이미 수천 년 전에 석가와 예수가 가르친 가르침이요, 그리고 수많은 현인들의 가르침이 아니었던가. 유대인은 종말론을 통하여 탐욕에 잠들어버리기 쉬운 내일에 대한 상상력을 일깨워왔다. 오늘은 늘 오늘이 아니다.

오늘 뿌린 씨앗이 내일 수확되며, 오늘 저지른 온갖 추태가 내일의 역사의 심판정에서 심판받는다는 종말론은 오늘 눈앞에 놓여 있는 것에만 충혈되어 있는 탐욕의 화신들에게 내일을 보는 눈을 뜨게 하는 것이다.

오늘 이 땅의 역사를 주도하고 있다고 자임하고 계신 분들이여, 제발 내일에 전개될 이 땅의 역사의 모습에 대한 단순한 관심을 넘어서서, 그것을 투시하는 선견지명(先見之明), 즉 역사적 상상력이 얼마나 작동하고 있는지 한 번쯤 점검해야 하지 않을까.

『조선일보』(1985년 3월 30일)

사람과 때

　때를 아는 것과 때에 알맞은 일을 하는 것, 이것은 삶의 으뜸가는 예지이다. 삶의 크기와 결을 결정하는 것이 바로 때에 관한 인식과 거기에 과녁을 맞힌 실천이기 때문이다. 그렇기에 동양에서는 예부터 도(道)와 '때에 맞음(時中)'은 뗄 수 없는 관계에 있다는 것을 가르쳐왔다. 서양에서는 '역사성'이라는 개념을 가지고 인간의 삶에 있어서 시간이 지닌 깊은 함축을 들춰내려고 하였다.

　때를 모르는 자의 '함'(실천)은 '원님 행차 후에 부는 나팔'이거나 '떡 주기 전에 먼저 마시는 김칫국'이기 마련이다. 때를 모르는 자의 '함'은 조급과 저돌성으로 큰 소리만 날 뿐 열매가 없다. 그것은 허공으로 돌진하는 화살에 지나지 않는다. 그 이치는 개인의 삶과 나라의 삶에 있어서 모두 한가지다.

　오늘 우리가 살고 있는 때는 과연 어떤 때인가? 한 가지 분명한 것은 보통 때가 아니라는 것이다. 한국의 역사라는 미시적 관점에서도 그렇거니와 인류문명이라는 거시적 관점에서도 그렇다. 이 비보통(非普通)의 시대에 보통 때에 알맞은 몸짓을 한다면, 그것은 과녁을 잃은 화살의 운명을 면할 수가 없을 것이다.

오늘 이 땅은 때를 모르고 좌충우돌하는 군상의 몸짓들로 충만해 있다. 모두 한 수 한다고 이 깃발 저 깃발을 쳐들고 아우성을 질러댄다. 과거의 역사의 햇빛에 바랜 낡은 깃발들을 들고 그러니 더욱이 문제가 아닐 수 없다.

새로운 사고와 새로운 존재양식을 요구하는 새로운 문명의 지평이 우리의 눈앞에 서서히 다가오고 있는데, 우리는 아직도 지나간 역사의 옛 가락에만 매달려 읊조리고 있으니 문제가 아닐 수 없다. 우리는 이분법적 이데올로기에 대한 ○× 답안에만 혈안이 되어 있다. 나이깨나 들었다는 사람들이나, 뜨거운 정열과 참신한 생각을 지녔다고 공언하는 젊은이들 대부분이 그렇다.

사실 따지고 보면 우리를 지배해 온 이데올로기의 이분법은 특정한 상황 아래서 진행되어 온 유럽 사람의 삶의 문맥 안에서 제기되었던 '특수한 논쟁'의 하나의 사례에 불과하다. 한마디로 말해서 그것은 인간과 인간과의 관계방식에만 초점이 맞추어진 논쟁이다. 미래 우리에게 다가오는 문제는 인간과 자연, 그리고 자기와의 관계에 대한 새로운 관계 정립을 포함한 전혀 새로운 존재방식에 관한 문제이다. 새로운 문명이 요구하는 것은 바로 이 새로운 문제에 관한 포괄적인 새로운 답안이요 삶의 틀이다.

우리는 지금 이러한 근본적인 문명의 대전환의 한복판에 서 있다. 이것은 어쩌면 우리의 선택의 결과만은 아니다. 그렇기에 이 운명의 도전으로부터 우리는 회피할 수도 없다. 이것이 오늘 우리의 처지요, 역사에 대한 우리의 책무이다. 이러한 정황에 비추어 볼 때, 오늘 우리의 몸짓은 너무나 정처 없으며 우둔하다 하지 않을 수 없다. 우리는 아직도 어제의 한(恨)의 역사에 대한 피해의식에 사로잡힌 짜증스러운 몸짓에 익숙해져 있으며, 눈앞의 소리(小利)를 쫓는 데만 너무 조급하다. 지금 우리가 애써 추구해야 할 우리의 처지에 알맞은 일은 대국(大局)을 내다보는 혜안(慧眼)을 갖추는 일이요, 거기에 알맞은 통 넓은 몸짓이다.

이러한 큰 틀에서 볼 때 지금 이 땅에서 벌어지는 일들은 우리의 마음에 무거운 그림자를 던져줄 뿐이다. 이 땅을 이끌고 간다고 자처하는 정치인들은 어제와 조금도 다름없는 목소리와 몸짓만을 되풀이하고 있으며, 이 땅의 돈을 주무른다고 자부하는 경제인들은 자기 떡 챙기는 데만 혈안이 되어 소경 제 닭 잡아먹듯 이 땅의 경제를 뿌리로부터 위협하는 부동산 투기, 사치품 수입 등과 같은 고약한 일만 골라서 일삼고 있다.

그런가 하면 돈푼이나 만지작거린다는 이 땅의 졸부들은 우리의 이웃이 생존권을 요구하며 고함을 지르고 있는 마당에 눈에 불을 켜고 수백 수천을 헤아리는 외국제 물건을 사들이려고 동분서주하고 있으며, 온 나라가 마치 갑자기 호부잣집 잔치라도 벌이고 있는 것과 같이 들떠 있다. 하기야 동구권 나라 사람들이 우리나라를 '부자 나라'로 여기고 있는 것도 사실이지만, 그렇다고 평균 국민소득 4천 달러밖에 안 되는 주제에 국민소득 2만 달러를 웃도는 나라 사람들을 흉내 내려고 하는 것은 꼴불견이며, 뱁새가 황새걸음 흉내 내다가 가랑이 찢어지는 것과 같은 불운에 빠지게 되지 않으리란 법도 없다.

오늘이 어느 때인가? 정말 우리가 이렇게 부화경박한 몸짓을 해도 될 때인가? 돈 버는 법을 배우는 것도 중요하지만, 돈 쓰는 법을 배우는 것은 더욱 중요하다. 더러운 돈에 치여 몰골사나운 삶의 종말을 맞이하지 않기 위해서 말이다. 잘 산다는 것은 돈을 탕진하는 것도 아니며 값비싼 물건들 틈에 끼여 숨을 쉬는 것도 아니다.

그렇다고 곰발바닥 요리 같은, 세상에 희귀하고 이상야릇한 음식을 먹는 것도 아니다. 영원의 빛 아래서 부여될 수 있는 '의미'를 지닌 '함'

(실천)으로 엮어진 삶을 살기 위해 노력할 때 우리가 잘 산다는 보람을 비로소 맛볼 수 있게 될 것이다.

영웅이 때를 만드는 것이 아니라 때가 영웅을 만든다는 말이 있다. 그러나 때를 알지 못하는 자는 때를 만나서도 영웅이 되지 못할 것이다. 누구에게나 때가 적어도 한 번쯤은 찾아오는 것이 아닐까? 영웅은 다름 아닌 찾아온 때를 인식하고 때에 맞는 실천을 한 사람이다. 찾아온 때를 인식하지 못하는 자에게 할당된 역사의 몫은 결국 비극의 주인공이라는 자리뿐이다. 그는 참으로 가여운 존재이다. 그런데 우리는 누구인가?

『조선일보』(1989년 10월 3일)

IV _ 철학이 살아야 세상이 산다

22차 세계철학대회는
우리에게 무엇을 뜻하는가

1.

　20세기 초부터 시작한 세계 철학자들의 사색의 향연이 지난 2008년 7월 말부터 8월 5일까지 일주일에 걸쳐 서울에서 개최되었다. 동양에서는 처음으로 88개국, 2,098명의 철학자들이 모여 벌인 세계 철학자들의 큰 잔치였다. 이번 큰 잔치의 의미는 단순히 서양으로부터 동양으로 잔치의 공간 이동이 있었다는 것뿐만이 아니다. 잔치의 메뉴가 서양 것만이 아닌 동양의 것도 사유의 잔칫상에 올랐다. 지금까지 100여 년에 걸쳐 거행된 '세계철학대회(World Congress of Philosophy)'는 공간적으로 서양에서의 사색의 향연이었을 뿐 아니라, 사색의 향연의 내용도 서양 것에 한정되어 있었다.

　본래 '철학(哲學)'이라는 한자는 '필로소피아(Philosophia)'라는 그리스어의 번역어로 탄생된 말이다. '필로소피아'라는 말이 탄생하던 때, 그것은 이론적 학문 전체를 가리키는 말이었다. 동양에서는 배움을 뜻하는 학(學)이란 말이 필로소피아에 대응할 수 있는 말이라고 볼 수 있다. 한국의 역사에 있어서 서양의 필로소피아에 속하는 과목을 고등교육기관에서 가르치기 시작한 것은 100여 년에 불과하다. 그 이전에는 유학과 노장사상 그리고 불교사상이 한국 사람들의 사유의 세계를 지배했던 '학(學)'의 주된 내용이었다. 서양으로 치면 철학에 해당하는 것이었으나, '철학'이라는 이름으로 불리지 않았다. 따라서 '동양철학'이라는 말은 나중에 붙여진 이름에 불과하다. 최근까지 서양의 대학 철학과의 교과목 속에는 동양의 유학사상, 노장사상 그리고 불교사상은 포함되어 있지 않았다. 그뿐만 아니라, 서양 사람들의 세계에서는 철학사(history of philosophy)는 곧 서양철학의 역사만을 가리키는 말이었다. 따라서 이번 서울에서 열린 세계철학의 향연을 계기로 철학의 보따리 속에 동양사상이 포함되게 됨으로써 세계철학사 속에 동양의 사유가 공식적으로 등장하는 계기가 마련된 셈이다. 매우 의미 있는 일이라고 할 수 있을 것이다. 물론 그렇다고 동양사상이 이번을 계기로 새로 탄생했다는 것은 결코 아니다. 세계철학의 잔칫상에 동양사상이 공식적으로 등장하게 되었다는 말이다. 동양사상과 서양사상이 하나의 사색의 향연에서 서로 만나게 되었다는 말이다.

2.

인간은 과연 어떤 존재인가? "자연 안에 있는 생명체의 한 종류에 불과하다"고 진화론은 오늘 우리에게 가르친다. 물론 진화의 정도에 따라 여러 가지 다른 종류의 생명체들이 있으며 인간은 그 가운데서 가장 진화가 많이 이루어진 존재라고 한다. 하나의 종류에서 유래한 생명체가 진화의 정도에 따라서 다양한 존재가 생겨나며 인간은 그 진화의 꼭대기에 놓여 있다는 말이라고 이해될 수 있다. 그러나 인간이 애당초 다른 생물들과 같은 씨(종자)에서 유래했다는 찰스 다윈의 주장에 동의하지 않는 사람들도 있다. 애당초 모든 생물이 하나의 같은 씨로부터 유래했느냐, 각기 다른 씨로부터 나왔느냐 하는 이론적 싸움은 영원한 수수께끼로 남을는지 모른다. 그런데 보다 우리에게 중요한 실질적 물음은 무엇이 생물들 사이의 차이를 만들며, 그 차이의 핵심적 특성은 무엇인가 하는 물음이라고 나는 생각한다.

서양철학 주류의 전통에 따르면, 인간은 '이성'이라는 핵심적 특성 때문에 다른 생물(동물)들과 구별된다. 따라서 그런 이성적 특성을 잘 살림으로써 인간은 보다 차원 높은 삶을 살 수 있다는 것이다. 이성적 특성을 잘 살린다는 것은 다름 아니라, 자신을 둘러싸고 있는 자연을 비롯한 존재들의 참모습을 파악할 뿐 아니라, 인간과 인간 공동체가 추구해야 할 참된 질서를 파악하여 그것이 구현될 수 있도록 헌신케 하는 것을 말한다. 이런 정신적 활동이 다름 아닌 '철학함'이라고 서양철학의 주류 전통은 말한다. 그렇기에 '철학함'은 인간의 삶을 차원 높은 방식으로 이끌어주는 '길잡이' 활동이라 할 수 있다. 물론 이런 인간 삶의 길잡이 활동으로써 동양에서도 학(學)을 했으며, 그것이 유학과 노장 사상가들, 그리고 불가들이 추구한 지적 탐구 작업의 목적이었다고 볼 수 있다.

인류 역사에 있어서 차원 높은 문명적 삶과 원시적 차원의 삶은 바로 인간을 인간답게 만드는 특성을 얼마나 강도 높게 연마했는가에 따라 결정되었다고 볼 수 있다. '철학함'이 참으로 겨냥하는 것은 인간을 인간답게 만드는 차원 높은 삶의 방법과 길을 찾으려는 인간적인 너무나 인간적인 노력이다. 따라서 '현학적인 말장난'에 탐닉하는 것을 능사로 삼는 일부 철학 말놀이꾼은 결코 철학함의 참모습일 수가 없다.

3.

서양철학의 언어를 습득하기 시작한 지 100년 만에 이번 한국 땅 위에서 벌인 세계 철학자들의 사색의 향연은 한국 땅 위에서 생각하는 사람들에게 새로운 각성과 함께 무거운 창조적 과제를 다시 일깨워주는 계기로 다가오고 있다. 철학은 가능하면 영구불변의 삶의 길잡이를 탐색하고자 하지만, 인간의 능력의 한계 때문에, 그 시대적 한계 안에서 바라본 '문제 해결'의 수준에 머물 수밖에 없는 것인지 모른다.

인류의 역사에서 그동안 나타났던 인간 자신에 대한 이해는 크게 두 가지 극단적 입장에 서 있는 이론들이었다. 그 하나는 인간에 대한 과대평가(overestimation)라 할 수 있는데, 나는 그것을 '형이상학적 유혹'이라고 본다. 즉, 인간을 절대적 존재인 신적 존재의 차원에서 이해하려는 것이다. 이러한 유혹의 뿌리에는 인간의 과도한 탐욕이 자리 잡고 있다고 나는 본다. 또 다른 하나는 인간에 대한 과소평가(underestimation)의 입장이라 할 수 있는데, 이것을 나는 '허무주의적 유혹'이라고 표현하고자 한다. 이런 유혹의 뿌리에는 절대를 지향하는 인간의 탐욕이 충족되지 못한 데서 나오는 지나친 절망감이 자리 잡고 있다고 나는 본다.

이성(reason)이나 실재세계(reality)를 진리의 기준으로 삼았던 서양의 전통을 거부하는 현대의 '포스트모더니즘'이라 불리는 입장의 밑바탕에는 이런 허무주의적 유혹이 놓여 있다고 나는 본다. 이것은 한마디로 형이상학적 절대를 추구하던 지난날의 사고에 대한 절망감의 표현일 뿐이다.

이렇듯이 '절대'도 '허무'도 인간존재에 대한 올바른 이해의 길이 아니다. 그것은 극단적 입장의 두 끝일 뿐이다. 지금부터 우리가 추구해야 할 입장은 두 극단을 넘어서는 방향이다. 인간의 현실적 모습에 대한 균형 잡힌 인식에 토대한 인간 이해가 우리에게 요청되는 오늘이다. 너무 과대하지도 않을 뿐 아니라, 너무 과대한 희망이 충족되지 않는다고 하여 곧바로 절망의 나락으로 떨어져버리지도 않는, 두 극단을 넘어서는 길의 추구가 바로 인간적인 너무나 인간다운 모습이 아닐까?

각 시대에 사는 사람들은 그 시대가 당면한 문제들에 대한 처방을 제시해야 할 책무를 지니고 있다. 특히나 오늘은 문명의 대전환이 일어나는 엄청난 변화의 시간이다. 새 문명은 새로운 문제들 앞에 우리를 몰아세워 놓는다. 그 새로운 문제 상황에 대한 적절한 처방을 제시해야 할 책무는 지금 한국 땅 위에서 생각하는 사람들의 철학적 과제가 아닐 수 없다.

그 새로운 처방은 단순히 동양의 옛 조상들이 남겨놓은 문헌을 뒤지는 작업에서 곧바로 얻을 수 있는 것이 아닐 뿐 아니라, 서양의 선현들의 책갈피 속에 쓰여 있는 문자들을 베끼는 데서 획득될 수 있는 것도 아닐 것이다. 물론 우리는 동서고금 선현들의 지적 유산으로부터 많은 지혜와 가르침을 얻어야 한다. 그 지적 유산은 어디까지나 우리의 처방 탐색의 출발점이요, 종착점은 아니다. 오늘을 사는 사람들의 삶의 메뉴는 오늘을 사는 사람들의 입맛에 맞추어, 오늘을 사는 사람들의 손맛에 따라 요리된 것일 때, 오늘을 사는 사람들을 위한 오늘의 지혜가 될 것이다. 이것이 바로 오늘의 생각하는 사람들이 앞으로 펼쳐야 할 창조적 철학의 향연이 될 것이다.

우리는 지금 문명의 대전환기에 서 있다. 새로운 문명은 새로운 철학, 새로운 사고와 행동의 새로운 틀, 즉 신문법(新文法)을 요청한다. 인류는 지금 여태껏 추구해 온 자연과의 관계방식과 인간들 사이의 관계방식으로 인류문명이 과연 지속 가능할 것인가에 대한 엄청난 문명사적 도전 앞에 서 있다. 이 문명사적인 심각한 물음에 대하여 답하는 것이 바로 오늘의 창조적 새 철학이 감당해야 할 책무요 과제라고 나는 생각한다. 서양철학의 언어를 한국 사람이 습득하기 시작한 지 100년 만에, 그리고 100여 년 동안 지속된 세계철학대회가 동양에서는 최초로 서울에서 개최된 오늘 우리에게 던져주는 화두가 바로 새로운 창조적 철학의 작업이 아닐까?

(2008년 8월)

철학이 살아야 세상이 산다

1. 어째서 철학인가?

철학은 도대체 무엇을 하는 것인가? 이 물음에 대한 응답은 물론 결코 쉬운 일이 아닐 뿐 아니라, 한두 가지가 아니었음을 우리는 2,500년에 걸친 동서 철학사에서 발견한다. 그럼에도 나는 다음과 같은 말로 그 응답을 요약해 보고자 한다. 철학은 깊고 넓게 생각하기이다.

우선 철학은 깊이 생각하기이다. 껍질을 벗기고 또 껍질을 벗겨가는 것처럼, 물음에 대한 응답에 이어, 또 그 응답에 대해 또 물음의 꼬리를 잡고 늘어지는 물음의 기나긴 대행진이 바로 철학적 사유의 기본 특색이다. 우리는 어린아이가 처음 말을 배우고 나서 어른들에게 던지는 '왜'의 기나긴 물음의 대행진에서 철학적 사유의 원형을 발견할 수 있다.

거듭되는 '왜'의 대행진이 멈출 수 있는 지점을 찾을 때까지 철학적 사유는 계속된다. 데카르트는 그것을 확실성의 탐구라고 명명한 바 있다. 모든 문제의 근원, 뿌리를 탐색하는 지적 대장정이 철학하기이다. 이것은 흔히 우리가 그냥 받아들이는 일상적인 암묵적 전제들의 밑바닥을 파고 들어가는, 소위 무전제(無前提)의 원점을 찾아가는 지적 모험이다.

일상적으로 당연시하는 것들을 뒤집어보고 쪼개본다는 의미에서 이러한 문제의 뿌리 찾기 운동은 매우 비판적인 지적 활동으로 드러난다. 이러한 문제의 뿌리를 찾는 작업을 그래서 우리는 '근본적' 사유, '비판적' 사유라고 표현해 왔다.

그 다음으로 철학은 넓게 생각하기이다. 나무는 보고 숲을 보지 못하는 것이 우리의 일상적 봄이다. 일상적인 봄은 그때그때의 관심에 따라 낱개의 사물이나 현상에만 시선이 고정되어 있다. 그런데 숲을 보는 눈은 나무가 속해 있는 보다 큰 배경에 시선을 향한다. 개별적 사물이나 현상(사건)이 지닌 제 모습을 제대로 보려면 그 개별적인 것이 놓여 있는 전체적인 구조(숲)를 파악해야 한다.

넓게 생각하기는 공간의 차원에서 뿐 아니라 시간의 차원에서도 이루어질 수 있다. 한 그루의 소나무가 한 알의 씨앗에서 시작하여 오늘의 소나무가 되기까지의 성장과정을 살피는 것은 시간적 차원에서 나무에 대한 넓게 생각하기이다. 이것은 황혼이 깃든 후에야 날기 시작하는 미네르바의 올빼미처럼 사후적인 전체적 조망이다.

이러한 사후적 조망을 바탕으로 우리는 앞으로 다가설 미래의 모습을 예견할 수 있다. 50년, 아니 100년 후의 소나무가 어떤 처지에 있게 될 것인지를 우리는 예견해 볼 수 있다. 이것은 철학이 미래의 시간의 영역에서 펼치는 넓게 생각하기, 즉 사유의 큰 그림 그리기이다.

이렇듯 철학함은 사물과 현상에 대하여 공간과 시간의 차원에서 수행하는 넓게 생각하기이다. 한마디로 말해서 철학하기는 넓게 생각하기요, 이것은 곧 큰 그림 그리기이다.

인간은 세상 속에서 산다. 산다는 것은 무엇보다도 본다는 것을 그 핵심으로 해서 이루어진다. 그러므로 **세상 보기(혹은 읽기)**는 세상살이에 있어서 매우 중요한 일이 아닐 수 없다. 세상 보기를 제대로 하지 못한 채, 세상살이를 제대로 할 수가 없을 것이다.

나무는 보면서 나무의 뿌리를 보지 못하며, 나무만 보고 숲을 보지 못하는 사람은 나무를 제대로 보는 사람이라고 말할 수 없다. 땅속에 깊이 뻗은 뿌리를 볼 줄 알며, 나무가 속한 숲을 볼 줄 알아야 나무를 제대로 보았다고 할 수 있을 것이다. 깊고 넓게 보지 못하는 사람은 세상을 제대로 보지 못한다. 철학은 제대로 세상 보기를 힘쓴다. 세상 보기를 제대로 하지 못하면 세상살이를 제대로 할 수가 없다.

여기서 우리가 무엇 때문에 철학을 들먹이게 되는가에 대한 중요한 이치를 엿볼 수 있다. 우리가 세상살이를 제대로 하기 위해서는 세상을 제대로 읽어야 한다. 철학은 세상을 제대로 보기를 힘쓴다. 따라서 철학이 살아 있어야 세상을 제대로 살 수 있다.

깊고 넓게 보지 못하면 세상을 제대로 볼 수 없다. 깊고 넓게 생각함이 없이는 세상을 들여다볼 수 없다. 철학은 바로 깊고 넓게 생각함으로써 세상을 바로 보고자 한다. 그리하여 세상이 제대로 돌아갈 수 있기를 희망한다.

오늘 우리는 철학을 우리가 왜 교육해야 하며, 어떻게 교육해야 할 것인가를 논의하기 위해서 여기에 모였다. 교육은 무엇보다도 세상살이에 필요한 세상 보기 방법을 어린 세대에게 가르치는 사업이다. 따라서 교육에 있어서 철학이 수행해야 하는 역할이 얼마나 중요한 것인가를 우리는 여기서 확연하게 엿볼 수 있다. 철학은 바로 세상을 제대로 보는 방법을 가르치는 지적 수련이기 때문이다.

2. 왜 하필 오늘인가?

오늘은 그 어느 때보다도 철학교육이 절실히 요청되는 때라고 나는 생각한다.

오늘은 어떤 때인가? 사람들은 말한다. 오늘 커다란 문명적 대전환이 용트림하고 있다고. 또 어떤 이는 말한다. 오늘은 지금까지와는 다른 지식정보화의 시대가 물밀듯이 밀려오고 있다고. 또 어떤 사람들은 말한다. 개인들의 합리적 의사소통이 그 어느 때보다도 중요한 시대라고. 이러한 새로운 시대의 징후들은 무엇을 우리에게 암시하고 있는가?

문명의 대전환은 무엇보다도 지금까지 우리의 삶과 생각을 지배하던 기본 틀(문법)이 더 이상 유효하지 않게 된다는 것을 함축한다.[1] 이것은 지금까지의 자연과 인간의 관계방식과 인간과 인간의 관계방식, 그리고 인간 각자의 자신과의 관계방식에 근본적인 변화가 일어나고 있다는 것을 함축한다. 새로운 관계의 틀이 요청되고 있음을 그것은 의미한다.

이때 무엇이 필요한가? 이제까지 당연시되던 생각의 틀과 행동의 틀을 다시 뿌리째 뒤집어보면서 새로운 큰 그림을 그려보아야 하지 않을까? 인간의 삶의 기본적인 존재양식인 인간과 자연의 관계, 인간과 인간의 관계에 대한 근본적인 새로운 성찰이 요구되는 것이 아닐까?

여기서 우리는, 새로운 문명은 새로운 철학을 요청한다는 통찰에 도달하게 된다.[2] 따라서 오늘이 문명의 대전환기라면 오늘이야말로 철학함이 그 어느 때보다도 절실한 때가 아니겠는가.

그리고 지식정보화 시대는 지식이 역사의 핵심적인 추동력이 되는 시대이다. 여기서 우리는 철학의 역할과 관련하여 두 가지 문제를 생각해 볼 수 있다. 첫째는 오늘과 같이 매우 전문화된 지식사회에 있어서 지식

---

1) 이명현, 「철학은 문법이다」, 『한민족과 2000년대의 철학』, 한민족철학자대회보, 1999, pp.243-250 참조.
2) 이명현, 「새로운 철학문화의 창조를 위한 서곡」, 『철학과 현실』, 1999년 겨울, pp.21-37; 이명현, 「새 시대를 위한 철학의 거듭나기: 헐물기와 새 판 짜기」, 한국동서철학회 2000년도 춘계학술발표회 기조논문 참조.

사회가 지향하는 방향이 무엇인가에 대해서 제대로 이야기할 수 있기 위해서는 무엇보다도 **지식의 전체적 모습**에 대해 **큰 그림**을 그릴 수 있어야 한다. 그런데 오늘의 지식정보화 사회를 끌고 가는 개별 학문들은 전문화의 높은 장벽에 둘러싸여 자기 영역 밖을 내다볼 수 있는 높은 시각을 갖기가 매우 어렵다. 따라서 개별 학문이 이러한 전문화의 높은 장벽에 갇혀 있는 상황 속에서 **지식정보화 사회가 어디로 갈 것인가**에 대한 큰 그림을 그리는 작업은 오늘의 철학에 맡겨진 중대한 과제가 아닐 수 없다.

둘째로 정보화 시대에 있어서는 지난 시대와 달리 정보와 지식에 대한 암기능력은 인간의 능력에 있어서 하위의 것으로 밀려나게 되었다. 그러한 암기력은 컴퓨터에 위임된 채, 이제 인간에게 요구되는 것은 문제 해결에 필요한 **탐색방법**과 **방향 설정**에 관한 **통합적인 판단능력**이다.

철학은 예로부터 이러한 문제 해결에 요구되는 판단력과 접근방법에 대한 탐구를 일삼아왔다. 물론 이러한 방법론적 탐색은 앞에서 지적한 깊게 생각하기와 넓게 생각하기에 동원되는 중요한 방법론적 무기였다. 철학에서 탐색해 온 여러 가지 논리적 탐구는 이러한 현대적 상황이 요청하는 문제 해결 능력을 촉진시키는 데 매우 중요한 역할을 수행할 것이다.

그리고 우리는 개인의 합리적 사고에 의해서 공동체 안에서 발생하는 여러 가지 문제들을 해결하고 조정해 가는 합리적 숙고능력이 그 어느 때보다도 절실히 요청되는 시대에 살고 있다. 이러한 합리적 숙고능력 속에는 가치문제에 관한 성숙한 판단능력과 논리적 일관성에 토대한 추리능력이 포함된다. 이러한 능력이 윤리적, 미적 가치문제에 대한 사고 능력과 논리적 사유능력을 최대로 작동시키는 철학적 사유의 훈련 속에서 극대화될 수 있다.

이러한 검토를 통해서 분명히 드러난 것은 오늘의 세상이 제대로 돌아가기 위해서는 무엇보다도 철학이 살아 움직여야 한다는 엄숙한 시대적 요청 앞에 우리가 마주 서 있다는 사실이다.

3. 지금 한국 철학계는 무엇을 먼저 준비해야 하는가?

다 아는 바와 같이 이른바 5 · 31 교육개혁[3]에 의해 마련된 제7차 교육과정에 따르면 1-10학년 국민 기본공통 교육과정 안에는 윤리 과목을, 11-12학년(고교 2-3학년) 선택중심 교과과정에는 철학과 논리학을 각각 개설하도록 되어 있다. 그리하여 2002년부터 고등학교 2-3학년에서 철학과 논리학을 가르치게 될 것이다. 이로써 우리나라의 중등교육과정 속에 철학 계열 과목이 정식 교과로 편입되게 되었다. 이것은 매우 주목할 만한 교육적 변화라 할 수 있다.

그런데 고등학교 2-3학년에서 가르치게 되는 모든 교과목이 선택에 의해 학생들이 학습하도록 되어 있으므로, 철학과 논리학이 과연 어느 정도로 중등교육에서 교육적 역할을 하게 될 것인가는 그것이 얼마나 학생들에게 학습 동기 부여를 하는 데 성공하느냐에 달렸다.

이러한 상황이 철학계에 던져주는 의미는 무엇인가? 전 국민을 대상으로 철학교육을 할 수 있는 기회가 주어졌다는 것이 그 첫째 의의라 할 것이다. 이것은 너무나 좋은 소식임에 틀림없다. 그런데 만일 우리 철학계의 준비 부족으로 '개점휴업'과 같은 사태가 벌어진다면 어찌할 것인가? 이러한 우려는 우리 철학계에 일대 분발과 혁신을 요구하는 새로운 도전으로 다가선다. 지금 한국 철학계에 일대 기회와 도전이 주어진 셈이다.

여기에 우리가 어떻게 대응하느냐 하는 것이 오늘 한국 철학계에 주

---

3) 1995년 5월 31일에 당시 교육개혁위원회가 대통령에게 보고한 '신교육체제 수립을 위한 교육개혁 방안'을 가리키는 말.

어진 역사적 과제가 아닐 수 없다.

앞에서 이미 지적한 바와 같이 11-12학년을 위한 교과과정은 학생 선택중심 교과과정인데, 이 과정 속에 철학과 논리학 과목이 개설되어 있다. 고등학교 2-3학년 교과과정은 모든 교과목이 학생의 선택에 의해 개설되므로, 극단적인 경우 선택하는 학생이 없거나 2-3명에 지나지 않을 경우 '개점휴업'과 같은 사태가 나타날 수 있다. 따라서 학생의 학습동기 유발에 실패하는 교과목은 실패할 가능성이 매우 높다. 이 점에 우리가 특별한 관심을 갖지 않으면 안 된다.

지금까지 대학에서 철학개론 강좌가 일반 청중으로부터 멀어지게 된 가장 중요한 이유의 하나는 아마도 언어의 장벽이 매우 높다는 점일 것이다. 용어의 난해함과 문장 구성의 복잡성이 바로 장벽의 높이를 더해준다. 많은 사람들은 이 첫 번째의 언어의 장벽을 넘지 못함으로써 철학의 세계에 접근하는 데 실패하고 만다.

물론 철학에의 접근을 어렵게 만드는 것이 언어의 장벽 때문만은 아니다. 철학이론의 난해한 구조가 또 다른 이유이다. 철학이라는 집을 짓는 그 건축술의 미묘함이 보통 사람들의 철학에의 접근을 어렵게 만든다. 그리하여 문제 자체가 무엇인지 알기 어려울 뿐 아니라 제시된 해답이 무엇인지도 이해할 수 없게 된다.

더욱이 그것이 보통 사람들의 흥미를 끌지 못하는 것은 보통 사람들의 관심거리로부터 너무나 멀리 떨어진 문제라고 인식되기 때문이다. 우리가 보통 사람들에게 철학을 관심거리로 만들려면 적어도 위에서 든 세 가지 장애물을 제거하지 않으면 안 된다.

첫째로 언어의 장벽을 없애기 위해서는 보통 사람들이 즐겨 쓰는 '식탁의 언어'로 보통 사람들에게 접근해야 할 것이다. 그리고 둘째, 셋째의 장애물을 제거하기 위해서는 '일상적인 이야깃거리'를 소재로 하여 이야기를 풀어가듯이 접근해야 할 것이다. 그리고 정보화 기술을 동원한 게임 형식으로 흥미를 유발할 수도 있을 것이며, 드라마를 구성하여 대화적 접근을 시도해 볼 수도 있을 것이다.

중요한 것은 보통 사람들의 삶의 현장에서 철학적 문제가 살아 숨 쉬게 하는 것이다. 한마디로 말하면 그것을 '필로테인먼트(philotainment)'라 부를 수 있다.

사람들은 한 편의 드라마를 보며 하루 저녁을 즐긴다. 우리가 만일 철학 드라마를 만드는 데 성공한다면 그것이 바로 필로테인먼트의 하나의 좋은 사례가 될 것이다. 우리가 매일 부딪히는 일상적인 일들을 주제로 철학사에 나타나는 위대한 철학자들을 드라마의 주인공으로 등장시켜 말하게 한다면, 우리는 한 편의 드라마를 보면서 철학의 세계에 접근할 수 있을 것이다.

물론 이러한 작업은 말처럼 쉬운 일은 아닐 것이다. 따라서 철학교사 개개인이 이러한 작업을 완성하기란 무척 어려운 일이다. 학회 차원에서 혹은 전문 연구자들이 공동 작업으로 필로테인먼트의 새로운 가능성을 실현하기 위한 여러 가지 시도들을 해볼 수 있다. 이러한 시도들이 철학이 보통 사람들의 세계에서 살아 숨 쉬도록 하기 위한 핵심적 사업이 될 것이다.

이러한 학습 동기 유발을 위한 여러 가지 방법들은 결국 학생들이 자기 머리로 생각을 제대로 할 수 있는 능력을 기르는 데 이바지할 수 있어야 한다. 그렇게 함으로써 사물에 대한 **새로운 안목**과 **새로운 생각**을 짜낼 수 있는 **창의력**을 크게 돋우는 데 기여해야 한다.

2002년부터 고등학교 2-3학년에서 학생이 원하면 철학과 논리학을 배울 수 있고 가르칠 수 있게 될 것이다. 불과 2년도 남지 않았다. 그런데 우리 철학계는 얼마나 준비가 되어 있는가?

앞으로 우리나라의 중등교육에서 철학교육이 제대로 뿌리를 내리게 하기 위해서는 대학에서의 철학교육에 일대 변혁이 일어나지 않으면 안 된다. **교과과정 개혁**은 말할 것도 없으며 **교육방법에도 획기적인 변화**가 일어나지 않으면 안 된다. 이러한 변화와 개혁을 위해서는 철학교수 개인적 차원에서 뿐 아니라 학과 단위, 나아가 철학계 차원에서 체계적인 개혁 작업이 수행되어야 한다.

이런 관점에서 볼 때 한국의 철학자들은 지금 엄청난 도전에 직면하고 있다. 안이한 타성의 궤도로부터 벗어나지 않으면 안 된다는 역사적 요청 앞에 우리가 서 있다. 함석헌 선생은 일찍이 "생각하는 백성이라야 산다"고 절규했다. 지금이야말로 깊게 생각하며 크게 생각하는 것이 절실히 요청되는 때이다. 문명의 대전환은 새로운 세상에 대한 큰 그림을 그릴 줄 아는 사람을 요청한다. **새로운 세상의 중심**에 서기 위해서는 깊고 크게 생각할 줄 알아야 한다.

세상에 대한 큰 그림을 그릴 줄 모르는 사람은 역사의 변방에서 남의 뒤꽁무니나 쫓아다닐 뿐이다. 철학이 빈곤한 곳에 방향 설정이 제대로 이루어질 수 없으며, 방향 설정이 제대로 이루어질 수 없는 곳에는 방황과 실패가 잉태될 수 있을 뿐이다. 그렇기에 우리가 철학이 살아야 세상이 산다고 힘주어 말하지 않을 수가 없는 것이다. 그래서 오늘 우리는 바로 철학이 이 땅의 사람들의 마음속에서 살아 숨 쉬게 하기 위한 최선의 길이 무엇인가를 모색하기 위해서 이 자리에 모인 것이다. 오늘은 바로 그 첫 출발에 불과하다.

우리 앞에는 멀고 먼 긴 장정의 여로가 뻗어 있다. 지금 우리에게 필요한 것은 무엇보다도 진리에 대한 뜨거운 열정과 지칠 줄 모르는 개혁의 지이다.

지금 우리는 겸손한 마음으로 우리의 장도가 새로운 세상의 탈바꿈으로 귀결되기를 희망한다.

『철학연구』 제50집(2000년 9월)

광복 60년, 우리의 미래는 무엇인가

60년, 한 사람의 삶에 있어서는 알맹이를 맺는 데 충분한 시간이다. 환갑 나이에 아직도 정신 못 차리고 허둥대는 사람이 있다면, 성숙한 어른이라고 말하기 어렵다. 그러나 60년은 하나의 공동체, 나라가 제 모습을 갖추기에는 충분한 시간이 아닌지도 모르겠다. 대한민국이 일본 식민의 삶에서 벗어난 지 올해로 60년이 되었지만 우리는 아직도 갈 길을 정하지 못한 듯 혼란에 휩싸여 있다.

이제 5년 후면 국권을 일본에게 빼앗겼던 때로부터 100년이 된다. 100년이 되는 때면 우리가 그 모든 혼미의 가닥을 벗어나 성숙한 사회, 그럴듯한 나라의 모습을 드러낼 수 있을 것인가? 지난 100년에 가까운 세월 동안 우리의 의식세계를 넘나들던 생각의 파편들의 궤적을 훑어보고 내일의 우리의 생각과 삶의 행로를 성찰해 보자.

한국이 일본에게 국권을 빼앗겼던 때는 어떤 때였던가? 인류문명사가 농경문명을 벗어나 서구 중심의 산업문명이 한참 기세를 올리고 있던 때였다. 그때까지 우리는 농경문명의 생각의 틀이었던 주자의 성리학(性理

學)의 눈으로 사회를 조직하고 인간의 삶을 영위하고 있었다. 중국은 먼 옛날부터 우리 조상들의 문물 교류 시장의 중심권이었다. 국가의 기본 철학을 형성했던 성리학은 그 당시 문물의 중심 시장이었던 중국으로부터 수입한 것이었다. 이렇게 살던 조선이 최대의 역사적 도전을 받은 것은 개항(開港)이었다. 그것은 한마디로 재래의 농경문명과 새로 나타난 산업문명과의 대결이었다. 서양의 나라들로부터 엄습해 오는 개항의 요구에는 거부의 몸짓으로 응수했다. 그러나 서양의 산업문명을 동양에서 가장 날쌔게 수입하는 데 몰두했던 일본에 의해 1910년 우리의 주권은 통째로 먹히고 말았다.

그 당시 역사의 주류 세력은 위정척사(衛正斥邪)라는 대의명분을 들고 종래의 중국적 세계관을 끝까지 고수함으로써 세상을 구할 수 있다고 믿었으나 새로운 역사의 거센 파도에 침몰되고 말았다.

그러면 그 당시 중국은 어떠했는가? 15세기 이후 500년 동안 서양과 동양 사이에 위치한 엄청난 제국을 형성한 오스만튀르크 제국은 그 이전까지 실크로드를 통해 로마까지 접근하여 서양으로부터 많은 문물과 정보를 교환해 왔던 중국을 서양으로부터 고립된 정보의 외딴 섬으로 만들어버렸다. 그때 우리는 그런 정보의 외딴 섬에만 의존하여 세상에 대처해 왔다. 결국 정보에 앞선 일본이 중국을 제치고 동양의 강자로 등장했다. 일본이 그렇게 될 수 있었던 것은 서양의 난파선이 우연히 흘러들어 올 수 있었던 지리적 조건에 놓여 있었기 때문인지도 모르겠다. 중국은 오스만튀르크 제국에 의해 로마로 가는 길이 막혀 정보의 외딴 섬이 되고, 일본은 난파선들과의 접촉을 통해 새로 떠오르는 산업문명에 눈을 뜨게 된 셈이다.

우리가 인류문명의 두 번째 단계인 산업문명을 광범위하게 접하게 된 것은 애석하게도 일본 식민화 이후의 일이다. 물론 조선시대 우리나라의 실학파 학자들이 중국에 온 서양 선교사들의 문헌을 통해 서양의 근대문물에 관해 약간의 정보를 획득한 것은 사실이지만, 그것은 하나의 희미한 모습에 불과했을 뿐 아니라, 그것이 조선 사회의 정통철학인 성리학과 다른 것이라 하여 이단시되어 우리 역사에 근본적인 변화의 동력으로 뿌리내리지 못했다.

우리가 일본 식민시대 35년 동안 뼈아프게 살아오면서 마음에 형성된 가장 강력한 의식은 '저항의식(resistance consciousness)'이다. 저항의식은 한편으로는 밖으로부터의 힘에 대한 저항의식인 '민족적 저항의식'과, 또 다른 한편으로는 안에 있는 위로부터의 힘에 대한 저항의식인 '민중적 저항의식'으로 분화되었다.

그 후 차츰 민족적 저항의식은 '민족주의'로, 민중적 저항의식은 '프롤레타리아 혁명의식'으로 구체화되어 갔다. 그리고 민족주의가 한국 사람 전체를 아우르는 보편적 의식으로 굳어진 반면, 프롤레타리아 혁명의식은 이 땅의 일부 사람들에게 교조적 신념으로 굳어져갔다. 특히, 해방 후 한반도 북쪽은 소련군이 점령군으로 진주하고 남쪽은 미군이 진주한 후, 북한은 공산 진영, 남쪽은 자유민주주의 진영으로 나뉘면서 프롤레타리아 저항의식은 한반도의 의식세계를 둘로 나누는 핵심적 징표가 되었다.

남과 북은 '민족주의'를 이구동성으로 부르짖으며 통일을 입버릇처럼 외치고 있으나, 내심으로 바라는 통일은 자기 색깔로 만드는 통일이다. 6·25 전쟁은 북쪽의 색깔로 하나의 나라를 만들려는 폭력에 의한 시도였으나, 그 목적을 달성하지 못했다.

그 이후 소련을 비롯한 동구권이 공산주의 간판을 내린 후 '이데올로기의 종언'의 시대가 찾아왔다. 그럼에도 이 한반도에는 아직도 이데올로기에 토대한 저항의식이 이곳저곳에서 꿈틀거리고 있다. 더욱이 남쪽에서 꿈틀거리는 가진 자에 대한 저항의식은 태어나지 말았어야 할 제5공화국의 출생과 인연이 깊다.

1980년 신군부의 권력 장악은 급기야 '반정부'가 '반미'로 등가화(等價化)하고, '민주화'가 '반자본'으로 동심원 속에 녹아들게 되는 결정적인 계기가 되었다. 1980년대 대학가를 질풍노도처럼 몰아친 것은 바로 그러한 의식(意識) 기상도(氣象圖)의 급변이었다. 그것은 숙고된 사고와 행동의 결과라기보다는 5공화국이라는 역사의 기형아가 만든 불행한 역사의 반작용이었다.

그러나 한편 다행스러운 것은 그때의 이상한 격랑 속을 헤매던 사람들 가운데 많은 사람들이 한때 방황의 몸짓을 성찰하고 역사의 제 궤도를 모색하고 있다는 사실이다.

괴테는 일찍이 그의 책 『파우스트(Faust)』에서 "사람은 노력하는 한 방황한다(Es irrt der Mensch, solang' er strebt)"고 적고 있다. 어쩌면 방황은 젊은이의 특권인지도 모른다. 중요한 것은 성숙해야 할 때 성숙한 생각과 몸짓을 하는 일이다. 그러나 아직도 깨달음이 부족한 사람들이 이 땅의 이곳저곳에서 '때에 맞지 않는 옛 노랫가락'을 신나는 듯 울부짖으면서 야단법석을 피우는 탓에 이 땅은 매우 혼란스럽기 짝이 없다. 만각(晩覺)이라도 좋으니 어서 깨우침으로 돌아오길 기도할 뿐이다.

혹자는 기독교와 공산주의가 모두 외국에서 들어온 손님인데 이 손님 때문에 우리가 얼마나 야단법석이냐고 말할는지 모르겠다. 물론 그 말은 맞다.

그러나 애당초 우리 것이라고 우길 것이 그렇게 많지 않은 것 또한 사실이 아닌가. 우리가 오늘 우리의 전통의 일부라고 여기는 불교와 유교도 따지고 보면 외국으로부터 들어온 손님이 아니고 무엇인가. 모두가 수입품이기는 마찬가지다.

그것이 바로 우리 몸의 신진대사작용이요, 식물의 탄소동화작용의 실상이다. 생명이란 것이 바로 자기와 다른 것을 받아들여 자기로 만들어 가는 존재가 아닌가.

자주라는 이름 밑에 문을 꽁꽁 잠가놓고 혼자서 뭘 해보겠다는 것은 듣기에는 그럴싸한 것 같으나, 그 끝장에는 정체와 죽음밖에 없다. 창조란 자기를 활짝 열어놓을 때만 가능하다. 하늘 아래 무(nothing)로부터 창조란 절대적 존재에게 있어서는 몰라도, 인간에게는 불가능하다.

이 세상은 혼자서는 못 산다. 함께 어울려 사는 세상이다. 더구나 오늘은 하나의 개인도, 하나의 민족도 혼자서는 제대로 살 수 있는 시대가 아니다. 혼자서는 불가능한 시대이다. 유럽연합(EU)이 그냥 생긴 것이 아니다. 과거에 그렇게 죽기로 싸우던 영국과 독일 그리고 프랑스가 한 덩어리의 모듬살이(공동체) EU를 만들겠다고 야단하는 것은 멍텅구리가 돼서 그러는 것이 아니다.

우리도 이제는 '민족주의'라는 '작은 모듬살이의 그물'에만 얽매이던 지난날의 생각의 틀에서 해방되어야 한다. 우리가 일본이라는 외세의 억압에 묶여 있을 때 민족주의는 우리의 구명선이었다. 그러나 지금 세상은 새로운 문명의 건널목에 서 있다. 우리는 옛 생각의 낡은 옷을 벗어던지고 새로운 생각의 옷을 갈아입어야 한다.

1910년, 우리는 국권을 상실했다. 그로부터 100년이 지난 2010년, 이때 우리의 모습은 어떤 것일까? 우리가 95년 전 나라를 잃었을 때 우리는 때에 안 맞는 낡은 생각의 옷, 농경문명의 생각의 옷을 입고 있었다. 그것을 입고 새 역사의 도전에 마주 서려 했다. 그것은 실패의 역사를 초래했을 뿐이다.

방황하는 오늘의 동포들이여, 눈을 크게 뜨고 새 역사, 새 하늘을 쳐다보라. 낡은 생각의 안경을 끼고 보면 새 역사, 새 하늘의 제 빛을 읽을 수 없다. 새로운 생각의 틀, 시대에 맞는 새로운 안경과 오늘의 때에 맞는 생각의 옷으로 갈아입으라고 말하고 싶다.

새 역사, 새 문명 속에서 중심의 자리에 앉으려면 마음을 활짝 열고 나와 다른 것들을 모두 받아들여 나의 사색의 용광로에 녹여 융합을 통한 새것의 창조로 나아가야 한다.

매우 중요한 것은 때를 잘 읽고 거기에 알맞은 생각과 행동을 실천에 옮기는 일이다. 오늘 이 땅의 혼미는 낡은 생각의 덫에 있는 사람의 몸짓에서 비롯되고 있다. 이 혼미에서 벗어나려면 미래를 향한 새로운 다차원적 사고의 세계를 열어가야 한다.

이 땅을 이끌어간다고 자부하는 분들이여, 현재 자신의 생각과 행동을 지배하는 것의 정체가 무엇인지 깊이 성찰하여, 만일 그것이 이미 역사의 심판이 끝난 낡은 생각의 그루터기에 매어 있는 것이라면 과감히 벗어던져라. 그래야 우리의 미래에 희망이 있다. 그래야 우리가 오늘의 혼미를 극복할 수 있다.

광복 60년, 그 종착은 혼란과 몰락인가, 아니면 새 문명의 중심을 향한 희망인가? 그것은 바로 우리의 생각에 달렸다. 때에 알맞은 생각에 달렸다.

『월간 헌정』(2005년 8월)

철학을 바로 세워야 한다

1. 무엇이 문제인가?

1) 겉으로 드러난 징후들

모든 해답은 문제에 대한 명확한 인식 없이 불가능하다. 그리고 문제에 대한 명확한 인식에 도달하면 이미 해답의 반에 도달한 셈이다. 교육의 문제도 그 예외일 수가 없다. 우리 교육, 무엇이 문제인가? 많은 사람들은 이구동성으로 말한다. '입시지옥', '인간교육 부재' 등이 문제라고. 이런 지적에 아무도 이의를 제기할 수 없을 것이다. 그러나 이것은 어디까지나 겉으로 드러난 징후들일 뿐이다. 말하자면 그것은 병의 원인과 구별되는 징후와 같은 것이다. 왜 그렇게 되는가? 그 원인이 문제이다. 병의 징후는 병의 원인에 의해 드러난 결과일 뿐이다. 병을 고치려면 원인을 찾아내야 한다. 그리고 그 원인의 발생 자체를 차단해야 한다. 그래야 병을 고칠 수 있다. 이것은 누구나 다 아는 상식이다,

그러면 '입시지옥', '인간교육 부재'라는 이 통증을 낳는 원인들은 무엇인가? 많은 사람들은 자기의 자식을 대학의 문 안에 어떻게 들여놓는가에만 온 정신을 쏟고 있다. 그리고 그 다음 대학에 들여보낸 후의 일은 교육의 문제로 파악하지 않는다. 어쩌면 오늘 이 땅의 교육문제의 알맹이는 대학에 어떻게 들어가는가의 문제보다도 오히려 대학 안에서 무엇이 어떻게 이루어져야 하는가에 있다고 나는 본다. 오늘 한국이 당면하고 있는 매우 중요한 문제는 앞으로 다가오는 새로운 세기에 어떻게 성공적으로 대응할 수 있는 인간과 학문을 창출해 낼 수 있는가이다. 이 문제는 곧바로 대학의 위상, 대학의 본질, 대학의 기능을 바로 파악하여 그에 걸맞은 쇄신의 길을 찾는 일과 맞물려 있다. 문명과 문화는 곧 인간, 수준 높은 인간이 만들어내는 작품이기 때문이다. 수준 높은 대학이 없이 수준 높은 인간의 탄생은 불가능하다. 또한 그러한 수준 높은 인간의 탄생이 없이 수준 높은 문화와 문명의 건설은 불가능하다. 우리 민족이 특히 지난 세기에 겪은 고통과 수난들은 바로 우리가 수준 높은 문명과 문화를 이룩하는 데 성공하지 못했다는 사실과 무관한 것이 결코 아니다.

지금 인류문명은 새로운 차원에 진입하려는 대회전의 때이다. 새로운 문법에 따른 새로운 문명의 판이 벌어지려 하고 있다. 이 새로운 큰 마당에 우리가 떳떳하게 참여할 수 있으려면, 거기에 합당한 우리 자신의 역량을 제대로 기르고 축적하지 않으면 안 된다. 교육제도는 바로 그것을 위한 장치이다. 오늘 우리가 교육의 문제를 진단하고 처방을 모색하려는 것은 바로 이러한 사회적 장치를 점검하고 정비하는 일 이외에 다른 것이 아니다.

2) 철학이 빈곤한 한국 교육

먼저 지적되어야 할 것은 오늘의 한국 교육의 일관성 있는 교육철학의 빈곤으로부터 유래하는 혼란이다. 대학 이전의 교육을 지배하는 철학은 소위 평준화이다. 쉽게 표현하면 '옆으로 나란히' 구호에 따라 모든 학생들을 일렬로 정렬시키는 것이 오늘의 교육정책이다. 그러한 평준화의 철학을 실현하기 위한 장치가 바로 학군제이다.

그런가 하면 대학의 문 앞에 다가서면 극단적인 비평준화 철학이 준엄하게 실현된다. 똑같은 내용을 똑같은 방식에 의해 시험하여 얻은 점수에 따라 서열을 매겨놓는다. 그리하여 모든 학생이 '앞으로 나란히' 구호에 따라 일렬로 늘어선다. 이 땅의 젊은이들의 서열이 정해지는 엄청난 비평준화의 작업이 행해진다.

결국 이 땅의 젊은이들과 그 학부모들은 '옆으로 나란히' 구호에 따라 정렬하는 척하며 눈치를 보다가 '앞으로 나란히' 구호가 입에서 떨어지기가 무섭게 줄 앞에 서려고 아우성을 치며 뛰어간다. 이 광란의 광장을 '입시전쟁', '입시지옥'이란 말로 표현한다.

이 뜨거운 전쟁에 '무전기'며 '과외'며 모든 수단이 총동원되는 것이다. 판치고는 엄청난 판이다. 게임치고는 너무나 치열하고 심각한 게임이다. 인생 전체를 내걸었으니 죽는 사람들이 나오는 것도 어쩌면 당연한 일인지도 모른다.

이런 치열한 싸움판이 왜 유독 이 땅에서 벌어지고 있는 것일까? 도대체 한 나라의 주요 일간신문의 특종 사건으로 입시 관련 보도가 대서특필되는 나라가 우리나라 말고 또 어디 있을까? 일본과 대만이 어떤지는 잘 모르나, 미국, 프랑스, 영국, 독일 등과 같은 나라에서는 그런 보도는 본 일도 없으며 그렇다는 소리도 들어본 적이 없다.

우리에겐 '대학입시'가 그렇게도 중요한 문제인 것이다. 일이 그렇게 된 데는 적어도 크게 두 가지 종류의 원인들이 얽혀 있다고 보인다. 첫째는 한국 사람들의 '강한 삶의 의지'가 교육이라는 좁은 문으로 분출되고 있다는 사실이다. 또한 그렇게 된 데에는 우리의 역사적 경험이 크게 작용하고 있다고 보인다. 지난 역사에서 한에 찌든 우리가 그 한을 풀어내고자 뿜어내는 뜨거운 삶의 열기가 이 땅에 달아오르고 있다.

그리고 그 열기가 교육의 좁은 문으로 몰려드는 것은 아마도 조선시대의 과거제도와 결코 무관하지 않을 것이다. 과거에 한에 찌든 사람이 한풀이를 할 수 있는 유일한 창구는 과거시험에 장원급제하여 원님이 되는 길이었다. 춘향의 한과 그 어머니의 한은 이 도령의 장원급제에 의해서 한순간에 극적으로 풀리는 것이다. 이 땅의 수많은 춘향이들과 춘향의 어머니들은 자기의 자식을 이 도령처럼 만들려는 불타는 의지로 달아올라 있다.

그런데 누가 이런 한국인의 뜨거운 열정을 나무랄 수 있을까? 결코 나무랄 수 없다. 오늘의 우리 땅을 어제의 그 부끄러운 몰골로부터 이만큼이라도 만들어놓은 것은 바로 저 뜨거운 열정이 아니고서는 불가능하였을 것이다. 그러니 그 열정을 우리는 나무랄 수 없다.

문제는 그 뜨거운 열정이 제 골을 따라 발산되도록 하는 사회적 틀이 제대로 짜여 있지 않다는 점에 있다. 우리가 걱정해야 할 문제는 폭우나 장맛비 그 자체가 아니라, 그 많은 물을 통제할 댐의 건설과 같은 관개시설과 그 관리에 관한 문제이다.

이 땅은 지금 '교육홍수'로 온 나라가 야단법석이다. 홍수는 통제되지 않은 물이다. 많은 물을 탓할 것이 아니라, 통제의 지혜와 장비가 없음을 우리가 탓해야 한다. 교육홍수는 막아야 한다. 그것은 홍수이기에 엄청난 재앙을 불러오기 때문이다.

정치의 존재이유는 바로 그 홍수를 막는 데 있다. 치산치수(治山治水)는 나라 다스림의 으뜸가는 일이었다. 그것은 단지 어제의 정치에 요구되는 일만이 아니다. 오늘 이 땅이 곤욕을 치르고 있는 교육홍수를 막으려면, 댐을 건설하고 그것을 관리하는 지혜를 동원해야 한다.

'옆으로 나란히' 구호에 맞추어 정렬했다가, '앞으로 나란히' 구호에 맞추어 정렬하게 될 때 4분의 3의 낙오자가 나타나는 것이 오늘의 실정이다. 그때 4분의 3은 4분의 1을 위한 들러리 인생이 되고 만다. 4차선으로 달리던 차들이 갑자기 1차선으로 길이 좁아들 때 나타나는 병목현상이 지금 이 땅의 교육현장에서 벌어지고 있다. 교육 병목현상으로 이 땅의 교육은 일대 혼란에 빠져 있다.

여기서 나타나는 개인의 고통은 이루 말할 것도 없으며, 그로부터 나타나는 이 땅의 사회 자체의 뿌리에까지 미치는 해악은 한두 가지가 아니다. 사회는 사람들의 모듬살이다. 그 모듬살이의 구성원들의 다수가 스스로를 낙오자로 인식하고 있는 그런 사회는 위험하기 짝이 없는 사회이다.

3) 왜곡된 교육내용

어디 그뿐인가? 교육내용 자체가 왜곡되고 있다. 교육의 병목현상에서 급선무는 길을 빠져나가는 일이다. 어떻게 해서라도 4분의 1의 좁은 길로 들어서야 한다. 그러다 보면 인간교육이고 뭐고 생각할 여유가 없다. 교사가 아무리 인간교육에 관심을 쓰려 해도 학부모와 학생의 압력을 견디어낼 수가 없을 것이다. 입시에서 1점이라도 더 얻을 수 있도록 가르치는 사람만이 유능한 교사로 인정받는다. 그 외는 모두 딴전을 피우는 일로 취급된다. 죽자사자의 그 판에서 점수 말고 딴소리하는 자는 미친놈이라는 규탄을 면할 길이 없다. 교육내용의 왜곡은 여기서 끝나지 않는다. 현행 제도 아래서는 오직 교과서 안에서만 출제하도록 되어 있으므로 학생들은 밤낮을 가리지 않고 오직 교과서에만 매달린다. 많은 부모들은 공부에 시달리는 자식의 모습을 보며 매우 안쓰러워한다. 그런데 참으로 문제가 되는 것은 아이들의 과도한 노력이라기보다는 그 피땀 나는 노력에 상응하는 결과가 별것 아니라는 데 있다. 신통치도 않은 몇 줄의 교과서의 한 글자라도 놓치지 않으려고 그렇게도 엄청난 노력을 바치고 있으니 그것이 문제이다. 그 엄청난 노력을 바치고 있는 그 대상이 너무나 보잘것없다.

그런데 이러한 어처구니없는 일이 왜 일어나고 있는가? 그것은 긴말할 것도 없이 지금의 제도에 그 탓이 있다. 도대체 무엇 때문에 교과서에만 매달리도록 하는가? 일정한 수준의 능력을 시험하는 자격시험이라면, 시험범위를 한정하는 것은 타당하다. 그리고 그 자격시험에 통과한 사람이면 모두 대학에 입학을 시키는 경우라면, 시험범위를 제한하는 것은 현실적 설득력이 있다. 그러나 현행의 대학입시는 그런 자격시험이 아니다. 그것은 능력이 있는 사람과 없는 사람을 판별하여 조금이라도 더 능력 있는 사람에게만 입학의 특권을 부여하자는 시험이다. 그럴 경우에는 판별력이 높은 시험일수록 좋다. 시험범위를 일정하게 정해 놓으면 그 우열을 가리기가 매우 어렵게 된다. 그럴 경우에 시험문제는 비본질적인 기교에 호소하게 되기 쉽고, 수험생은 그런 비본질적인 기교에 매달릴 수밖에 없게 된다. 이쯤 되면 시험은 그 본래의 궤도로부터 멀리 떨어져갈 수밖에 없다.

오늘의 한국의 대학입학시험이 이런 비정상의 늪 속에서 허우적거리고 있지 않다고 장담할 사람이 과연 누구인가? 애당초 교과서에 시험범위를 한정하는 시험제도가 실시되었던 처음에 그 시험은 대학입시가 아닌 입학 자격시험이었다는 사실을 우리가 상기할 필요가 있다. 그 경우 그것은 앞서 지적한 대로 타당하다. 그러나 그것이 입학 자격시험으로부터 입학시험으로 바뀐 이후에도 시험범위를 제한하는 것만은 그대로 존속되었다.

입학시험인 경우 그 범위를 개방함으로써 우리가 얻을 수 있는 것은, 첫째 시험공부를 함으로써 수험자 자신의 능력이 본질적으로 향상될 수 있다는 것이다. 다시 말해서 노력에 상응하는 열매를 수험생이 얻을 수 있다는 것이다. 이것은 매우 중요한 일이다. 오늘날 대학입시의 치열한 경쟁과 그 치열한 경쟁에 쏟는 엄청난 노력에도 불구하고 경쟁에 실패한 사람은 말할 것도 없고 경쟁에서 승리한 사람들도 그 실력이란 게 보잘 것없다는 것은 매우 놀라운 사실이 아닐 수 없다.

이러한 인생의 헛수고가 이 땅에서 지금 계속되게 하는 주범은 바로 입시범위의 제한이다. 대학입시 때 구술고사에서 수험생에게 고교 시절에 읽은 책을 말해 보라고 하면, 교과서 이외의 책을 한두 권이라도 말하는 학생은 너무나 희귀하다. 입시에 합격해서 개선장군이라고는 하나 동네 골목대장에 불과한 꼴이다. 참으로 한심하고 원통하기 짝이 없는 상황이다.

둘째로 경쟁이 치열할 경우 범위를 개방하여 시험문제를 출제하게 될 때 얻을 수 있는 이점은, 앞서 지적한 '기교의 출제'로부터 벗어날 수 있음은 물론이요, 경쟁시험에 필요한 판별력을 높이는 데 매우 효과적이라는 점이다.

4) 교육투자의 부실

아마도 한 집의 가계에서 가장 으뜸가는 지출 항목을 말하라고 하면 교육비 지출이 아닐까 싶다. 적어도 실제 액수에 있어서는 제일이 아니더라도 가정마다 '써도 아깝지 않은 돈'의 지출 항목을 말하라면 아마도 교육비 지출 항목이 최우선이 아닐까 한다. 그것은 이 땅에 지금 들끓고 있는 교육열, 과외열이 바로 그 안 사정을 잘 말해 주고 있다. 이렇게 국민의 입장에서는 '최우선순위'가 교육투자임에도 불구하고, 나라의 교육투자의 현실은 빈약하기 짝이 없다. 최근 소위 민간 주도로 벌이고 있다는 국민학교에 과학 실습 기재 사주기 모금운동의 현실이 말해 주고 있는 것은 바로 그러한 교육에 대한 공공투자의 빈곤을 너무나 극명하게 드러내주는 단적인 사례이다.

이것이 말해 주고 있는 것은 무엇인가? 각 가정의 입장에서 보면 자기 자식의 교육을 위해 쓰는 돈은 많으면서 실제 학교에서의 교육 여건은 매우 빈약하고 보니, 결국 비효율적인 투자라는 이야기이다.

이러한 교육투자의 빈곤은 학교교육시설에 한정되는 것이 아니라, 교육자들에 대한 푸대접으로 연결되어 왔다. 그리고 교육자에 대한 푸대접도 비단 경제적 측면에 한한 것이 아니었음은 말할 것도 없다. 지난 몇십 년 동안 이 땅은 정권 안보 장치의 하나로 교육자 등에 대한 감시와 감독, 더 나아가서는 지위의 격하에 이르기까지 교육자 푸대접이 이만저만한 것이 아니었다. 그 한 예로 학교장을 비롯한 교육의 수장직 등을 교육자보다는 교육자들을 감독하는 교육 행정관료에게 기회를 더 많이 주는 방향으로 운영해 온 것이 그것이다. 그리고 이른바 교수 재임명제라는 통제장치를 통해 대학과 교수를 억압해 왔음은 물론이요, 교수와 다른 직급과의 서열 대비에 있어서 교수의 지위를 낮추어놓는 등, 교육자 푸대접은 지난 몇 십 년 동안 지속된 정부정책의 하나였다 해도 결코 지나친 말이 아니다.

그래서 초중고교의 교원이 된다는 것은 이 땅에서 명예가 아님은 물론 제일 마지막 선택으로 여길 만큼 그 지위가 격하되었다. 회사에서 물건 만드는 사업에 종사하는 회사원보다 사람 만드는 사람이 이렇게 푸대접을 받아왔으니, 그래도 교육이 제대로 되리라고 기대하는 것은 어리석은 일이 아닐 수 없다.

사람들이 제일 관심이 높은 곳이 학교이면서 정작 학교의 꼴은 이런 모양이었으니, 이 잘못을 어디에서 찾아야 할 것인가? 아무래도 이런 지경을 만들어놓은 것은 결국 정부의 정책이라 아니 할 수 없다. '정권 안보'를 최우선순위로 하여 짜였던 지난날 이 땅의 교육행정이 빚어낸 모순된 결과가 아닐 수 없다.

존경할 만한 선생님을 갖지 못한 자기 자식이 돈 몇 푼 봉투에 넣고 다닌다 하여 교육이 제대로 되리라고 생각하는 것은 착각 중의 착각이 아닐 수 없다. 그런 착각 속에 살고 있는 이 땅의 학부모가 한둘이 아니다.

학교에 훌륭한 사람이 모이게 하려면 사람을 제대로 대접해야 한다. 이것은 삼척동자라도 알 만한 일이다. 이런 단순한 이치를 접어두고 학교교육이 왜 안 되느냐고 딴청을 피우고 있으니 정말 한심하기 짝이 없다.

나라를 잘 다스린다는 것은 무엇인가? 큰소리 뻥뻥 치며 국민을 협박이나 하여 졸졸 따르게 하는 일이 아니다. 일이 순조롭게 굴러가도록 잘 관리하는 일이다. 나랏돈이 없다는 소리만 해서는 안 된다. 사교육비가 공교육비로 제대로 전환이 되도록 새 물꼬를 터놓아야 한다. 가정교사보다 훌륭한 인재가 학교 교실에 들어와 앉도록 해준다면, 아마도 학부모들은 자기 자식의 교육을 위해 돈을 더 쓰는 것을 결코 마다하지 않을 것이다. 학교는 황폐화시켜 놓고 학부모의 교육열을 무엇으로 끌 수 있겠는가?

학교를 정상화하려면 교육투자를 늘려야 한다. 그래서 시설을 제대로 갖추며, 선생을 제대로 대접해야 한다. 그래야 아이들이 선생의 말을 따르게 된다. 푸대접받는 '불쌍한 존재'에게 자기 자식이 무엇을 배울 것인가?

5) 획일화된 대학입시와 획일화된 대학

암기교육이 그렇게도 문제가 있다고 하면서 결국 '암기교육의 위대함'을 실증시켜 주는 것이 바로 오늘의 획일화된 대학입시제도이다. 아무리 인간교육이니 뭐니 떠들어도 학부모나 당사자에게 설득력이 없는 공허한 말로 들리게 되는 까닭은, 그러한 교육이 교육현장에서 맥을 추지 못하도록 되어 있는 교육제도 때문이다. 지금의 획일화된 대학입시제도가 바로 그 첫째 원흉이다.

그리고 그 획일성을 가일층 북돋아주는 것이 바로 획일화된 대학의 모형이다.

획일성은 겉보기에는 매우 멋진 질서를 확보해 준다. 군대에서 우리는 그 전형을 볼 수 있다. 그러나 그것은 단수가 낮은 질서임을 우리는 잘 알고 있지 않은가. 보다 높은 질서는 다양성, 다원성 속의 질서이다. 저 차원 낮은 질서만을 유일한 질서로 우리가 착각하게 된 것은 앞서 말한 지난 수십 년 동안의 군사통치와 뗄 수 없는 관계가 있음을 우리는 다시 깨달을 필요가 있다.

이제 우리는 '성숙한 단계'로 나라의 수준을 높여야 할 때가 되었다. 초급 단계의 질서를 넘어서서 고급 단계의 질서를 추구해야 할 때가 되었다. 제창보다 합창이 훨씬 고급 단계의 음악적 질서이다. 우리는 지금 교향악의 질서를 이 땅에 제도화할 때가 되었다. 교육에 있어서, 특히 대학교육제도에 있어서 다양성의 원리를 현실로 바꾸어야 할 때가 되었다. 그러기 위해서는 그 어떤 종교적 개종과 같은 태도 변경, 개안(開眼)과 같은 인식의 전환이 우리에게 일어나야 한다. 더욱이 나라의 제도를 주무르는 사람들에게 일어나야 한다.

그리고 대학의 본질, 대학의 사명, 대학의 기능을 단순한 고답적인 언어로 분석하는 일이 아니라, 오늘의 현실에서 한국이 처한 상황과 오늘의 문명의 대전환의 문맥 속에서 차근차근 따져보아야 한다. 그리하여 거기에 상응하는 구체적인 제도를 새롭게 고안해 내어 가동시켜야 한다.

지금까지 이 땅의 사람들의 머릿속에 있는 대학에 대한 통념은 맨 나중에 다니는 '큰 학교' 정도이다. 국민학교와 다름없는 배우는 곳이다. 또 때로는 '직업훈련소' 정도로 인식한다. 좋은 직장을 얻는 데 필요한 증명서 한 장 떼어주는 곳 정도로 말이다. 그래서 학부모들은 대학 문 안으로 자기 자식을 밀어넣는 일에만 온 정열을 쏟을 뿐이다. 일단 밀어넣으면 증명서 한 장은 얻게 되었으니 만사형통이라는 식이다.

대학은 학교임에 틀림없지만, 학교 이상의 것이다. 그곳은 다른 학교와 마찬가지로 이미 생산된 지식과 정보를 가르쳐주는 곳이기도 하지만, 그 이상의 매우 중요한 일을 하는 곳이다. 새로운 지식과 지혜를 창출해 내는 곳이다. 지식의 판매장이 학교라면, 지식의 생산장은 단순한 학교가 아니다. 대학은 지식의 판매장이기도 하지만 지식의 생산장이다.

한 나라의 어떤 대학에서도 지식의 생산이 이루어지지 않고, 모든 대학이 지식의 보급소 내지 판매장의 역할밖에 수행하지 못한다면, 그 나라에 사는 사람들의 운세는 너무나 명백하다. '주인'다운 삶을 살 수가 없다.

오늘 한국의 대학이 풀어야 할 과제가 바로 여기에 있다. 여태까지처럼 대학이 단순한 '배움터'로서만 남아 있을 것인가, 아니면 지식의 생산지로 격상될 것인가? 이것이 오늘 한국 대학 앞에 놓인 중대한 문제이다. 그것은 곧 이 나라의 명운(命運)을 가늠하는 심각한 도전이기도 하다.

현대사회에 있어서 대학이 담당한 기능은 여러 가지가 있다. 전통 대학의 이념에만 매달리려 하는 것도, 또 오늘 산업사회에 필요한 산업인력의 양성에만 매달리려는 것도 외고집일 뿐이다.

현대사회에서 대학이 수행해야 할 일은 다양하다. 따라서 한 가지로 획일화될 수 없다. 이제 우리가 여기서 해야 할 일은 오늘의 사회에 요구되는 대학이 수행해야 할 역할들을 분담할 수 있는 여러 가지 대학의 모형들을 개발하는 일이다. 그리고 입학제도도 거기에 상응하는 여러 가지 방식으로 다원화되어야 한다.

2. 어떻게 해야 하나?

1) 철학을 바로 세워야 한다

앞서 지적한 바와 같이 오늘 한국 교육은 '옆으로 나란히'와 '앞으로 나란히'라는 평준화와 엄격한 서열주의가 각축하고 있다. 이 바람에 혼나는 것은 젊은이들과 그들의 부모들이며, 결국 이 땅의 모든 사람들이다.

문제는 일관성이며, 그 현실적 타당성이다. 평준화의 원리가 옳다면 일관성 있게 대학교육에까지 실시해야 한다. 과거 독일의 경우는 널리 알려진 바와 같이 대학에 관한 한 일정한 자격을 갖춘 사람에게 경쟁시험 없이 일종의 배치제도에 의해 입학이 허가되었다. 그러나 초등교육 4년이 끝난 후 대학 진학 코스와 그렇지 않은 코스가 갈라지게 되어 있으므로 우리나라와 같은 무차별 평등주의 교육이 아니다.

프랑스도 독일의 경우와 비슷하게 일정한 자격을 갖춘 사람이면 입학시험 없이 접수 선착순으로 입학을 허가한다. 그러나 프랑스의 경우는 소위 그랑제콜(Grandes Écoles)은 아주 치열한 경쟁을 거쳐 들어갈 수 있는데, 바로 이곳에서 프랑스의 두뇌들이 양성되고 있다.

독일의 경우는 벌써부터 대학교육의 질적 저하로 인한 고등교육 위기론이 제기되어 왔다. 사실 독일의 전통적인 대학의 그러한 입학허가제도가 문제를 야기하지 않았던 것은 1960년 이전에는 소수 엘리트만이 대학예비학교라 할 수 있는 김나지움(고등학교)에 진학했기 때문이다. 그러나 1960년대 학생운동이 사회에 충격을 준 이후에 사회당이 집권하여 대학이 그 문을 활짝 열어 소수 엘리트 교육에서 대중교육으로 전환됨에 따라 대학의 수준 저하로 인한 국가적 위기까지 나타나게 되었다.

영국의 경우는 프랑스와 독일의 경우와는 달리 1960년대 이후 대학 인구의 급격한 증가가 일어나지 않아 큰 문제가 없음은 물론이고, 프랑스와 비슷하게 특정 학교(이를테면 옥스퍼드와 케임브리지 대학)도 엄격한 경쟁시험에 의해 입학이 허가되고 나머지는 일정한 자격 취득에 의해 대학입학이 허가된다. 따라서 독일과 같은 무차별 입학허가에 의한 대학의 질적 저하의 문제는 없다.

여기서 우리는 대학교육의 경우 무차별적 평준화 시책이 안고 있는 위험부담이 무엇인가를 선진국의 사례를 통해 짐작할 수 있을 것이다. 따라서 일관된 교육 평준화 정책은 좋은 선택지로 추천되기 매우 어려움을 우리는 발견한다.

우리는 여기서 교육에 있어서 평등 개념의 의미를 되씹어볼 필요가 있다. 교육이란 본질적으로 타고난 능력이 제대로 활성화되도록 좋은 여건을 제공해 줌으로써 도와주는 역할에 지나지 않는다. 교육이 '능력'을 새롭게 부과하여 둔재를 천재로 만드는 그 무슨 아라비안나이트의 방망이가 아니다. 따라서 교육에 있어서 평등이란 모든 사람의 능력을 똑같이 만드는 방법일 수가 없다. 똑같이 천재로 만들 수도 없지만, 똑같이 바보로 만들려는 기도일 수도 없다.

그렇기 때문에 교육은 각기 다르게 타고난 능력들을 각자에게 합당한 여건 아래서 발전시킬 수 있도록 이루어져야 한다. 교육에 있어서 평등 이념이 이러한 '자연적 사실'을 못 본 체하고 딴것을 시도하려 하거나, 교육의 본질에 훼손을 가하려는 시도로 작용해서는 안 된다.

교육에 있어서 평등이념은 '사회적인 사실'인 부모의 사회적, 경제적 위치로부터 나오고 교육 당사자에게 가해지는 불평등 조건을 제거하는 원리로 작동해야 한다. 교육받는 자의 능력이 부모의 사회적, 경제적 차이에 의해 그 능력에 합당한 교육의 기회가 주어지는 것이 방해를 받지 않도록 하는 것이 바로 교육의 평등이 수행해야 할 역할인 것이다.

따라서 교육의 평등원리가 모든 '자연의 한계'를 무시하고 마치 모든 사람을 똑같이 천재나 우수한 인재로 만들려는 불가능한 시도의 헛된 몸짓을 도덕적으로 정당화하는 구실을 제공하는 것이어서는 안 된다. 오늘 한국의 교육 평준화 정책은 이러한 헛된 몸짓을 도덕의 이름으로 정당화하는 언저리에서 방황하고 있는 것인가 싶다. 그것은 도덕적으로 위선의 몸짓만을 남긴 채, 현실은 학교교육의 부실로 인한 여러 가지 부작용만 증폭시키고 있을 뿐이다.

자유와 평등의 두 원리가 교육의 현장에서 제대로 활성화될 때만 '균형 있는 사회'가 이룩될 수 있다.

자유는 양의 원리요, 평등은 음의 원리이다. 자유가 활성화의 공간을 열어준다면, 평등은 지나친 활동에 제동을 걸어줌으로써 균형 있는 운동을 가능케 한다. 자유의 원리가 작동하지 못하게 될 때 인간은 타고난 소질(자질)을 수준 높게 실현시키기 어렵다. 따라서 사회는 무기력증에 빠지고 만다. 그 산 실험의 현장을 우리는 오늘의 사회주의권 세계의 현상에서 목도하고 있다.

이 땅의 교육이 제 궤도에 올라서기 위해서는 자유와 평등의 원리가 균형 있게 우리의 교육에 있어서 일관성 있게 실현되어야 한다. 대학 이전의 교육과 대학교육 양대 영역에서 저 두 원리가 일관성 있게 적용되어야 한다. 그것은 인간 모두가 타고난 능력에 알맞은 교육을 받을 수 있는 최적의 조건을 국가가 제공하려는 원천적 의지의 실현을 의미한다.

그 다음으로 지적되어야 할 것은 교육이 함축하고 있는 사회구조적 연관성이다. 교육은 사회적 분업의 한 영역임에 틀림없으나, 교육은 본질적으로 한 사회구조의 기본적 성격과 뗄 수 없는 연관을 맺고 있다. 이것이 뜻하는 것은 무엇인가? 우선 그것은 교육개혁은 본질적으로 사회개혁이라는 뜻을 함축한다.

그동안 여러 차례의 크고 작은 교육개혁이 시도되었다. 그러나 대개가 당초의 목표를 달성하지 못했다. 그 실패의 이유가 여러 가지가 있겠으나, 가장 중요한 이유는 학교 장치의 변경만으로 교육개혁이 성공할 수 없다는 인식이 없었기 때문에, 사회구조적 연관에 대한 대처가 전무하였다는 데 있다. 교육개혁은 단선적인 사업이 아니다. 그것은 복선적 사업이요, 한 보따리의 복합적 문제의 해결이요 실현이다. 따라서 교육개혁은 어느 한 부처의 사업으로 성공할 수 없다. 그것이야말로 국가 총수의 지휘 아래서 거국적 노력을 해야만 성공할 수 있는 사업이다. (물론 좋은 설계를 전제로 해서 하는 말이다.)

2) 다원적 제도를 마련해야 한다

교육은 본질적으로 적성과 능력 혹은 자질에 합당한 방식으로 이루어질 때 그 효율성을 최대로 높일 수 있다. 따라서 교육현장이 이러한 조건에 상응하도록 조직되어야 교육의 효율성을 높일 수 있다. 이것이 말해주는 것은 무엇인가? 이러한 요구에 알맞도록 구성된 학교의 모형의 다원화가 요청된다는 말이다. 그것은 대학 이전의 교육과 대학교육 모두에게 적용되어야 한다.

이것은 하나의 자로 인간을 재어 일렬종대로 세워놓은 가치의 획일화가 사람들 사이의 견디기 어려운 '인간 평가의 눈금'으로부터 벗어나기 위해서도 필요한 장치이다. 말하자면 가치의 다원화는 여러 가지 재능과 소질을 가진 사람들이 자기 나름의 가치척도에 긍지심을 가지고 살수 있도록 해주는 반사회적 긴장 완화 장치의 기능을 한다. 반면에 단선적 가치가 지배하는 사회는 하나의 기준에 의해 사람들을 철저히 서열화함으로써 사회적 긴장을 심화시킬 뿐 아니라, 다양한 인간들의 모듬살이라는 인간의 삶의 조건과도 어울리지 않는다.

민주사회가 제대로 굴러가기 위한 첫째 조건이 바로 다원적 가치기준이며 그러한 가치기준에 따라 만들어진 다원적 제도이다.

다음과 같은 대안적 구상을 해볼 수 있는 것이다. 공립학교에는 학군제를 일률적으로 적용하되, 일부의 사립학교들은 경쟁시험을 치러 입학을 허가하도록 한다. 또한 학비도 일정 범위 안에서 학교가 자율적으로 책정하도록 한다. 그리고 학생의 과목별 성취도에 따라 자유롭게 이동하며 강의를 듣도록 한다.

그리고 고등학교 수준의 각종 직업학교를 확대 신설한다. 그 수업연

한도 해당 분야에 따라 신축성 있게 정한다. 그리고 이런 직업학교는 기업체의 현장과 연계하여 운영할 수도 있을 것이다. 그 외에도 예술 분야 등과 연관된 특수학교들을 새로 만든다.

대학의 모형도 여러 가지 개발한다. 교과과정에서부터 시작하되, 다양한 구조를 지닌 다음과 같은 대학 모형을 생각해 볼 수 있다.

모형 (1) 순수학문 연구자가 되고자 하는 사람을 위한 대학 학부교육 프로그램을 가진 대학

모형 (2) 사회에 진출하여 고급 관리직에서 일할 사람을 위한 대학

모형 (3) 각종 기술적인 전문직에 종사할 산업역군을 배양하는 대학

모형 (2)의 대학은 학부 학생을 학과에 소속시키되 연관 분야에 대한 수강을 의무화하며, 내실 있는 교양교육 프로그램을 모든 학생에게 부과한다.

모형 (3)의 대학은 직업과 유관한 학과만 설치하여 학생을 학과에 소속시킨다. 실제 중심으로 교과목 내용을 구성하며 모형 (2)보다는 적은 양의 교양 프로그램을 모든 학생에게 부과한다.

졸업에 필요한 학점 수는 대학 모형의 특성에 따라 차이가 있을 수 있다.

3) 입학허가제도의 다양화가 필요하다

학교의 우열에 있어서 입학경쟁이 있는 경우에 입학허가제도가 충족해야 할 가장 중요한 조건은 학생의 실력에 상응하는 학교에 입학하는 것이 어느 정도 보장될 수 있어야 한다는 것이다. 말하자면 천사가 되려다가 하녀가 되는 우연성이 많아서는 안 된다. 이 조건을 충족시키기 위해서 사용되는 처방이 바로 여러 대학에 동시에 입학지원서를 제출하는 방법이다. 물론 이 경우 미국 같은 나라에서는 서류전형에만 의존하고 있다.

이 제도가 제대로 작동하기 위해서는 선발 시기를 대학이 자율적으로 탄력 있게 운영하는 것이 필요하며, 선발 인원도 일정 범위 안에서 탄력 있게 조정할 수 있어야 한다. 이를테면 4년간의 총 인원수만을 정하고 연도별 배분은 사정에 따라 융통성 있게 조정하는 방법을 생각해 볼 수 있다.

입학허가를 어떤 방식에 의해 할 것인가는 대학 모형의 특성에 따라 달리할 뿐 아니라, 해당 학교의 재량에 의해 자율적으로 정하도록 해야 한다. 그렇게 함으로써 대학의 획일화를 막을 수 있으며, 인간을 하나의 자로 재어 석차를 매기는 것 같은 철저한 서열화를 막을 수 있다. 현재 이 땅의 젊은이들의 마음을 고달프게 만드는 것은 바로 그러한 경직된 서열주의이다.

다음과 같은 몇 가지 전형방법을 생각해 볼 수도 있을 것이다.

모형 (1)의 대학에서도 내신성적과 적성고사 혹은 자격시험의 성적만을 고려하여 1.5배 정도 일차로 선발해 놓은 다음, 일차 선발된 학생에게만 본격적인 논문식 시험을 부과하여 그 점수로 최종 입학을 결정한다. 이 경우 특정 학군에의 집중 현상에 강한 제동 역할을 기대할 수 있을 것이다. 그뿐만 아니라 교과서 중심 암기식 공부로부터 학생을 해방시키며, 입시준비가 투자할 만한 가치가 있는 공부가 될 수 있을 것이다.

모형 (2)의 대학에서도 학생의 관리자로서의 자질을 심사하는 데 역점을 둔 진행 절차를 채용할 수 있을 것이다. 그리하여 내신성적과 적성고사 혹은 자격시험 등의 성적으로 1.2배 정도의 학생을 일차 선발한 후, 과외활동과 구두시험 등의 점수로 마지막 입학을 결정하는 방법 등을 생각해 볼 수도 있을 것이다. 구두시험의 경우 객관성을 높이기 위한 별도의 장치가 요구된다.

모형 (3)의 대학에서는 전적으로 서류전형에만 의거하여 입학 결정을 할 수도 있을 것이다. 제출서류에 담임교사의 학생의 소질에 대한 소견서를 포함시킬 수 있을 것이다.

4) 교사가 모든 사람이 선망하는 직업이 되도록 해야 한다

앞에서 우리는 지금까지 이 땅에서 이루어진 교육자에 대한 푸대접, 멸시와 억압에 관해 이미 언급했다. 교사가 '불쌍하고 가련한 존재'로 머문 채 젊은이들의 교육이 제대로 되리라고 기대하는 것은 어쩌면 제정신이 들어 있는 사람의 심성일 수가 없다.

인간은 선망의 대상으로부터 감화와 교육을 받는 법이다. 특히 감수성이 예민한 젊은 사람들에 있어서야 말해 무엇하랴. 교사가 선망의 대상이 되게 하기 위해서도 도덕적, 경제적 투자가 본격적으로 이루어져야 한다. 그러기 위해서는 나라 살림을 맡은 사람들의 태도의 전환, 발상의 전환이 있어야 한다. 그것 없이 이 땅의 교육은 오늘의 혼미에서 결코 벗어날 수가 없을 것이다.

3. 맺는 말

지식과 정보가 사활을 가늠하는 문명이 고개를 쳐들고 있다. 새로운 지식, 새로운 정보의 창출 없이 한 사회의 독자성을 유지하기 매우 어려운 시대이다. 대학은 바로 그러한 새로운 지식의 생산장이다. 만일 대학이 단순한 지식의 판매장, 외국 지식의 대리점으로밖에 기능하지 못한다면, 그 사회가 어떻게 될 것인가는 불을 보듯 뻔하다. 이 땅의 학문도 이제는 외국 지식 판매대리점의 수준을 넘어서야 할 때가 되었다. 역사의 지상명령이다. 자생적 학문 시대의 도래, 그것은 오늘 어떤 것보다 중대한 과제이다. 뿌리가 깊이 박히지 않은 교육, 화초와 같은 교육, 화병 속에 꽂힌 꽃과 같은 교육을 가지고는 자생적 학문은 태어나지 않는다.

암기교육은 화병에 꽂힌 꽃과 같은 교육이다. 우리는 본질적으로 암기교육의 늪에서 아직도 헤매고 있다. 초중등교육에서만 그런 것이 아니다. 대학도 남의 이론을 외우는 수준에서 크게 벗어나지 못하고 있다. 그래서 개혁이 필요하다.

『철학과 현실』(1991년 가을)

현대철학은 어디로

1. '현대' 그리고 '현대철학'이라는 말

'현대'라는 말은 애매한 말이다. 그것은 화자 중심적인 상대적 말이다. 그래서 모든 시대에 살았던 사람들은 자기의 시대를 가리켜 '현대'라 부른다. 역사에 나타났던 모든 사람들은 '현대인'이었으며, 모든 시대에는 '현대'라는 팻말이 붙어 있었다. 그래서 B.C. 5세기를 살았던 소크라테스도 한때는 현대인이었으며, A.D. 17세기를 살았던 데카르트도 물론 한때는 현대인이었다. 그리고 B.C. 5세기와 A.D. 17세기에 모두 '현대'라는 팻말이 붙여질 수 있었다. 칸트나 헤겔의 시대 또한 매한가지일 수밖에 없다.

우리는 20세기의 마감을 눈앞에 두고 있다. 그리고 다가오는 21세기를 그 어떤 기대와 두려움, 그리고 신선함과 기이함이 뒤섞인 감정으로 마주하고 있다. 이러한 우리의 때를 우리도 '현대'라는 말로 부른다.

그리고 우리가 여기서 '현대철학'이라고 부르는 것은 부끄럽지만 정확히 말하면 '서양 현대철학'이다. 동양권에 속하는 사람들이 내놓은 '오늘의 신통한 새 소리'가 별로 없기에 하는 수 없이 서양의 오늘의 것을 '현대철학'으로 내세울 수밖에 없는 형편이다. 이러한 빈곤의 상황은 비단 철학의 영역에만 한정된 일은 아니다. 어디를 들여다봐도 사정은 엇비슷하다.

지난 100여 년 동안 서양, 그중에서도 몇몇 힘센 나라들의 깃발이 오대양 육대주를 주름잡게 되었을 때, 동양의 문명은 한마디로 단절 그 자체였다 해도 지나친 말이 아니다. 전통 학문과 예술 등 동양의 문화가 '올 스톱'한 셈이 되었다. 그리고 그 옛터에 서양의 것들이 뒤죽박죽 밀려들어와 채우고 말았다. 동양의 전통문화는 여기서 일단 박물관 속으로 이전되고 말았다. 일상적 삶의 세계로부터 진열장 속의 관상품목의 세계로 우리의 것들은 유폐되었다. 우리의 것들은 오늘 우리의 일상의 삶과 호흡하기를 중단하고, 역사가들의 사실(史實)의 세계에서만 그 존재의 빛을 발휘하는 운명에 처하게 되었다.

이러한 상황 아래서는 '한국 철학' 혹은 '한국 사상'이라는 말이 지시하는 영역은 저 진열장 속의 관상품목의 것에 지나지 않기 십상이다. 여기서는 오늘의 한국인의 생각과 학문은 전혀 문제가 되지 않는다. 어제의 한국의 것들만이 '한국 사상'의 이름으로 논의된다.

그러나 그러한 단절된 전통으로서의 한국 사상은 한국 사상의 전부일수가 없다. 그것은 오늘 이 땅에서 살아 숨 쉬는 사람들의 생각들을 빼놓고 말하는 한국 사상 혹은 한국 철학이기 때문이다.

지금까지 우리의 형편은 그래왔다. '현대철학' 하면 그것은 '서양 현대철학'이요, '한국 철학' 하면 우리의 어제의 전통철학을 말해 왔다. 이것은 우리의 부끄러운 모습을 넌지시 말해 주고 있다. 우리의 제대로 된 생각이란 고작해야 과거에 응고되어 있을 뿐, 오늘은 빈털터리로 떠돌이 신세를 면치 못하고 있다.

이것은 우리가 그저 예사스럽게 보아 넘겨도 좋은 상황이 결코 아니다. 극복되어야 할 상황이다. 한국 철학 속에 오늘의 한국 사람들의 생각이 포함될 뿐 아니라, 현대철학의 중심부는 아니더라도 말석이라도 한국 사람들의 생각이 차지하고 있어야 한다. 그리하여 '현대철학' 하면 먼 바다 건너 사람들의 지고한 생각만이 아니라, 이 땅의 사람들의 사고의 율동과 번뜩임에 관한 속사정 이야기도 머리에 떠올릴 수 있어야 한다.

그러나 아직 그것은 이 땅의 생각하는 모든 사람들에게 주어진 하나의 과제일 뿐이다. 오늘 우리의 삶에 활력을 줄 수 있을 뿐 아니라, 저 먼 바다 건너 사람들의 생각과 삶의 세계에까지 그 어떤 파장을 일으킬 수 있는 그런 새로운 생각들이 우리로부터 솟아나는 날 한국 철학은 현대철학의 대해(大海)와 만나게 될 것이다. 그때야 비로소 특수가 자신의 작은 울타리를 넘어서서 보편과 더불어 호흡을 같이할 수 있을 것이다. 지금 우리는 그러한 내일의 철학의 씨앗을 뿌릴 묘밭 터를 일구어가고 있는 것이다.

2. 새로운 철학의 묘밭

모든 사상과 학문도 뿌리를 가지고 있다. 현대의 것이라 하여 하늘로부터 갑자기 떨어진 것일 수 없다. 사상과 학문은 사람의 작품이기에 사람과 더불어 역사성을 가지고 있다. 사람은 과거의 전통을 바탕으로 하여 오늘을 사는 존재이다. 사상과 학문은 본질적으로 이런 인간존재의, 자기 자신을 포함한 인간존재와 그 인간존재들이 만들어가는 사회역사적 현실과 인간을 에워싼 자연에 관한 지적 성찰의 산물이다.

그 지적 성찰은 크게 두 가지로부터 동력을 얻는다. 첫째는 그의 삶이 지탱되고 있는 역사 현장과의 부딪힘으로부터 인간은 지적 성찰의 실마리를 얻는다. 말하자면 그가 부딪힌 '골칫거리'로부터 벗어나고자 그 어떤 길을 찾아 나선다. 여기서 인간의 지적 모험은 시작된다. 그러나 그의 출발점은 무(無)가 아니다. 이미 그의 삶은 그 이전의 무수한 사람들이 쌓아놓은 유산 위에서 이루어지고 있다. 물론 아담과 이브의 경우를 제외하고 하는 말이다.

여기서 오늘의 실마리가 어제의 것과 얽혀 있음을 발견하게 된다. 그리하여 인간의 지적 모험은 오늘의 현장으로부터 어제의 지적 유산으로 향하게 된다. 어제의 지적 전통은 그리하여 인간의 지적 성찰을 가동시키는 두 번째의 힘의 원천이 된다. 하늘 아래 완전히 새로운 것이라곤 없다. 어제 그대로의 복사는 아니더라도 어제와 전혀 무관한 것은 결코 있을 수 없기 때문이다.

결국 인간은 어제를 뜀틀로 하여 내일을 향해 오늘 도약의 몸짓을 하는 존재이다. 이것이 인간의 창조적 행위의 제 모습이다. 인간의 창조는 없음에서 있음을 만들어내는 그런 창조가 아니다.

창조에는 물론 여러 가지 유형이 있다. 얼마나 새로운 변형이 많이 도입되었느냐에 따라 여러 가지 창조의 유형을 나눌 수가 있다. 제일 보잘것없는 것으로는 포장만 바꾼 것을 들 수가 있다. 의장특허품도 그런 종류의 창조라고 말할 수 있다. 우리는 새로운 사상과 학문을 말한다. 그러나 많은 경우 포장만을 바꾸거나, 새로 페인트칠을 해 옛 집을 새로 꾸민 '신장개업'에 그친 것일 수가 있다.

물리적 시간이 흘렀다 해서 새 시대인 것은 아니다. 그리고 새 시대가 왔다 해서 새로운 사상과 학문이 나타나는 것도 아니다. '새로운 골칫거리'를 새로운 방식으로 접근하는 방식을 머리로 짜냈을 때만 새로운 학문은 탄생한다. 그때도 물론 어제의 학문이 백 퍼센트 사장(死藏)되어 버리는 것은 아니다. 어제로부터 빌려온 개념적 부속품들이 새로운 방식의 틀을 짜는 데 활용된다.

목욕만 해도 새 사람이 된 기분을 느낄 수 있다. 같은 음식이라도 외식을 하면 사뭇 입맛을 새롭게 돋울 수가 있다. 새로운 감수성을 가지고 들여다볼 때 옛것도 새로운 모습으로 우리에게 다가온다. 여행으로부터 돌아왔을 때 어제의 내 집 문턱은 새로운 감흥과 더불어 나에게 다가선다.

인간에게 새로운 창조가 요구되는 것은 인간의 삶의 과정 자체가 어제의 부정을 통한 새로움의 출현과정이기 때문이다. 삶은 끊임없는 변화과정이다. 우리에게 창조가 필요한 까닭은 새로운 문제에 대한 해결방안이 새로 고안되어야 하기 때문이기도 하지만, 우리의 삶 자체가 새로 돋아남의 과정이기 때문이다.

인간의 사상과 학문은 인간의 삶의 한 부분이기도 하다. 따라서 인간의 삶이 그런 것처럼 사상과 학문도 끊임없는 자기부정의 과정 속에 있다.

3. 근세철학의 세 가지 지렛대: 개인, 과학 그리고 산업사회의 출현

위대한 사상가란 자기 동시대인들이 간지러워하는 곳이 어딘지를 꼬집어내어 시원하게 긁어주는 사람이다. 위대한 사상의 묘밭은 역사의 현실이다. 모든 동시대인의 머리를 혼란스럽게 하는 문젯거리를 명료하게 인식하는 예민한 지적 감성을 지닌 사람이야말로 시대정신의 표현자이다. 문제의 파악은 문제 해결에의 시작이다.

근세철학의 포문을 맨 먼저 연 사람은 데카르트(R. Descartes)이다. 역사 편찬자들이 중세라고 부르는 시대가 끝막음하고 근세라고 부르는 새로운 역사의 지평이 열렸을 때, 데카르트는 시대의 골칫거리들이 무엇인가를 명석하게 읽었다. 말하자면 인간의 삶을 구성하는 삶의 조건들이 중세와는 다르게 전개되어 가고 있는 현실을 분명히 인식했다. 물

론 그것은 역사 편찬자들의 도식처럼 하루아침에 생겨난 갑작스러운 이
변으로 나타난 것은 아니었을 것이다. 쌓이고 쌓여오던 여러 변화의 요
소들이 자아내는 화학변화가 눈앞에 두드러지게 나타난 것은 그 어떤 시
점에서의 사건일 것이다.

근세라고 부르는 시대를 특정 짓는 요소는 물론 한두 가지가 아닐 것
이다. 그러나 그 가운데서 가장 두드러진 것 세 가지를 들자면, 개인, 과
학, 산업사회의 씨앗이라 할 수 있을 것이다.

개인은 물론 근세에만 존재했던 것이 아니다. 인류 역사가 '에덴동산'
에서 최초로 시작할 적부터 개인은 존재했다. 이브가 없는 고독한 아담
은 최초의 혼자 인간이었으리라. 그럴진대 근세의 특성으로 '개인'을 들
먹이는 까닭은 무엇일까? 이 물음에 대한 대답은 간단하다. 개인의 존재
가 얼마나 큰 위력을 발휘할 수 있느냐에 대한 큰 깨달음이 생겨난 때가
근세라는 말이다. 개인은 있었으나 피붙이들의 모듬살이에 파묻혀 핏줄
의 한 이음새 정도로 이해되었을 뿐이다. 특히 농경사회에 있어서 개인
의 역할은 어디까지나 한 '무리의 모듬살이'의 구성분자로 머물러 있기
마련이다. 한 개인의 노동이 산출하는 경제적 위력이란 그리 대단한 것
이 아니었다.

그러나 장사꾼 사회에서 한 개인이 이룩할 수 있는 경제적 위력은 농
경사회에 비해 엄청난 것이다. 잘만 뛰면 자기의 처지를 완전히 뒤바꾸
어놓을 수 있는 경제적 재화를 획득할 수 있는 것이 장사꾼 사회이다. 더
구나 그 장사가 단순한 농산물의 물물교환의 단계를 넘어서 사람의 손재
주로 만든 물건들을 팔고 사는 단계에 이르면, 농경사회에서 대가족의
한 구성원으로 구사할 수 있는 경제적 위력과는 비교될 수 없는 엄청난
경제적 위력을 한 개인이 발휘할 수 있게 된다. 서양 근세에 나타난 이른
바 부르주아 계급의 출현은 바로 이런 '위력 있는 개인'의 출현을 알리
는 역사의 변화이다.

이러한 위력 있는 개인들의 사회적 집단으로서의 부르주아들의 출현은 개인의 중요성을 정치적으로 주장하기에 이르렀으니, 그것이 서양 근세의 인권사상이다. 그리고 드디어 그것은 국가권력의 원천이 사회 구성원인 개인에 있다는 민주정치의 이념으로 주장되기에 이르렀음을 우리가 익히 알고 있다.

개인의 위력은 다시 개인의 이성의 위력에 대한 강조로 나타남과 동시에 그 이성의 산물인 과학 혹은 세속적 학문의 위력에 대한 인식으로 발전되어 왔다. 이때의 과학의 내용이 그리 대단한 수준의 것이 물론 아니었음은 말할 것도 없다. 그러나 과학 혹은 자연에 관한 세속적 지식에 대한 관심과 그 열정은 사뭇 새롭고 놀라운 것이었다.

이러한 새로운 변화들은 결국 기존 체제 전체에 대해서 대단히 심각한 도전을 함축하는 것이었다. 말하자면, 인간을 보는 근본적인 생각, 자연을 보는 근본적인 시각, 그리고 올바른 정치적, 경제적 제도에 대한 근본적 사고 등, 인간의 가장 기본적인 생각이 이제 바뀌지 않으면 안 되는 때에 이르렀다. 그리하여 중세 전통의 대변자요 전파자인 신부들의 가르침에 그 어떤 변화가 꿈틀거리기 시작했다. 그러나 대부분의 보통 사람들의 생각은 아직 헷갈리는 상태에 머물러 있었을 뿐이다.

데카르트는 이런 때에 태어난 사람이다. 해석기하학을 창시하고 광학 (Optics)의 이론을 처음으로 내놓을 정도로 그는 새로운 세속학문의 선두주자였다. 그에게 중세의 학문, 아리스토텔레스 철학으로 무장해 놓은 기독교 신학이론은 그대로 받아들일 수 없는 그 어떤 지적 장애물이었다.

우선 그가 착수한 것은 지금까지 절대 진리로 사람들 마음속에 새겨져 있는 생각들이 그렇게 절대적이 아닐 수도 있다는 깨우침을 사람들에게 불러일으키는 작업이었다. '방법적 회의'는 사고의 터부를 깨는 사상적 전략으로 그가 고안한 장치였다.

그것은 우리가 아는 바와 같이 매우 조심스럽게 우화적으로 짜여 있어서, 그것이 지닌 폭발적인 혁명성을 눈치 채기 어렵게 위장되어 있었다. 그러나 그가 겨냥한 것은 이미 효력을 잃어가고 있는 낡은 세계관을 먼저 헐어버린 다음에 그 자리에 새로운 세계관을 건축하는 일이었다. 그것이 평생을 애써 그가 쌓아놓은 지적 유산이 이루고자 한 목표였다.

　데카르트의 지적 유산은 크게 두 가지로 나눌 수 있다. 그 첫째는 인식론 우선의 철학이요, 둘째는 정신과 물질이라는 두 가지의 서로 다른 존재질서를 지닌 두 가지의 독립적인 존재세계가 있다는 이원론(Dualism)이다.

　먼저 인식론 우선의 데카르트 철학을 살펴보자. 여기서 인식론 우선이라고 표현한 것은 이른바 '제일철학'으로서의 인식론을 풀이한 것이다. 철학사의 관점에서 볼 때 이것은 매우 혁명적 전환이라 할 수 있다. 중세는 형이상학을 제일철학으로 삼았으며, 그러한 전통은 그리스의 고전철학으로부터 물려받은 것이었다. 따라서 이것은 매우 주목할 만한 철학적 발상법의 전환이 아닐 수 없었다. 그러면 왜 그렇게 되었는가? 두 가지 점을 지적할 수 있다. 그 첫째는 그의 방법론적 회의가 노리는 목표인 전통을 무화(無化)시킨 후 새로운 시각의 거점을 마련하려는 그의 이론 구성의 틀이 바로 인식론을 어떤 것보다 우선해야 함을 함축한다는 점이다. 둘째는 개인의 중요성이 진리 인식에 있어서 강조될 경우에 나타나는 함축이 바로 인식론 우선이라는 점이다. '나의 의식'이 진리 인식의 출발점이라는 전제가 바로 그것이다. 이와 같은 전제로부터 도달하게 되는 것은 어떤 물음보다도 인식론적 물음이 우선이라는 귀결이다.

　더 나아가 이러한 '나의 의식'을 철학함의 출발점으로 삼는 그의 철학적 구도는 그의 이원론과도 연결되어 있다. 데카르트의 인식론의 초석이라 할 "나는 생각한다. 고로 나는 존재한다(Cogito ergo sum)"는 명제는 이원론을 전제로 삼고 주장된다. 여기서 '존재하는 나'는 '생각하는 나'와 동일한 것이다. 이원론은 생각하는 실체인 정신이 물질과 독립적으로 존재한다는 주장이다. 생각함이 곧 존재함과 연결되는 것은 정신이라는 실체에 있어서만 가능하다.

현대철학을 이야기하려는 우리가 여기서 데카르트의 철학에 관해 이야기를 벌이는 까닭은 다음과 같다. 첫째로 제일철학으로서의 인식론, 다시 말해서 인식론을 다른 철학적 물음들에 우선해서 문제 삼는 인식론 중심의 철학적 전통은 비단 데카르트 철학에서 끝나지 않고, 데카르트 이후 합리론과 경험론에서도 공통된 발상법일 뿐 아니라, 칸트에 이르러서는 '트랜센덴탈(transcendental)' 철학으로 철학함의 기본 특성으로 확고한 자리를 잡았으며, 그 이후의 철학적 작업에서 확고한 위치를 점유해 왔기 때문이다. 그리고 현대철학의 두 거성이라 할 수 있는 하이데거(M. Heidegger)와 비트겐슈타인(L. Wittgenstein)은 바로 이런 인식론 우선의 근세적 전통에 대한 비판자로 볼 수 있다. 따라서 현대철학의 뿌리와 현주소를 올바로 이해하기 위해서 데카르트로 거슬러 올라가 살펴보는 것은 매우 중요하다.

둘째로 데카르트의 이원론은 근세철학에 있어서 유심론과 유물론 논쟁뿐 아니라, 그 이후 현대에 이르기까지 철학적 논쟁의 중심부를 점유하는 문제의 씨앗이다. 이것은 특히 자연과학의 출현과 더불어 학문방법론의 문제, 그리고 인간존재의 근본 성격의 문제와 연관되어 수많은 논쟁을 불러일으킨 '문제의 화근'이 되어왔다는 점에서도 데카르트의 철학은 마땅히 우리의 관심거리가 아닐 수 없다.

어쩌면 오늘 우리가 현대철학이라고 부르는 철학의 범위를 어떻게 잡든지, 근세 이후 지금까지 전개된 서양철학은 그 알맹이를 추려보면 산업사회의 출현과 더불어 나타난 첫 번째 알맹이다. 나의 의식으로부터 출발하는 인식론과, 개인을 도덕과 사회구성의 기본 주춧돌로 삼는 사회 및 정치철학과, 더 나아가 개신교에 나타난 바와 같은 개인의 중요성이 바로 그것이다.

둘째 알맹이는 자연과학의 출현과 더불어 나타난 자연에 관한 진리, 그리고 그 진리 획득의 방법, 더 나아가 인간에 관한 진리와 인간과 자연의 관계에 관한 논쟁이 그것이다.

셋째로 이러한 새로운 접근법들이 종래의 철학, 특히 중세에 확립된 전통적 형이상학으로서의 철학의 타당성에 대한 논쟁과 더불어 새로운 철학의 과제에 관한 논쟁이 그 중심을 이루고 있다.

근세 이후에 전개된 서양철학을 나는 크게 세 가지의 진영으로 분류할 수 있다고 본다. 첫째는 전통 보존 진영으로서 유심론 내지 관념론을 떠받들며 중세적인 기독교의 세계관에 호의적인 사상이다. 둘째는 반전통 진영으로서 유물론을 떠받들며 과학의 깃발 아래서 인간과 자연을 하나의 이론틀 안에 설명하려는 사상의 흐름이다. 셋째로 중도 통합 진영으로서 이원론을 떠받들며 자연에 관한 학문과 인간에 관한 학문을 구분함으로써 과학과 기독교의 화해를 모색하는 이론틀을 개발하려는 사상의 흐름이다.

물론 이와 같은 분류에 따라 근세 이후 서양철학의 모든 이론들의 성격을 정확하게 자리매김할 수는 없다. 그러나 이러한 분류의 틀은 적어도 각 이론들이 서 있는 위치를 서로 비교 검토하는 데 유익한 사상의 좌표 역할을 수행할 수 있을 것이다.

4. 현대철학의 범위와 주요 조류들

앞에서 이미 지적한 바와 같이 현대라는 말은 화자 중심적 언어이기 때문에 말하는 때가 어느 때인가에 따라 그 지적하는 대상이 달라진다. 또한 그 시기의 범위를 얼마나 넓게 잡느냐에 따라 그 지시하는 사상들이 달라진다. 가령 현재 1990년대를 기점으로 하여 100년 안에 속하는 것을 현대철학이라 할 수도 있지만, 또한 한 세기를 단위로 말하는 때가 속한 세기에 나타난 사상들만을 현대철학이라고 부를 수도 있을 것이다.

여기서 우리는 금세기, 즉 20세기에 나타난 철학을 현대철학이라는 범위에 속한 것으로 부르고자 한다. 물론 이러한 시간에 의한 구분은 매우 자의적이며 때로는 유용하지 않은 것일 수도 있다. 가령 19세기 중엽 정도에 탄생한 철학이론이라도 20세기에 지속적으로 토론의 대상이 될 뿐만 아니라 현실과 이론의 세계에서 막강한 영향력을 행사하는 것을 현대철학의 범위에서 **빼놓을** 경우를 생각해 볼 수 있다.

본래 사상 내지 철학이라는 것이 생물처럼 일정한 수명이 정해진 것이 아님은 말할 것도 없으며, 그 사상의 내용과 영향력이 그 어떤 물리적 시간에 의해 구획될 수 있는 것도 아니다. 이런 점에서 볼 때 무엇을 현대철학의 범위 안에 집어넣느냐 하는 것은 애매하며 따라서 자의적인 것이다.

하기야 관심이나 영향력의 정도로 말하자면 수천 년 전 혹은 수백 년 전에 탄생한 철학이론도 '현대철학'이라 부를 수도 있음직하다. 그러나 이렇게까지 확대되고 나면, 현대철학과 그렇지 않은 것을 구별하기란 매우 어려워져서, 결국에는 모든 중요한 과거의 철학이 현대철학으로 둔갑될 수도 있을 것이다.

따라서 매우 부적합하긴 하지만, 물리적 시간의 일정 범위를 설정하는 수밖에 없다. 현대철학의 범위에 대해 이렇게 좀 지루한 이야기를 꺼내는 까닭은 '현대'라는 말이 지닌 '배타적 특권성'의 뉘앙스 때문이다. 현대철학의 밖에 있는 것은 낡은 사상이고 '현대철학' 하면 뭔가 매력적이며 인기를 끌고 있는, 살아 있는 철학이라는 막연한 연상을 사람들은 가질 수 있기 때문이다.

따라서 내가 지금부터 현대철학이 이런 것이라고 말하면, 왜 이것은 현대철학이 아니냐고 항의해 올 사람도 적지 않을 수 있다. 미리 말하거니와 내가 여기서 현대철학의 주요 문제들과 그 문제들을 다루는 학파 내지 철학의 조류에 대하여 말하는 것은 어디까지나 나의 자의적인 기준에 따른 것이라는 점을 독자들이 이해해 주기 바란다.

그뿐만 아니라 현대철학이 그 어떤 공통점을 지닌 것으로 성격 규정을 하는 것도 쉬운 일은 아니다. 왜냐하면 사상의 탄생의 시기가 비슷하다 하여 내용이 같으리라는 법은 없겠기 때문이다. 문화결정론자라면 아마도 비슷한 시기에는 비슷한 사고구조를 지닌 이론이 나타날 수 있다는 주장을 내세울 수도 있을지 모른다. 그러나 그런 경직된 주장을 미리 전제로 삼는 것은 온당치 않은 것 같다.

현대철학의 학파 내지 사조로서 대표적인 것으로 우리는 다음 몇 가지를 들 수 있을 것이다. 후설(E. Husserl)에서 시작되어 여러 분파로 나누어진 현상학(Phänomenologie), 그리고 딜타이(W. Dilthey)에서 시작되어 1960년대 독일의 가다머(G. Gadamer)와 프랑스의 리쾨르(P. Ricoeur)에 의해 활성화된 해석학(Hermeneutik), 그리고 1, 2차 세계대전을 전후하여 대중의 인기를 모았던 하이데거와 야스퍼스(K. Jaspers), 사르트르(J. P. Sartre)를 대표로 하는 실존철학이 있다. 그런데 실존철학은 앞의 현상학과 해석학의 품 안에서 자라난 사상이므로, 넓은 의미에서 이 세 학파는 하나의 사상적 흐름에 속하는 것으로 볼 수도 있다. 물론 이 세 학파는 독일에서 탄생되어 주로 독일과 프랑스에서 꽃피웠던 사상들이다.

그리고 1960년대 주로 미국, 독일, 프랑스 학생운동의 사상적 촉매제가 되었던 소위 네오마르크스주의 사상이 있다. 아도르노(T. Adorno), 호르크하이머(M. Horkheimer), 마르쿠제(H. Marcuse), 그리고 하버마스(J. Habermas)가 그 대표적 인물들이다. 또한 주로 프랑스를 중심으로 언어학과 인류학 연구로부터 비롯된 구조주의(Structualism)가 있다. 바르트(R. Barthes), 레비 스트로스(C. Levi Strauss), 야콥슨(R. Jakobson) 등이 그 대표적 인물이다.

그리고 20세기에 새롭게 등장한 철학이론으로서 독일의 프레게(G. Frege)와 영국의 러셀(B. Russel)에 의하여 창안된 수리논리학(Mathematical Logic)이 있다. 이것은 서양철학사상 논리학의 혁명으로 기록될 수 있는 엄청난 철학적 공헌이다. 이어서 이 두 철학자의 업적을 기반으로 등장한 비트겐슈타인 철학이 있다. 그리고 비트겐슈타인의 전기 저작인 『논리철학논고』의 영향 아래 뒤이어 나타난 논리실증주의(Logical Positivism)와 그의 후기 저작인 『철학적 탐구』의 영향 아래 태동한 영국의 일상언어학파가 있다. 논리실증주의는 다 아는 대로 오스트리아에서 창시되었으나 그 꽃을 피운 곳은 미국이다. 그리고 영국을 중심으로 유럽에서 영향력을 발휘한 칼 포퍼(K. Popper)의 비판적 합리론(Critical Rationalism)과 논리실증주의에 대한 가장 강력한 반론을 편 콰인(W. V. O. Quine)의 철학이 있다. 콰인은 미국에서 가장 많은 영향을 미친 오늘의 사상가라 할 수 있다. 그는 특히 논리학, 언어학 그리고 과학철학에 있어서 매우 큰 영향을 미쳤다.

그리고 콰인 이후에 큰 영향을 미친 철학자로 흔히 후기 논리실증주의 과학철학(Post Positivistic Philosophy of Science)을 전개한 것으로 알려진 토마스 쿤(Thomas Kuhn)과 파이어아벤트(P. Feyerabend)가 있다.

1970년대 이후 독창적 철학자로 세계적 명성을 얻고 있는 미국의 철학자로는 크립키(S. Kripke), 퍼트남(H. Putnam), 데이비슨(D. Davidson), 서얼(John Searle) 등이 있다.

또한 포스트모더니즘이라는 명칭으로 최근 한국의 일반 독자들에게 선을 보이고 있는 데리다(J. Derrida)의 해체론(Deconstructionism)

이 있다. 물론 이것은 레비 스트로스를 대표로 하는 프랑스 구조주의에 대한 반론으로 푸코(M. Foucault) 등에 의해 주도된 소위 후기 구조주의(Post Structualism)에 속하는 사상이다. 그리고 후기 구조주의 계열의 사상가로 리오타르(J. F. Lyotard)와 들뢰즈(G. Deleuze) 등이 있다.

그리고 독일에서 철학의 새로운 변형을 시도하는 대표적인 철학자로 아펠(K. O. Apel)과 하버마스가 있다. 1960년대 신마르크스 이론가로 명성을 떨쳤던 하버마스는 이제 현대 분석철학의 영향 아래서 언어철학적 접근법을 살린 새로운 사회인식론의 수립에 박차를 가하고 있음은 주목할 만하다.

최근 20년 사이에 일어난 서양 현대철학의 두드러진 특성은 이른바 영미의 분석적 전통과 유럽의 전통철학 사이에 활발한 인적 교류와 함께 사상적 교류가 나타나 이론의 융합이라는 철학의 변형(transformation)이 일어나고 있다는 점이다. 그리하여 분석철학은 이미 그 국지성을 넘어서 작용하고 있으며, 분석철학은 또한 유럽의 전통으로부터 새로운 수혈을 받아 스스로를 변형시켜 가고 있다. 독일의 아펠과 하버마스, 투겐타트는 독일의 전통과 분석적 전통의 교합을 시도하여 '철학의 변형'을 시도하는 대표적 철학자이다. 그리고 미국의 서얼은 현상학과 분석철학을, 퍼트남과 데이비슨은 칸트와 분석적 전통을 교합시키고 있다.

이른바 공산권의 해빙과 더불어 변증법적 유물론 철학이 서구의 철학과 활발한 대화를 시작하고 있다. 이러한 대화로부터 새로운 철학의 변형이 나타날 수 있으리라는 기대가 있다.

또한 동양의 옛 사상적 전통도 진열장으로부터 나와 오늘 살아 있는 철학으로 기능하기 위해서는 오늘의 역사적 현실의 바탕 위에서 새로운 변형이 일어나야 할 것이다.

현대철학의 가장 두드러진 특성을 나타내는 말로 '언어적 전회

(linguistic turn)'라는 표현을 일찍이 로티가 사용한 적이 있다. 약간의 과장이 없는 것은 아니지만, 철학의 역사에 있어서 언어에 대한 관심이 현대처럼 대단했던 적은 없었던 것 같다.

5. 현대철학의 주요 쟁점들

1) 인간은 자연의 일부인가, 아닌가?

이 물음은 비단 현대철학에서만 제기된 물음은 물론 아니다. 철학의 '영구한 물음'의 하나라 해도 좋다. 그런데 이 물음은 현대철학의 광장에서는 자연과학의 발전과 더불어 한결 세련된 이론의 옷을 입고 나타났다. 그것은 학문방법론과 결부되어 방법론적 일원론과 방법론적 이원론의 대결로 나타나기도 하였으며, 최근에 이르러서는 '심리철학'의 새 옷을 입고 인간정신의 본성에 관한 논쟁으로 나타나고 있다.

해석학과 현상학, 그리고 그 전통을 따르는 철학적 진영은, 인간은 단순한 자연의 일부가 아니라는 것, 특히 인간에 관한 학문이 자연에 관한 학문과 구별되는 방법론에 의해 탐구되어야 한다는 점을 소리 높여 외쳤다. 해석학은 '이해(Verstehen)'라는 중심 개념을 들고 나오며 현상학은 '본질직관(Wesensanschauung)'을 들고 나와 인간정신에 관한 탐구가 자연에 관한 탐구와는 근본적으로 다른 차원에 놓여 있음을 보여주려고 하였다.

이러한 두 입장들은 물론 자연과 인간에 관한 탐구가 본질적으로 동일 차원에 놓여 있음을 주장하는 방법론적 일원론에 대한 반론들이다. 19세기의 실증주의자들인 콩트(A. Comte)와 밀(J. S. Mill)은 방법론적 일원론을 제창한 대표적인 학자들이다.

더욱이 후설은 인간의 정신은 지향적 구조(Intentionalität)를 가지고 있다는 점을 지적함으로써 인간정신은 지향적 구조를 갖지 않은 물질과 근본적으로 다르다는 것을 주장했다. 의식작용은 언제나 본질 혹은 의미로 향해 있다. 생각한다는 의식작용은 사물의 본질을 그 대상으로 관계 맺고 있다. 달리 표현하면 '생각한다'는 동사는 언제나 그 어떤 목적어를 갖기 마련이다. 의식작용이 지향하는 것은 사물의 본질이며 그것은 의미이다. 이렇듯 의식은 항상 본질(의미)과 짝지어져 있다. 이러한 의식의 특성이 바로 지향성(Intentionalität)이라는 말이 뜻하는 바이다.

해석학과 현상학은 19세기 실증주의 진영에서 폈던 인간정신의 자연화 프로그램에 대한 하나의 항전(抗戰)으로 기록될 수 있을 것이다. 그런가 하면 20세기에 나타난 보다 세련된 실증주의인 논리실증주의(Logical Positivism)는 과학의 이론적 구조를 밝히는 과학철학의 문맥에서 마음의 본성에 관한 논의를 새롭게 부각시켰다. 말하자면 자연과 인간에 관한 학문이 근본적으로 하나의 방법론적 원칙 아래 통합될 수 있다는 통합과학의 이념을 제창했던 논리실증주의는 마음에 관한 유물론적 환원이론을 구축하는 것이 필요했다.

그리하여 1960년대에 이르러서는 심리철학(Philosophy of Mind)이라는 새로운 간판을 내걸고 마음에 관한 철학적 탐구를 본격화하기에 이른다. 물론 마음에 관한 연구는 철학사적으로 볼 때 새로운 사건은 아니다. 다 아는 바와 같이 데카르트로부터 시작된 물질과 정신의 존재론적 위치에 관한 논의가 실체(substance)에 관한 철학적 논쟁으로 그 이후 열띠게 전개되어 왔다.

그 다른 점이 있다면 현대과학이라는 배경을 등에 업고 보다 세련된 논증 형식을 빌려 인간정신의 본성에 관한 철학적 논의가 전개되고 있다고 말할 수 있을 것이다. 처음에는 마음을 물질로 환원할 수 있다는 여러 가지 입론들이 우세한 상황이었으나, 최근에는 그러한 환원에 반대하는 입론이 차츰 인기를 얻어가고 있는 형편이라 볼 수 있다.

이렇듯 1960년대 심신동일론(Mind-Body Identity Theory)에 관한 논의로 출발하여 최근 수반론(Supervenience Theory)의 형태에 이르기까지 심리철학의 논쟁에 있어서 빼놓을 수 없는 위치를 차지하고 있는 사람이 바로 한국이 낳은 김재권 교수이다. 이 사실을 우리가 특별히 힘주어 말하지 않을 수 없는 것은 21세기에 전개될 새로운 철학의 지평을 개척해야 할 짐을 진 세대에게 '김재권 사건'은 매우 고무적인 일이 아닐 수 없기 때문이다.

해석학과 현상학의 진영에서의 논의들과 최근 심리철학에서의 논의들을 거치면서 부각된 점은, 정신 내지 마음은 그 현상적 특성과 작용 내지 기능에 있어서 물질의 그것들에로 환원될 수 없는 독특한 점들을 가지고 있다는 점이다. 그러나 그렇다고 하여 그것이 곧바로 실체적 이원론으로 이어지기에는 여러 가지 어려움이 가로막고 있다. 속성과 기능은 다르더라도 그것은 근원적으로 하나로 귀속될 수도 있기 때문이다. 그런데 문제는 그 근원적인 하나를 종래에 생각되어 온 물질과 정신 둘 중에서 찾으려 할 때 생기는 어려움을 우리는 또한 발견한다. 그것은 종래의 유물론과 유심론의 경우에서 넉넉히 읽을 수 있다. 지금 우리에게 필요한 것은 종래의 물질과 정신에 관한 기본 개념 자체를 버리는 일일지도 모른다. 그 자유의 공간으로부터 새롭게 우리의 논의를 시작하는 것은 어떨까?

2) 진리는 상대적인가?

진리에 관한 물음은 철학의 역사와 운명을 같이해 왔다. 어쩌면 철학의 으뜸가는 문제였다 해도 결코 과장된 말이 아니다. 진리는 상대적인가, 그렇지 않은가? 혹은 도대체 진리란 무엇이며, 그것은 존재하는가?

너무나 귀에 익은 질문이며, 많은 사람들이 묻고 또 물어온 질문이다. 이렇게 오랫동안 때 묻은 물음이면서도 아직도 또다시 묻지 않을 수 없는 문젯거리를 가지고 있는 물음, 그 물음이 현대철학의 도마 위에 또 올라 있다.

현대철학에 이 물음이 제기되는 문맥은 애당초 언어철학에서였다. 지시(reference)의 문제가 바로 그것이다. 전통 논리학에서 개념은 내포(intension)와 외연(extension)을 가지고 있다고 여겨왔다. 그러던 것이 J. S. 밀에 이르러 하나의 말은 함축(connotation)과 지시(denotation)를 가지고 있다고 주장되었으며, 현대 논리학의 창시자의 한 사람인 프레게는 말은 의미(sense)와 지시(reference)의 두 측면을 가지고 있다고 보았다.

콰인에 이르러 언어의 의미의 존재론적 위치에 관한 회의와 더불어 언어의 존재에 대한 지시가 투명한가에 대한 회의가 대두되었다. 콰인은 언어의 의미가 실재한다는 의미의 객관성을 부정함과 동시에 '지시의 불가해성(inscrutability of reference)'을 들고 나오기에 이르렀다. 이것으로부터 도달한 입장은 '존재론적 상대성(ontological relativity)'이었다.

존재론적 상대성이 함축하는 것 가운데 하나는 진리의 표준으로 상정되는 존재(혹은 실재)가 언어상대적이라는 것이다. 따라서 존재 혹은 실재에 관한 인간의 지식은 인간이 설정하는 언어 혹은 개념의 틀에 의존하는 것이어서 실재를 인간 지식의 객관적 표준으로 삼을 수 없다.

이러한 콰인의 존재상대론은 실재를 진리의 준거점(표준)으로 확보하려는 실재론으로부터 반격을 받게 되었다. 왜냐하면 콰인의 주장은 반실재론(Antirealism)을 함축하기 때문이다.

크립키는 그의 유명한 저술 『이름 짓기와 필연성(*Naming and Necessity*)』에서 이름을 고정 지시어(rigid designator)라고 봄으로써 언어와 존재세계가 아주 밀착되었다는 점을 부각시키려고 하였다. 이러한 크립키의 실재론적 언어철학은 콰인의 반실재론적 언어철학에 대한 정면 도전으로 이해될 수 있었다.

뒤이어 나타난 퍼트남과 데이비슨의 언어철학적 논증들은 콰인에 대한 비판과 더불어 크립키에 대한 비판을 모두 겨냥하고 있다. 이 두 철학자들은 두 극단적 입장을 수용하기를 거부하고 중도적 입장을 모색하고 있다. 퍼트남은 자기의 입장을 내재적 실재론(Internal Realism)이라고 명명함으로써 극단적인 실재론과 극단적인 반실재론을 극복하려고 한다.

콰인의 상대론적 존재론은 지식 혹은 진리의 문제에 있어서 인식주체의 역할을 확대해석하는 셈이며, 크립키의 본질주의(Essentialism)는 실재의 역할을 실제 이상으로 확대해석하는 셈이다. 이것이 아마도 중도노선을 모색하는 철학자들이 콰인과 크립키를 보는 입장이 아닌가 한다.

이렇듯 현대철학에 있어서 진리가 상대적인가 하는 물음에 대한 논쟁은 언어철학적 문제로부터 시작하여 실재론 대 반실재론의 논쟁으로 번져가고 있다.

그리하여 실재론과 반실재론의 문제는 해킹(I. Hacking), 필드(H. Field), 데빗(M. Devitt) 등에 의해 새로운 철학의 지평을 확대해 가고 있다. 그뿐만 아니라 최근에 진리의 문제를 그로버(D. I. Grover), 벨납(N. D. Belnap), 캠프(J. Camp) 같은 철학자들은 1920년대에 램지(F. P. Ramsey)에 의해 비롯된 진리 잉여론(Redundancy Theory of Truth)을 소위 진리 대문장론(the Prosentential Theory)의 형태로 다루고 있음도 지적되어야겠다.

또 한편으로 프랑스의 구조주의와 탈구조주의(Post Structualism)의 대결도 궁극적으로 진리의 문제에 관해서 객관적 표준 내지 준거점을 인정하느냐에 대한 찬반의 입장으로 정리될 수 있다. 구조주의의 선구자들은 사실에 관한 지식과 텍스트 해석에 있어서 보편성과 객관성을 인정하였으나, 차츰 그 보편성과 객관성에 대한 회의의 목소리가 증폭되는 추세가 후기 구조주의의 전개와 더불어 더욱 강화되어 왔다. 푸코는 지식이 정치적, 사회적 힘에 의하여 얼마나 굴절되어 왔는가를 보여줌으로써 진리의 객관성에 대한 믿음의 부질없음을 드러낸다.

그런가 하면 최근 해체론(Deconstructionism)의 기수로 널리 알려진 데리다 같은 후기 구조주의 이론가는 서양 형이상학의 기본전제 자체를 들춰내어 그 허구성을 폭로하겠다는 대단한 결의를 보이고 있기도 하다. 데리다는 그 형이상학의 본질을 '논리중심주의(Logocentrism)'라고 본다. 논리중심주의는 드러남으로서의 진리(aletheia)라는 진리에 대한 믿음과 그 진리에 도달할 수 있다는 믿음을 떠받들고 있다. 그리고 그것은 현존과 그렇지 않음(presence/absence), 로고스와 미토스(logos/mythos), 논리와 수사학(logic/rhetoric), 지성과 감성(intelligible/sensible), 본질과 실존(essence/existence), 말함과 글씀(speech/writing), 이념성과 경험성(ideality/the empirical), 문자 그대로와 비유(literal/figurative), 자연과 문화(nature/culture) 등의 이분법을 사물 이해의 기본 틀로 삼고 있다.

그는 위의 구분법을 부정한다. 그것은 실재(존재)와 의식의 구별을 거부함을 함축한다. 인간의식은 본질적으로 '원초적 글씀(arche-writing)'과 뗄 수 없이 붙어 있으므로, 의식의 대상은 의식으로부터 완전히 독립된 실재가 아니라 '해석(interpretation)'일 뿐이다. 그리하여 그는 말한다. "텍스트 이외에는 아무것도 없다." 객관적 진리도 초월적 이성도 없다. 모든 것은 모든 것에 상대적일 뿐이다.

이러한 데리다의 진리에 대한 상대론적 입장은 콰인의 반실재론과 멀리 떨어져 있지 않다. 그뿐만 아니라 거의 모든 후기 구조주의자들이 그렇듯이, 데리다는 절대적 진리관의 포기 선언을 "신은 죽었다"는 말로 표현했던 니체의 후계자임이 분명하다. 존재는 오직 해석된 존재임을 설파했던 니체의 모습이 새로운 옷을 입고 오늘 우리 앞에 우뚝 서 있음을 발견한다.

우리는 진리의 문제에 관한 또 하나의 논쟁의 사례를 하버마스와 가다머의 합리성(Rationality)의 개념을 둘러싼 논쟁에서도 발견할 수 있다. 가다머에 의하면 인간의 의식은 사회역사적 조건들로부터 독립되어 있거나 특정한 관점으로부터 초월해 있을 수 없다. 인간은 어떤 특정 시기의 전통 아래 항상 놓여 있기 마련이다. 그러므로 인간은 저 계몽주의가 넘어설 것을 주장한 시대의 '편견(prejudice)'에 묶여 있을 뿐이다. 편견이야말로 인간의식의 본질적 구성요소요 토대라 할 수 있다. 그러므로 인간의식은 본질적으로 '영향사적 의식(Wirkungsgeschichtliche Bewusstsein)'이다. 인간의 의식이란 결국 대화를 통해 서로 다른 편견의 지평 위에 놓인 사람들이 그 편견의 지평을 녹여가는 지평융합의 과정이다.

이러한 가다머의 입장과는 달리 하버마스는 그런 편견의 지평을 넘어선 선험적인 합의(transcendental consensus)의 차원에 도달할 수 있음을 주장하며, 그것이 진리의 객관적 기준으로 봉사할 수 있다고 믿는다. 그의 의사소통적 언어철학과 행위론은 그러한 가능성을 모색하고 있다. 이 점에서 프랑크푸르트대학의 아펠은 하버마스와 공동노선을 취하고 있다.

3) 철학은 인식론인가?

로티(R. Rorty)는 말썽 많은 그의 책 『철학과 자연의 거울(*Philosophy and the Mirror of Nature*)』(1979)에서 데카르트에서 비롯한 인식론 중심의 철학의 종언을 선고한다. 그의 진단에 따르면 데카르트에서 시작된 인식론 중심의 철학관은 현대의 논리실증주의에 이르기까지 서양철학의 주조(主調)를 이뤄왔다. 잘라 말해서 그러한 인식론 중심의 철학의 공통 전제는 인간의 마음을 '세계의 거울'로 보았다는 것이다.

그러나 그의 책을 자세히 검토해 보면 그가 반대하는 것은 결국 토대론(Foundationalism)의 입장에 선 인식론이다. 따라서 반토대론이 곧 인식론의 포기가 아니라면, 그의 주장은 결국 '토대론적 인식론 = 철학'이라는 등식에 대한 반론을 제기하고 있는 셈이다. 그런데 그런 등식의 신봉자가 아닌 철학자가 선택할 수 있는 길은 적어도 다음의 두 가지일 수 있다. 그 첫째는 인식론 이외의 작업을 철학의 중심과제로 삼는 경우이다. 그래서 가령, 존재론 우선의 철학적 입장을 생각할 수 있고, 혹은 윤리학이나 가치론 중심의 철학을 생각할 수도 있을 것이다. 그런가 하면, 또 다른 가능성을 생각할 수도 있을 것이다. 이를테면 언어의 명료화(clarification of language)를 철학의 중심과제로 설정했던 비트겐슈타인의 경우를 생각해 볼 수도 있을 것이다.

사실 존재론 우선의 철학을 명시적으로 주장했던 철학자는 하이데거였음을 우리는 알고 있다. 그는 데카르트 이래의 인식론 우선의 철학적 발상법 자체에 의문을 제기하고 존재론 우선의 철학적 발상법을 제안했다. 그는 인식론은 존재론으로부터 파생되어 나온 하나의 추상적 건축물이라 보았다.

데카르트가 창안해 낸 '나의 의식'으로부터 출발하는 철학의 발상법에 반대한 것은 비단 하이데거뿐만이 아니다. 비트겐슈타인도 그런 철학자이며, 특히 그의 후기 철학은 그러한 입장은 사적 언어(private language)를 전제한다고 진단하고, 사적 언어의 불가능성을 보여줌으로써 '나의' 의식으로부터 출발하는 철학적 발상법 자체를 비판했다.

둘째 가능성은 토대론적 인식론이 아닌 인식론을 받아들이는 철학을 선택하는 길이다. 우선 '자연주의적 인식론'을 생각해 볼 수 있다. 콰인이 논리실증주의를 비판하고 나서 취한 인식론과 같은 경우가 그것이다.

이로써 분명해진 것은 로티의 인식론 중심의 철학의 사망선고가 이론적으로 정당화되더라도, 그 함축은 그가 대안으로 제시하는 바와 같은 이른바 '교화적 철학(edifying philosophy)'만이 유일한 남은 선택은 아니다. 그리고 그는 마치 그 교화적 철학과 해석학이 그 어떤 필연적 인연이라도 있는 것인 듯이 말하고 있으나, 그 주장의 설득력도 문제가 아닐 수 없다.

그는 실제로 토대론적 인식론을 떠받들지 않는 듀이(J. Dewey), 하이데거, 비트겐슈타인을 자기의 입장을 지지하는 거대한 대들보 정도로 내세우고 있다. 그뿐만 아니라, 논리실증주의도 본질적으로 토대론적 인식론의 한통속으로 보고 논리실증주의를 비판하는 셀라스(W. Sellars)와 콰인을 자기의 후원자로 들먹이기도 한다. 그런가 하면, 그의 후기 저작들에서는 데리다를 비롯한 최근의 유행을 타는 진리 상대론자들을 자기의 진영에 끌어들이고 있다.

한 가지 분명한 것은 인식론 중심의 철학에 대한 그의 비판은 모든 인식론 자체에 대한 거부라기보다는 토대론적 인식론에 대한 거부이며, 철학 자체에 대한 비판이라기보다는 특정한 철학관에 대한 비판이라는 점이다. 로티의 토대론적 인식론에 대한 비판은 적어도 모든 경험적 지식이나 과학에 대한 비판 작업, 더 나아가서는 인간 지식 일반의 정당성을 심판하는 최고법정으로서의 인식론적 작업을 철학의 중심과제로 삼는 철학관에 대한 하나의 중요한 도전으로 간주될 수 있다. 그러한 그의 도전이 성공을 거두었느냐에 대해서 분명히 긍정적 판단을 내리는 사람은 그리 많은 것 같지 않다. 그럼에도 불구하고 그가 던진 파문은 현대에 있어서 철학이 차지하는 학문적 위상에 관한 날카로운 관심을 21세기를 바라보는 많은 사람들에게 불러일으켰다는 점에서 의의가 매우 크다.

철학은 과학과 동일 차원에 놓인 인간의 지적 탐구인가? 아니면 다른 차원의 지적 활동인가? 그리고 오늘을 사는 우리에게 해결되어야 할 새로운 문제로 부각되는 것들은 무엇인가? 근세철학의 연장선상에 있는 현대철학은 이제 종말을 고하고, 하나의 획기적인 새로운 시작을 해야 하는 시점이 바로 오늘인가? 이 물음들은 현대철학 앞에 던져진 중요한 물음이 아닐 수 없다.

4) 자유와 평등은 무슨 관계에 있는가?

70여 년 전 러시아 혁명 이후 줄곧 공산국가의 관용철학으로 동원되어 왔던 마르크스주의는 자유의 이념을 떠받드는 비공산권의 사회철학과 모순되는 평등의 이념을 떠받드는 사회철학으로 간주해 온 것이 상식이었다. 이른바 '동구의 변혁'이 앞으로 어떤 모습으로 귀결될는지는 시간을 더 두고 기다려보아야 알게 되겠지만, 한 가지 분명한 것은 교조화된 마르크스주의는 이제 엄청난 변화의 전환점에 서 있다는 사실이다. 여기서 실제의 문제로서 떠오르는 것은 자유와 평등, 자본주의와 공산주의, 그리고 시장경제와 통제경제는 과거의 도식에서 말하듯이, 과연 각각 모순관계에 서 있는가 하는 물음이다.

1970-80년대에 걸쳐 롤스(J. Rawls)와 노직(R. Nozick)을 중심으로 한 논쟁에서 자유와 평등의 원리를 둘러싼 현대철학적 논쟁은 이미 많은 사람들의 커다란 주목의 대상이 되어왔음을 우리는 잘 알고 있다. 사실 현대의 역사 자체가 자유와 평등의 이념을 축으로 하여 벌어지는 사회체제 논쟁의 이론의 무대인 동시에 그 이론의 타당성을 검증해 온 실험의 무대였다 해도 지나친 말이 아니다.

마르크스레닌 철학은 공산권에서 그 이론과 실천이 전개되어 왔음을 우리는 잘 알고 있다. 그리고 서구에서는 신마르크스 철학이 교조적인 마르크스 사상에 대한 비판으로서 프랑크푸르트학파 철학자들에 의해서 주장되고 또 논쟁거리가 되어왔다. 특히 미국의 1960년대 학생운동을 비롯하여 독일과 프랑스의 학생운동, 나아가서는 제3세계 여러 나라의 학생운동에 그 어떤 영감을 던져주었던 것이 신마르크스주의 사상이었다. 미국에서 활약했던 마르쿠제와 프랑크푸르트의 아도르노, 하버마스가 그 사상적 영웅이었던 것을 우리는 기억한다.

그러나 그 한때의 영웅들은 학생운동이 극에 달했을 때 배반자로 격하되어 한낱 수모의 대상으로 전락했던 지난 역사를 우리는 기억하고 있다. 그리고 그와 함께 신마르크스주의도 석양을 맞이하였다. 그 영웅들 가운데 아직도 살아남아 현대철학의 큰 기둥의 하나로 활약하고 있는 하버마스는 이미 신마르크스주의와는 다른 사상의 공간에서 사유하고 있다.

지금 현대철학에 던져진 문제는 자유와 평등의 개념을 밑바닥에서부터 다시 검토하는 일이다. 그리하여 그 양자를 대립과 모순의 관점에서 논의하던 지금까지의 경직된 사고의 틀을 벗어나서 새롭게 조명하는 일이다. 그런데 어쩌면 그러한 새로운 시작은 근세철학의 연장선상에 있는 현대철학의 틀을 벗어나는 새로운 철학의 과제인지도 모르겠다.

6. 현대철학의 지평을 넘어서서

근세철학의 주요한 추동력은 개인의 등장, 과학의 출현, 그리고 산업사회의 전개였음을 이 글 첫머리에서 지적하였다. 물론 그러한 새로운 역사의 전개는 어디까지나 중세의 전통이라는 배경 아래서 이루어졌음은 말할 것도 없다. 근세 이후 현대에 이르기까지 전개된 철학의 이론들은 이러한 현실의 문제 상황에 대한 철학적 응답의 여러 형식들이다.

인식론 중심의 철학도 그러한 응답의 한 형식이며, 과학과 철학의 위상에 관한 칸트 이래의 철학관의 변천도 그러한 응답의 한 형식이다. 그리고 근세 이후 나타났던 수많은 철학적 입론들은 때로는 앞선 이론과의 대화의 형식도 있었으며, 때로는 자기가 처한 역사적 현실을 변호하거나 변화시키고자 한 지적 모험이었다.

지금까지 우리는 그런 관점에서 현대철학의 위상을 점검하고 그 주요 쟁점들이 무엇인가를 부각시켜 보려고 하였다. 그러나 그것은 어디까지나 스케치에 불과했다. 이것은 앞으로 펼쳐질 본격적인 현대철학 강좌의 파노라마를 관람하기에 앞서 제시되는 맛보기에 불과하다.

앞서 지적한 대로 로티는 인식론 중심의 철학의 종말을 선언하였다. 과거 철학의 사망선고를 선포한 사람은 물론 로티가 그 첫 번째는 아니다. 니체는 기독교 신 중심의 철학의 사망선고를 이미 선포했다. 비트겐슈타인은 일찍이 이렇게 철학의 자가진단을 내린 바 있다. "철학의 올바른 방법은 다음과 같은 것이리라. 말할 수 있는 것, 즉 자연과학의 명제 이외에는 아무것도 말하지 않는 것, 그러고 나서는 어느 누가 형이상학적인 것을 말하고자 하면 그 말 속에 들어 있는 어떤 기호에도 그가 뜻을 부여하는 데 실패하고 있다는 것을 그에게 지적해 주는 일이다."(『논리철학논고』 6.53)

결국 비트겐슈타인은 여기서 형이상학 중심의 철학에 대한 사망을 선고하고 있다. 논리실증주의자들은 이 점에서 비트겐슈타인의 계승자들이었다. 그러고 나서 남는 것은 무엇인가? 비트겐슈타인은 이렇게 말했다. "말할 수 없는 것에 대해서는 침묵을 해야 한다."(『논리철학논고』 7)

비트겐슈타인의 이 준엄한 선언 이후 철학에 종사하는 사람들은 "철학은 어디로 가는가?"라는 질문을 던져왔다. 그러면서 어떤 사람들은 '종말'의 위기를 말하기도 하며, 또 어떤 사람들은 철학의 새로운 '변혁'을 제창하기도 한다.

그러나 부인할 수 없는 사실은 그러한 극언(極言)에도 불구하고 철학적 논의들은 열을 더해 가고 있다는 것이다. 여기서 우리가 느끼는 것은 모든 새로운 탄생이 그런 것처럼 어제에 대한 강한 부정과 함께 새로운 용트림의 징후가 여기저기서 나타나고 있다는 것이다.

지금 새로운 역사가 인류 앞에 서서히 그 모습을 드러내기 시작하고 있다. 개인, 과학, 산업사회라는 근세 역사의 추동력에 근본적인 변화가 다가오고 있다. 개인은 그렇게 자족적이며 고립된 존재의 단위일 수가 없는 존재로 바뀌어가고 있다. 자연은 더 이상 과학의 대상으로서 그냥 인간과 대립되어 있는 존재가 아니다. 자연을 단순한 이론의 대상, 욕망 충족의 대상으로 남아 있게 할 수 없는 세상이 다가오고 있다. 그렇기에 그런 자연을 주무르는 과학은 재검토되어야 한다. 그리고 그러한 과학을 토대로 운영되어 온 산업사회의 기본 틀도 새로운 형태로 변형되어야 할 때이다.

근세가 중세와 구별되는 것은 단순한 물리적 시간의 단위 때문만이 아니다. 역사의 기본 조건들이 다르기 때문이다. 그리하여 그 조건들 아래서 살아가는 삶의 기본 틀이 다르게 마련되어야 하는 때이기 때문이다.

오늘을 우리는 현대라고 말한다. 우리가 오늘을 '현대'라는 말로 표현한다 해서 근세와 다르다는 법이 없다. 모든 시대의 사람들은 자기 시대를 현대라고 부를 수 있기 때문이다. 오늘 우리가 현대철학이라고 부르는 것들은 근세철학의 연장선 위에서 벌어지는 지적 드라마라고 나는 본다. 지금 그 드라마가 막을 내리고 새로운 막이 오르려고 한다. 그것이 적어도 나의 예감(豫感)이며 예단(豫斷)이다.

새로운 삶의 조건들에 대한 지적 응답은 새로운 문법을 요구한다. 오늘을 사는 우리가 준비해야 하는 것은 그러한 새로운 문법이다. 자아와 인간과 자연을 새로운 틀 안에서 볼 수 있게 하는 새로운 문법은 바로 새로운 철학이다.

『철학과 현실』(1991년 여름)

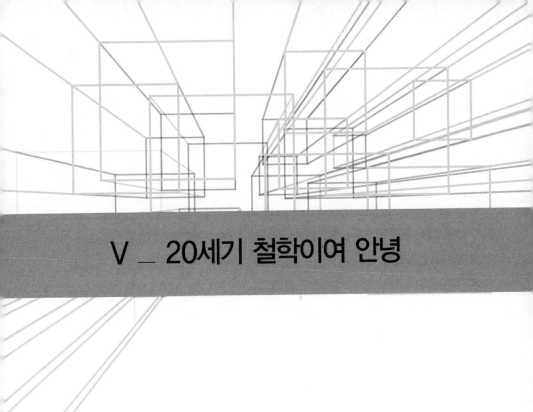

V _ 20세기 철학이여 안녕

20세기 철학이여 안녕

    1999년, 20세기의 마지막 석양이 걸려 있는 시간이다. 2000년이 이제 우리 눈앞에 다가서 있다. 물론 1999년이니 2000년이니 하는 숫자는 물리적 시간의 흐름을 사람들이 규약에 의해 설정해 놓은 눈금에 불과하다. 그것은 서양 사람들이 그어놓은 시간의 눈금이다. 기독교 문명의 유산의 하나임에 틀림없다. 우리는 지난날 단기(檀紀)라는 시간의 눈금을 사용해 왔다. 단기라는 눈금에 따르면 21세기란 말은 설 자리가 없어진다. 여기서 우리가 감지할 수 있는 것은 1999년이니 2000년이니 하는 숫자 자체가 그 무슨 존재론적 무게를 지닌 것이 못 된다는 점이다. 그것은 인간들 사이의 규약(規約)의 산물이기 때문이다.

    그러나 우리가 무시할 수 없는 것은, 인간은 스스로 설정해 놓은 시간의 눈금에 의미를 부여하고 그것에 따라 삶을 기획하고 행동한다는 사실이다. 그래서 오늘 지구 위에 존재하는 인간의 공동체들에 있어서 2000년대의 도래는 특별한 관심과 의미를 불러일으키며 사람들의 마음을 사로잡고 있다. 한마디로 거대한 역사의 전환점, 문명의 전환점으로 2000

년이 우리에게 인식되고 있다.

연주자는 작곡가가 써놓은 악보에 따라 음악의 세계를 펼쳐놓는다. 악보는 음악세계의 설계도이다. 그러나 역사에는 미리 짜놓은 설계도가 없다. 따라서 20세기와 21세기의 역사의 진행이 1999와 2000이라는 시간의 눈금에 따라 확연히 구분되어 다른 모습으로 나타나리라고 생각하는 것은 어리석은 상상에 불과하다. 20세기 역사의 악보도 없을 뿐 아니라 21세기 역사의 악보도 없다. 미리 짜놓은 역사의 악보는 없다. 역사에는 작곡자가 없다. 있다면 신(神)뿐이다.

역사에는 미리 짜놓은 악보는 없으나 인간의 기획과 행동이 있다. 그러나 그 기획과 행동은 허공 속의 그것이 아니다. 역사는 무제약(無制約)과 무한한 자유의 공간이 아니다. 역사에 있어서 기획은 자유로울 수 있으나 그것의 실현은 수많은 조건들에 제약되어 있다. 자연의 조건들과 지금까지 인류가 저질러놓은 온갖 상황과 일들과 사건들에 얽혀 있는 그 역사적 조건들 속에 우리는 놓여 있다. 그 역사적 조건들과 맞아떨어지는 기획들만이 현실화된다.

지난 한 세기는 인류의 역사에 있어서 엄청난 변화와 변용 그리고 변혁의 시대였다. 변화의 폭과 속도, 강도에 있어서 인류사의 어떤 시대에 견줄 수 없는 엄청난 변화였다. 이러한 엄청난 변화에 휘말려 없어져버리지 않고 아직까지 살아남아 있다는 것 또한 놀라운 일처럼 느껴진다.

우리가 경험했던 변화와 변혁은 한두 가지가 아니다. 세계적 차원에서 벌어지는 대량학살과 엄청난 물적 파괴를 몰고 온 두 차례의 세계대전, 한국전쟁과 중동전쟁, 그리고 무엇보다도 세계 최강국인 미국이 약소국을 무력으로 제압하는 데 실패한 베트남 전쟁 등을 겪으면서 우리는 인간의 가능성이 무엇이며 또한 인간이 얼마나 비이성적인 존재인가를 체험했다.

지난 세기에는 무엇보다도 물질의 미시적 구조로부터 우주의 거시적

운동에 이르기까지 놀라운 과학적 탐구가 성취되었을 뿐 아니라, 이러한 과학적 이론을 바탕으로 한 첨단 공학기술의 발전들은 우리의 삶의 조건들을 엄청나게 변화시켜 놓았다.

그리고 지난 한 세기 동안 인류가 두 개의 진영으로 나뉘어 부단한 갈등을 초래케 했던 것은 이데올로기 문제였다. 그것은 이상적 삶의 공동체가 어떻게 운영되어야 하는가에 대한 의견의 충돌이요, 그 실현을 위한 투쟁의 역사였다. 그러나 소련과 동구 공산권의 해체로 이데올로기의 논쟁과 그 실천의 실험은 일단 일단락이 났다. 20세기의 역사는 이데올로기 시험의 역사였다. 이 시험의 결과가 인류에게 던져주는 교훈이 무엇인가를 깊이 반추하는 것은 21세기의 과제로 남아 있다.

20세기 철학의 중심과제는 과학을 둘러싼 논쟁이었다 해도 과언이 아니다. 현상학은 소위 실증과학의 한계와 그 한계를 넘어선 곳에서 인간의 정신과 인간존재의 특성을 규명하려 하였으며, 그러한 현상학과 해석학적 전통을 이어받은 실존철학은 1, 2차 세계대전의 비극적이고 비합리적인 역사적 경험을 토대로 인간의 어두운 실존의 심연을 들여다보려고 하였다.

그리고 분석철학적 진영에 속하는 여러 가지 철학적 이론들의 주된 관심은 과학언어의 본질을 규명하는 데 초점을 두었다. 이것은 과학의 시대인 20세기의 특성에 가장 잘 부합하는 철학적 작업이라고 볼 수 있다. 현상학과 실존철학이 과학의 한계와 그 한계가 인간 해명에 지니는 함축에 초점을 맞추었다면, 분석철학 진영은 과학언어의 정체를 적극적으로 밝히는 데 초점을 두었다고 볼 수 있다.

그리고 마르크스주의와 그 변형의 철학적 논의들은 앞에서 지적한 대로 이상적 사회공동체 논쟁이 논의의 중심을 이루어왔다. 프래그머티즘도 본질적으로 20세기 과학적 기본 토대 위에서 프라그마, 즉 실천의 관점에서 인간의 언어를 규명함으로써 인간의 삶에서 제기되는 여러 가지 문제들을 해결하려 하였다.

21세기에 철학은 무엇을 해야 할 것인가? 20세기의 과학과 과학기술은 많은 새로운 상황과 새로운 문제들을 야기해 놓았다. 정보통신기술과 교통기술의 발달은 지구를 하나의 삶의 둥지, '하나의 이웃 동네'로 만들어가고 있다. 거기에 덧붙여 과학기술의 첨단화는 인류문명에 있어서 어느 때보다도 '지식과 정보'가 역사의 핵심적인 추동력이 되는 그런 세상, 이른바 '지식사회'로 변모시키고 있다. 이러한 변화는 지금까지 민족 단위 중심의 국가라는 삶의 터전을 근본적으로 뒤흔들어놓게 될 것이 예상된다. 한마디로 인간의 삶의 질서와 구조에 일대 지각변동이 예견되고 있다. 민족은 피로 연결된 공동체일 뿐 아니라, 언어와 종교의 단일성을 매개로 한 문화통합의 단위이기도 하다. 지금까지 인류의 역사에 있어서 분쟁은 바로 이러한 혈연과 언어 그리고 종교의 칸막이들 사이에서 일어나는 갈등과 투쟁의 역사였다 해도 지나침이 없다.

그런데 새롭게 벌어지는 상황은 바로 이러한 지금까지의 삶의 칸막이들이 해체되고 새로운 삶의 터전과 새로운 삶의 틀이 출현할 것을 요구하고 있다. 한마디로 말해서 사람과 사람 사이의 관계 맺음의 새 틀이 요청되고 있다.

또한 20세기의 과학기술은 인간과 자연의 관계에 대한 종래의 관계 맺음의 틀이 폐기될 것을 요청하고 있다. '환경문제'로 표현되는 골칫거리는 다름 아닌 자연을 단순한 인간의 정복의 대상, 착취의 대상으로 취급함으로써 발생된 문제이다. 이 골칫거리를 해결하지 않고서는 인류문명의 지속 가능성이 위협받을 뿐 아니라, 생존 자체가 위협받는 사태가 머지않아 초래될 수 있다. 자연과의 새로운 관계 맺음의 틀, 새로운 질서 지음의 틀이 요청된다.

최근 서양에서는 포스트모더니즘이라는 돌개바람이 불고 있음을 우리는 알고 있다. 그리스의 고전철학 이후부터 서양의 지성을 사로잡았던 사상의 대들보가 있었다면, 그것의 이름을 우리는 '절대' 혹은 '절대 진리' 혹은 '절대주의'라 부를 수 있다. 포스트모더니즘은 바로 저 절대 의 대들보를 해체하고 그 자리에 상대주의, 허무주의의 푯말을 세우자 고 목청 높여 소리 지르고 있다.

그런 주장에 대해서 우리는 이렇게 말하고 싶은 것이다. 그것은 결코 21세기를 위한 '새 틀'이 될 수 없다고. 낡은 틀에 대한 하나의 낡은 대 응에 불과하다고.

하나의 지구촌에서 서로가 잘 어울려 살 수 있는 새 삶의 둥지는 어떤 얼개로 되어 있어야 할까? 사람이 비록 여러 가지 이유로 서로 다르지 만, 그래도 서로 싸우지 않고, 아니 적어도 서로 없애버리려 하지 않고, 서로 살려주며 사는 길은 무엇일까? 자연이 인간을 죽이기 전에 인간이 자연과 더불어 서로 살려주며 더불어 사는 길은 무엇일까?

이 물음에 대한 그럴듯한 대답을 제시하는 것이 21세기의 철학이 풀 어야 할 숙제가 아닐까? 나는 그러한 '더불어 있음의 세계'를 다차원의 열린 세계라 부르고자 한다. 다차원의 세계는 상대주의가 지배하는 허 무적 공간이 아니다.

그러한 다차원의 열린 세계로 접근하기 위해서는 무엇보다도 다름, 차이에 대한 새로운 이해를 요청한다. 차이가 서양의 변증법적 사고 모 형에서와 같이 분쟁, 반대, 모순의 씨앗으로 이해되는 한, 아무런 가망 성이 없다. 차이가 서로 살려줌, 서로 보태줌의 계기로 이해되는 새로운 논리가 필요하다.

그리고 무엇보다도 우리에게 필요한 것은 인간 자신에 대한 오만한 인식을 해체하는 것이다. 우주에 있어서 인간의 존재위상을 중층구조 속에서 성찰하는 새로운 존재의 틀이 무엇보다 절실하다.

새로운 삶의 상황은 새로운 삶의 틀을 요청한다. 21세기, 그것은 새로 운 삶의 틀을 요청한다. 그러나 그 틀은 이미 짜여 있는 틀이 아니다. 21

세기를 사는 사람들이 고뇌를 통해 짜 맞추어 가야 할 새 틀이다. 그 작업은 바로 21세기를 목전에 둔 생각하는 사람들이 짊어져야 하는 무거운 짐이다. 그것이 바로 오늘의 철학에 맡겨진 시대적 소명이다. 여기서 우리는 "20세기 철학이여 안녕"을 내뱉을 수밖에 없다.

『철학과 현실』(1999년 봄)

현대 분석철학과 언어

1. 메타이론으로서의 언어분석

"태초에 말씀(로고스)이 있었다." 이것은 신약성서 요한복음의 첫 문장이다. 계속해서 요한복음의 저자는, 말씀은 신(神) 자신이며 그 말씀에 의해 우주가 창조되었다고 기록하고 있다. 말할 것도 없이 요한복음의 이 첫 구절은 여러 가지의 신학적 해석을 야기하는 기독교의 비의(秘義)의 메시지이다. 그러나 한 가지 분명한 것은 여기서 언어(말씀)의 문제가 인간을 포함한 우주의 질서에 대한 이해와 직결되어 제기되고 있다는 점이다. 여기서 우리는 언어의 문제와 우주질서의 문제가 하나의 동심원적(同心圓的)인 관계 속에 투영되어 있음을 본다.

우리는 현대 서양철학에서 언어가 그 철학적 관심의 전면에 부각되어 있음을 발견한다. 서양철학사는 2,500여 년이나 전개되어 왔다. 그러나 오늘의 분석철학에서처럼 언어에 대한 관심이 그렇게 고양된 적은 없다. 우리는 이와 같은 현대철학에서의 언어에 대한 관심을 두 가지 측면에서 풀이할 수 있다. 첫째는 메타이론적 작업으로서의 언어의 분석이요, 둘째는 언어 자체에 대한 철학적 반성이다. 그러면 메타이론적 작업으로서의 언어분석이란 무엇을 말하는 것일까?

애당초 철학은 인간을 포함한 존재하는 것 일체의 근본원리와 구조를 밝히려는 시도로서 출발하였다. 그런데 현대 분석철학은 철학의 성질과 과제를 주로 메타이론적인 작업에서 발견하려 한다. 메타이론이란 이론에 대한 이론으로서, 존재하는 구체적 대상의 성질과 구조를 설명하는 제 개별 학문의 이론을 논리적으로 분석, 검토하는 작업을 말한다.

그런데 제 개별 학문의 이론이란 다름 아닌 체계화된 문장의 집합이다. 메타이론이란 이러한 체계화된 문장의 집합체를 '논리적'으로 분석, 검토하는 작업이다. "철학은 언어의 명료화 작업"이라는 저 비트겐슈타인의 선언은 메타이론으로서의 언어분석을 철학적 작업의 특성으로 규정하려는 철학의 새로운 자기정립이다. 이러한 철학의 자기규정을 받아들이는 철학적 사조에 '분석철학'이라는 팻말을 달아두는 것이다. 이러한 분석적 전통은 버트런드 러셀과 G. E. 무어에서 비롯된다.

우리는 이런 분석철학의 '철학관(哲學觀)'이 얼핏 보기에는 2,500여 년의 서양철학사의 주류에서 벗어난 사상적 사생아(私生兒)가 아닌가 하는 인상을 가질는지는 모른다. 그러나 그런 인상은 서양철학사의 전개 과정을 조금만 성찰해 보면 착오임이 곧 판명된다. 애당초 인간과 우주의 근본원리를 해명하려는 지적 작업으로 철학은 시작했다. 이때의 철학은 인간의 지적 탐구(학문)가 분과화(分科化)된 오늘의 눈으로 보면, 순수학문의 총칭에 해당된다. 왜냐하면 철학은 존재하는 모든 영역의 근본원리를 탐구하는 것으로 자처했기 때문이다. 그러나 역사의 진행과 더불어, 존재하는 것을 몇 개의 영역으로 분할하여 탐구하는 지적 탐구(학문)의 분과화가 시작되었다. 철학이라는 대가족 속에 동거하던 지적 탐구는 뉴턴 역학을 필두로 서서히 분가(分家)하기 시작했다. 이러한 학문의 분과화는 19세기에서 20세기에 이르는 사이에 급속히 촉진되었다. 물리학의 출현은 철학이 우주에 관한 근본원리를 탐구하는 학문이라는 주장을 특별한 단서를 붙이지 않고는 할 수 없게 만들었고, 분과 학문으로서의 심리학의 출현은 철학이 정신적 존재로서의 인간에 관해 탐구하는 학문이라는 주장을 마구 내뱉을 수 없게 만들었다. 칸트는 물리학의 분가 후 나타난 철학의 위기와 혼란에 직면하여 선험철학(先驗哲學)을 통하여 철학의 새로운 자기정립을 모색하려 하였다. 후설은 분과 학문으로서 심리학의 출현으로 빚어지는 철학의 위기를 예감하고 그 극복을 위해 고된 지적 모험을 감행했다. 이러한 두 개의 커다란 위기를 거쳐 분명해진 것은 철학은 대상—그것이 물질적인 것이든 정신적인 것이든—의 성질과 구조를 '직접적'으로 해명하는 임무를 가졌다고 주장하기 어렵게 되었다는 사실이다. 이미 그러한 임무는 제 분과 학문에 분할되어 이관되었기 때문이다. 이런 학문의 분과화의 전개과정에 비추어볼 때 철학의 주된 과제와 성격을 메타이론적 작업으로 규정하는 현대 분석철학의 철학관을 어떤 특수한 지적 호기심의 한 발로라 볼 수 없음은 너무나 명백하다. 그것은 서양철학사—이것은 서양의 학문 발달사와 어느 정도 일치한다—의 전개과정의 자연스러운 귀결의 한 형태라고 보는 것이 옳다. 사실 칸트도 메타이론적 작업을 철학의 주된 과제의 하나라 보고, 그것을 '선험적(先驗的)'이란 말로 특성화하려 했다. '선험적'이란 과학적 지식의 가능 근거를 분석, 검토하는 메타이론적 작업을 의미하는 것이었다.

칸트는 그러한 메타이론적 작업을 '이성비판(理性批判)'의 형태로 수행했음에 반하여, 현대 분석철학의 슈퍼스타인 비트겐슈타인은 그것을 '언어비판(言語批判)'으로 대치했다.

2. 언어분석의 양면성

우리는 언어분석의 수행에서 부정적인 측면과 긍정적인 측면을 관찰할 수 있다. 분석철학자들이 언어분석을 통하여 성취하고자 했던 부정적인 측면은 전통적 철학의 파괴였다. 언어분석은 전통적 철학의 허구성을 폭로하려 했다. 분석가들의 진단에 의하면 많은 전통적 철학의 이론들은 언어의 논리적 구조에 대한 그릇된 이해 위에 서 있기 때문에, 그것들은 하나의 사상누각에 불과하다. 전통적 철학의 이론이 언어의 미혹(迷惑)에 빠져 산출된 허구임을 밝히려는 노력은 크게 나누어 두 가지 형태로 나타났다. 첫째는 말의 유의미성(有意味性)의 기준을 규명하여 그러한 기준에 따라 전통적 철학 속에 담긴 의미 없는 말, 난센스를 색출해 내는 방법이다. 이런 방법은 전기 비트겐슈타인과 빈(Wien)학단을 기점으로 활동을 벌인 초기 논리실증주의자들이 채택했다.

이런 방법은 의미 있는 말이 지녀야 할 일반적 조건이 있다는 전제 위에 서 있다. 둘째 방법은 그런 일반적 조건을 전제하지 않고, 개별적 언어 사용의 구체적 경우를 세밀히 분석함으로써, 거기에 함축된 논리적 오류를 지적해 내는 것이다. G. E. 무어와 후기 비트겐슈타인, 그리고 일상언어학파 철학자들이 이 둘째 유형의 방법을 사용했다. 언어분석은 위의 두 방법에 의한 전통적 철학에 대한 맹렬한 공격과 비판이라는 부정적인 효능만을 가진 것은 아니다. 그것은 적극적으로, 제 학문언어의 구조와 자연언어의 해명, 나아가서 인간이 세계를 이해하는 데 사용하는 개념적 장치 일반의 해명을 시도한다. 카르납, 헴펠 등과 같은 논리실증주의자들은 과학언어의 구조 해명을 위해 많이 노력했으며 후기 비트겐슈타인과 오스틴을 비롯한 일상언어학파의 철학자들은 일상언어의 성질과 그 논리의 구조를 해명하는 데 주력하였다.

3. 언어분석과 언어철학

앞에서 지적한 대로 메타이론적 작업으로서의 언어분석은 크게 두 가지 방향으로 전개되었다. 첫째로 철학적 이론 속에 포함된 언어의 논리적 오류를 색출해 내는 것과, 둘째로 인간과 세계를 그 탐구의 대상으로 삼는 개별 학문의 이론을 논리적으로 분석, 검토하는 것이다.

그런데 이러한 분석적 작업의 대상이 되는 것은 언어 — 인공언어든 자연언어든 — 이다. 그리고 방법은 논리적 분석이다. 그런데 이러한 분석적 작업을 함에 있어서 요구되는 것은 인간이 사용하는 언어 자체에 대한 깊은 이해와 통찰이다. 언어철학은 언어 자체에 대한 철학적 해명을 시도하는 철학의 여러 분야 중 하나이다. 여기서 우리는 언어철학이 메타이론적인 분석적 작업의 지원 장치로 등장함을 알 수 있다. 동시에 메타이론으로서의 언어분석과 언어철학은 별개의 지적 작업임이 분명해진다. 메타이론적인 언어분석은 분석철학의 징표이지만, 언어철학은 분석철학에 특유(特有)한 전유품목(專有品目)이 결코 아니다.

언어는 플라톤의 대화편 『크라튈로스』의 철학적 테마였을 뿐 아니라, 그 후의 많은 철학자들의 성찰의 대상이었다. 앞에서 지적한 대로 분석철학은 메타이론적 작업을 철학의 으뜸가는 특성으로 규정하는 철학관 위에 토대하고 있다는 점에서 재래의 철학적 사조(思潮)로부터 구별된다. 언어를 철학적 논구의 대상으로 삼는 언어철학은 철학의 한 분야일뿐, 그 어떤 특정의 철학관(哲學觀)을 전제로 하는 것도 아니다. 따라서 '분석철학 = 언어철학'의 등식이 성립하는 것처럼 착각해서는 안 된다. 분석철학에 속하는 철학자들이 언어철학의 많은 이론을 창조해 놓은 것은 사실이다. 그러나 그것은 언어에 관한 깊은 이해와 통찰의 힘을 빌릴 때 메타이론으로서의 언어분석이 더욱 성공적일 수 있기 때문에 나타난 부수적 현상이라고 보는 것이 옳을 것 같다.

4. 인간과 언어

아리스토텔레스는 인간을 이성적 동물이라고 정의했다. '이성적(理性的)'이라는 특성은 '언어를 사용한다'는 사실에 의해 예시적(例示的)으로 정시(呈示)된다고 나는 생각한다. 인간은 언어를 통해 세계와 만난다. 언어는 인간과 세계를 연결시켜 주는 중간 세계이다. 언어는 인간과 세계가 만나는 해후(邂逅) 세계의 장소이다. 말 없는 존재인 세계는 언어를 통해 자신을 인간에게 드러내 보인다. 인간은 언어 속에 담긴 논리의 틀을 통해 세계를 본다.

그리고 언어는 인간 자신의 사회적 질서의 씨앗이다. 불구의 언어를 안은 사회는 병든다. 거짓말은 언어 불구의 전형이다. 언어는 하나의 약속의 체계이다. 약속을 한다는 것은 하나의 질서의 창조이다. 질서는 준수됨으로써만 질서일 수 있다. 거짓말은 인간이 창조한 질서, 곧 약속의 파기이다. 인간 이성의 표현인 언어가 불구화되었을 때 어떤 사회적 질서도 건재할 수 없다.

분명히 언어는 오늘을 사는 철학자들의 관심의 전면에 다가섰다. 철학은 인간 자신과 세계에 대한 보다 밝은 이해에 도달하기를 지향한다. 논리는 이해의 가장 명백한 한 형태를 제공해 준다. 언어는 논리의 화신이다. 그렇기에 언어는 세계를 보는 인간 이성의 눈이다. 우리는 모두 밝은 눈으로 우리 자신과 세계를 밝혀보기를 원한다. 그러므로 우리는 언어에 무관심할 수가 없는 것이다.

『대학신문』(1975년 5월 19일)

산업사회와 비판적 지성

1.

　인간은 인류 역사상 일찍이 오늘과 같이 찬란한 자기 자신의 능력의 전시장을 본 경험이 없으며, 동시에 자기 자신에 대한 무력감과 회의를 오늘과 같이 절실하게 느꼈던 적도 없는 것 같다. 이것은 현대가 지닌 아이러니가 아닐 수 없다. 인간의 위력을 과시해 주는 인간의 소산이 그리 대단치 않았던 시대에 인간은 오히려 화사한 자화상에 탐닉할 수 있었다. 현대의 과학기술과 그것을 이용한 산업화는 인간의 삶의 가시적 차원에 엄청난 변화를 가져왔을 뿐 아니라 삶의 질 자체에 커다란 변화를 강요하기에 이르렀다.

　현대 과학기술의 놀라운 기교와 그것에 의존하는 번쩍거리는 산업문화의 향연 앞에서 인간은 육중한 자신의 존재의 무게를 느낄지 모른다. 그러나 아이러니하게도 현대인이야말로 그 어느 시대의 인간보다도 자기 자신에 대한 깊은 회의 속에 옛사람들이 그려놓은 호화찬란한 인간에 대한 자화상에 깊은 우수의 눈길을 보내는 것이다. 그 무력감과 회의는 그 자신의 자랑스러운 능력, 즉 이성이 산출해 놓은 열매가 모두 그의 구미를 채워주는 것이 아니라는 사실 인식과, 또 아닐 것이라는 예견에 기인한다. 그러면 현대인을 우울하게 하는 징후들은 무엇인가?

첫째로 절대적 진리의 파악이 불가능하다는 인식에서 오는 자기축소 의식이다. 서구의 2,500년의 학문적 전통을 지배해 온 것은 인간이 자신을 포함한 모든 존재세계에 관한 절대적 인식에 도달할 수 있으리라는 신념이었다. 이러한 신념이 인간의 분수에 넘치는 하나의 치기(稚氣) 어린 과욕에 불과하다는 인식이 19세기부터 나타나기 시작하다가 오늘에 와서는 하나의 분명한 현실 이해가 되어버렸다. 여기서 인간은 자신에 관한 전통적인 지고(至高)한 자화상이 깨어지는 아픔을 느껴야 했다.

이것은 인간의 인식능력의 한계를 보는 아픔이었다. 그러나 다른 의미에서 이것은 인간 지식의 점진적 확장의 무한한 가능성을 암시하는 것이기도 하다. 절대적 진리란 하나의 인간의 심정적 소원의 투사요, 우리가 현실적으로 포착한 존재세계의 모습은 수정의 가능성 속에 개방되어 있을 뿐이다. 그렇기에 현대적 지성의 미덕은 자기 인식체계 밖의 것에 대해서는 판단을 유보하는 자세라고 보겠다.

둘째로 과학기술에 의한 산업화가 인간을 기계적 생산체계 속의 부품으로 만들어버림으로써 전인적(全人的) 삶이 어렵게 되어가고 있다는 의식이다. 과학기술의 매력은 인간을 자연의 변덕스러운 횡포와 곤욕스러운 육체적 운동으로부터 해방시켜 주리라는 약속이었다. 그러나 이 매혹적인 약속을 건네는 손의 손바닥 밑에는 그 대가를 지불하라는 단서가 달려 있음을 인간은 미처 깨닫지 못했던 것이다.

그 대가는 기계가 인간을 자기의 하수인으로 고용하겠다는 것이다. 이것이 바로 기계에 의한 인간의 소외 현상이다.

셋째로 인간에 관한 지식의 증가와 과학기술의 발달은 인간 조종(操

縱)의 효과적인 방법을 제공해 줌으로써, 인간을 통제의 꼭두각시로 만들 가능성을 넓혀놓았다는 의식이다. 사실상 현대의 조직사회는 이러한 통제술의 효과적인 이용 속에 근거하고 있다.

다수를 일정한 질서에 의해 능률적으로 움직이게 하려면, 관리라는 미명(美名) 아래 자행되는 인간 조종과 통제가 필요악으로 등장하기 마련이다. 조직에 의한 인간소외, 이것은 현대가 안고 있는 숙명적인 역사적 현실인지도 모른다.

넷째로 과학기술에 의한 고도의 산업화는 성장의 신화를 낳고, 이것은 머지않아 지구 위의 주요 자원을 몽땅 고갈시켜 버림으로써 산업문화의 종말을 초래할 것이며, 산업화의 배설물인 공해는 지구를 인간이 생명을 더 이상 부지할 수 없는 곳으로 만들어버릴 것이라는 의식이다. 이제 성장의 신화는 우리에게 파라다이스의 환영 대신 복마전(伏魔殿)의 영상을 안겨주게 되었다.

성장은 일정한 한계 안에서만 유효한 개념이며, 그 한계의 피안에는 성장 자체가 성취하려는 목적과는 정반대의 결과가 초래된다는 현실 앞에서 현대인은 인간의 유한성(有限性)을 다시금 되씹게 되었다. 성장은 인간에게 안녕과 복지를 가져다주기만 하리라는 사념은 땅덩이 위의 현실과는 맞지 않는 하나의 '낭만적 꿈'에 지나지 않음이 명백해졌다. 지구라는 유한적 체계 안에서 무한한 성장이란 것이 논리적으로도 가능하지 않기 때문이다. 그러한 불가능을 시도하는 자에게 베풀어지는 선물은 사망(死亡) 이외의 것일 수 없다. 기하급수적 성장이란 결국 인류를 그 종말로 재촉하는 것 이외에 아무것도 아니라는 사실은 성장의 신화의 가공성을 폭로해 줄 뿐이다.

다섯째로 현대인을 공포 속에 사로잡히게 하는 것은 핵전쟁에 의한 인류의 공동 사멸의 가능성이다. 옛사람들에게 있어서 전쟁은 인간의 공격욕을 충족시켜 주는 하나의 유희로 간주되었을 수도 있으나, 이제는 결코 그러한 유희일 수 없다. 핵전쟁은 나는 살고 너만 죽는 그런 옛 전쟁이 아니기 때문이다.

핵전쟁의 가능성이야말로 어느 순간에라도 전 인류가 파멸할 수 있다는 무서운 가능성이다. 개인의 사멸이 도둑과 같이 찾아오던 것은 옛일이었으나, 인류 전체의 동시 사멸이 도둑과 같이 찾아올 수 있는 것은 오늘의 현실이 되었다. 인류 전체의 종말을 인간 자신의 힘으로 초래할 수 있게 되었다는 사실이 현대인의 자부심을 고양시킬 거리가 된다는 것은 가공스러운 패러독스가 아닐 수 없다.

이러한 상황 속에 있는 자신을 발견하는 현대인은 이 아이러니한 사태를 진단하고 처방을 강구하지 않을 수 없다. 이러한 상황 속에서 우리가 빠지기 쉬운 오류는 과학과 과학기술을 매도하고 힐난하는 일이다. 이 불행스러운 사태의 책임을 과학과 과학기술의 잘못으로 규정하는 일이다. 여기에 제기되는 중요한 문제가 바로 과학과 가치의 문제이다. 현대의 과학철학은 과학적 명제가 가치명제와 근본적으로 다른 범주에 속하는 명제임을 논증한다. 과학의 이론 속에 가치명제가 포함될 때, 그것은 사이비 과학이 된다. 과학은 존재의 구조를 있는 그대로 드러내주는 것으로 족하다.

그 존재에 관한 정보를 어떻게 사용하느냐 하는 것은 전적으로 과학 외적 문제이다. 그 실용의 방향을 결정하는 문제가 바로 가치의 문제이다. 여기서 우리는 과학과 과학기술을 구별할 필요가 있다. 과학기술은 과학이 드러내주는 존재에 관한 정보를 일정한 목적에 부합하도록 사용하는 구체적 절차에 관한 연구라 할 수 있다. 그런 의미에서 과학기술은 일정한 가치판단(價値判斷)을 전제로 하는 행위라 할 수 있다.

만일 현대의 산업사회가 안고 있는 병리적 현상이 과학기술과 연관이 있다면, 그것은 과학기술 자체라기보다는 그러한 활동을 주도해 온 가치판단에 그 책임이 있다고 보아야 한다. 과학은 어떠한 가치판단과도 무관하게 인간 자신을 포함한 존재세계가 어떻게 되었는가를 드러내려는 인간의 이성적 활동이요 그 결과이다. 그 결과를 어떻게 사용하는가는 가치판단이 문제이므로 현대 산업사회의 병리적 현상에 관한 문책은 과학을 어떤 특정한 방식으로 이용하기로 결정한 그 판단과 그 판단의 주체에게 물어야 한다.

그렇기에 과학의 이론 자체에 무언가 잘못이 있는 듯이 생각하고 과학에 징그러운 눈길을 보내는 것은 하나의 미명이 아닐 수 없다. 과학 자체는 인간을 조종(manipulate)하지도 않으며 인간을 해방시켜 주는 것도 아니다. 소위 프랑크푸르트학파에 속하는 하버마스와 마르쿠제는 현대의 과학기술 자체가 인간 조종의 주도자인 듯이 비난하는데, 만일 비난받아야 할 주도자가 있다면, 그것은 과학기술을 그런 방식으로 사용한 가치관이요, 그런 가치관을 소유한 서구의 인간들 자신이다. 역사적으로 볼 때 과학기술은 그 시발점에서는 인간을 자연의 변덕스러운 횡포로부터 해방시키는 효능을 지녔으나, 그것이 차츰 그릇된 목적과 결부되어 거대한 체계로 성장해 가면서 인간 조종의 수단으로 되었을 뿐 아니라, 인간 자신이 주인의 위치에서 한낱 기계에 예속된 위치로 전화되어 가는 도착 현상이 나타나게 되었다고 봄이 옳을 것 같다.

그러므로 자연과학은 인간과 자연을 기술적으로 통제하기 위한 방편으로, 사회에 관한 학문은 인간 해방에 관심을 두고 개발되어 왔다는 하버마스의 견해는 과학이론 자체와 그 사용의 문제인 가치의 문제를 혼동하는 오류를 범한 것이라고 보인다. 과학은 그것이 자연에 관한 것이든 인간과 사회에 관한 것이든, 인간과 자연의 통제와 조종을 위해서 사용될 수도 있고 인간 해방을 위해서도 사용될 수 있는 것이기 때문이다. 마르쿠제에 의하면 자연과학의 학문적 정신을 표현하는 실증주의는 그 근본에 있어서 어떤 현상을 (부정적 측면에서) 비판적으로 보는 정신이 결여된, 따라서 그것은 현상을 그대로 수납하는 보수적인 정신이라는 것이다.

이런 점에서 그것은 사물을 일차원적으로 보는 태도요, 따라서 과학적 사유를 하는 인간은 일차원적 인간이라는 것이다. 이러한 견해는 과학의 이론과 가치판단의 문제(윤리의 문제)를 구별하지 않는 발상에 근거한 것이요, 과학의 기본정신을 잘못 해석한 말이라 하지 않을 수 없다. 그가 말하는 비판이란 사회의 가치질서, 혹은 체제에 대한 비판인데, 그것은 과학의 문제가 아니라 윤리학의 문제이다. 그러므로 과학이 그런 문제에 개입하지 않는다고 비난하는 것은 과학자에게 왜 교회에서 설교는 하지 않느냐고 윽박지르는 것과 흡사하다. 과학은 윤리적 문제, 가치의 문제에 관해 비판적 발언은 하지 않으나, 과학이야말로 비판적 태도 없이는 수행될 수 없는 지적 작업이다.

과학은 어떤 감정이나 선입견, 어떤 전통적 권위나 대외 압력을 배제하고, 현상을 비판적으로, 객관적으로 분석하고 검토하는 지적 작업이라 말하지 않을 수 없다. 과학은 누구의 편의나 이익을 옹호하거나 감소시키도록 그 이론이 짜이는 것이 아니다. 과학이 결과적으로 어떤 집단이나 계층, 민족의 이익을 도모하도록 사용될 수는 있다. 그러나 그것은 앞에서도 누차 지적한 대로 과학 외적 문제요 가치판단의 문제이다. 과학 자체는 어떤 이익을 옹호하는 이데올로기가 아니다. 그러나 과학의 사용은 이데올로기적인 성격을 지닌 것일 수 있다. 마르쿠제는 현대 과학기술 자체가 마치 이데올로기적 성격을 띤 것처럼 이야기하며, 과학의 정신은 비판적 사유를 동반하지 않는 것인 양 외치고 있다. 그것은 하나의 커다란 논리적 오류이다.

2.

필자는 지금까지 현대의 병리적 현상을 진단함에 있어서, 과학이론 자체와 그것의 사용과 관련된 가치판단의 문제를 구별해야 할 필요성을 역설하였다. 그리고 현대의 병리적 현상이 과학기술과 그 어떤 연관성을 가진 것이라 한다면, 그것은 과학이론 자체보다는 그것의 사용과 결부된 인간의 가치관 내지는 마음가짐에서 그 병리적 원인을 구해야 한다는 것을 암시하였다. 필자는 그 병리적 원인과 관련하여 다음의 몇 가지를 지적하고자 한다.

첫째로 서구의 산업사회에 살고 있는 현대인이 느끼는 병적 징후는 인간의 행복(혹은 안심입명)을 욕망의 대상의 획득을 통해서 완전히 도달할 수 있다는 마음가짐의 결과와 깊은 관련이 있다.

$$\text{행복} = \frac{\text{욕망의 대상의 획득}}{\text{욕망}}$$

이것을 행복의 공식이라 한다면, 서구인이 과학을 이용하여 자연을 조종하고 지배하는 일에 지대한 관심을 보인 것은 행복의 공식의 분자를 늘림으로써 행복에 도달하려고 한 마음가짐의 표현이라고 해석할 수 있다. 과학기술을 이용하여 분자만을 극대화하려는 것은 인간을 오히려 거대한 기계적 체계의 부분품으로 격하시킬 뿐 아니라, 분자의 무한한 극대화가 이루어질 수 없는 한계가 있음을 현대 서구인은 인식하기에 이른 것이라고 볼 수 있다.

분명히 동양인은 분자를 극대화할 수 있는 세련된 과학이론을 갖지 못한 데서 오늘의 '동양의 열등감'을 갖게 되었다. 그러나 동양의 지혜는 분모의 극소화, 즉 정서적 조정을 통하여 욕망을 순치함으로써 안심입명을 구한 데 있다. 우리는 여기서 '성장의 신화'의 허구성을 엿볼 수 있다.

둘째로 지적할 것은 능률을 최고의 덕목으로 삼는 문화는 인간을 맹목적인 노동의 도구로 만들고, 탁월한 기능을 지닌 조직 속의 부품으로 인간을 전락시킨다는 점이다. 능률은 투쟁에서의 승리를 위한 최고의 격률이다.

그렇기에 투쟁에서의 승리를 삶의 목적으로 삼는 모든 문화는 능률을 모든 인간 활동을 지배하는 최고 원리로 삼게 된다. 인간의 지성은 이제 삶을 단순한 끝없는 투쟁, 맹목적 투쟁의 과정으로만 보기에는 좀 성숙되었는지도 모른다. 능률을 최고 덕목으로 삼는 문화는 인간을 끝없는 노역의 도구, 민첩한 기능인, 작동 잘하는 조직의 수인으로 만들어갈 뿐이며, 급기야는 가장 효과적인 방법으로 온 인류가 동시에 부고장(訃告狀)을 띄우게 되는 결과를 초래하게 될 것이다. 여기서 우리는 인류 모두가 새로운 가치관을 마음에 심어야 할 필요성을 엿볼 수 있다.

인류는 이제 하나의 공동 생명권 속에 살고 있으며 투쟁이 아니라 화해를 지향할 때만 모두가 살아남을 수 있다는 인식이 제고되어야 한다. 이것은 하나의 정치집단 내에서만 논의되던 정의(正義)의 개념을 전 인류적 차원, 초국가적인 차원에서 논의해야 함을 의미하는 것이다. 자연자원을 포함한 모든 가치가 국경의 구분을 넘어서서 만족스럽게 배분될 수 있을 때만, 인간들은 투쟁의 총대를 어깨에서 내리고 화해를 지향할 수 있게 되겠기 때문이다. 이러한 이야기는 아직도 하나의 백일몽(白日夢)에 지나지 않는 소리로 생각된다. 그러나 인류가 아직도 그것을 백일몽이라고 생각하더라도, 그것이 인류가 그 문명에 종지부를 스스로 찍게 되지 않도록 하는 유일의 담보일지 모른다.

셋째로 인간이 자기 자신과 세계에 관한 정보(지식)를 더 많이 탐색해 놓은 것은 인간의 행복의 증진을 가속화시킬 수도 있지만, 인간의 불행을 가속화시킬 수 있는 위험이 도사리고 있다는 점에 우리가 유의할 필요가 있다.

특히 인간에 관한 과학적 지식의 증가는 더욱이 부정적 효능을 가질 위험을 더욱더 많이 내포하고 있다. 인간에 관한 정보가 악의에 찬 인간들에 의하여 그릇되게 이용될 때 전율할 사태가 벌어질 수 있기 때문이다.

그러므로 인간과 존재세계에 관해 인간의 눈이 밝아진다는 것은 인간의 욕망의 순화를 동반하지 않을 때 인간을 극도의 불행스러운 상황 속에 몰아넣을 수 있다. 날카로운 칼이 어떻게 사용될 수 있을까에 관한 고려 없이 더욱 날카로운 칼만을 생산해 내는 것은 '인간다운' 처사라 할 수 없다. 그러므로 과학적 지식의 증가에 아무런 단서 없이 박수갈채만 보낼 수 없는 상황이 현대인의 인간 조건이다.

　넷째로 과학의 오용에 의한 인간에 대한 재해는 과학의 힘을 빌림으로써만 교정될 수 있다는 점이다. 이열치열의 논리가 여기에 적용된다는 점이다. 그러므로 과학의 오용이 인간을 욕되게 하였다 하여 과학기술에 대해 알레르기 현상을 나타내는 것은 문제의 해결을 위해 올바른 자세가 못 된다.

　과학기술이 만들어놓은 재해는 과학기술적인 방식에 의해 해독시킬 수 있기 때문이다. 과학은 인간이 지닌 이성(理性)의 욕구, 알고자 하는 충동의 산물이다. 그것은 상징적 기호인 언어를 사용하는 인간 능력의 열매이다. 이것이 바로 인간을 지구상의 다른 생물로부터 구별시켜 주는 우월의 징표이다. 그러나 과학은 인간의 삶을 고양시키며 풍성하게 하는 데 도움이 될 수도 있으며 그 반대의 것도 될 수 있다. 그 방향을 가늠하는 것 역시 인간의 이성적 능력이다. 그 방향에 관한 결정은 인간의 윤리적 결단의 문제이다. 그러므로 과학이 '인간을 위한 과학'이 되기 위해서는 올바른 윤리적 판단을 내리는 '비판적 지성'이 항상 인간의 행위에 수반되어야 할 필요성을 우리는 여기서 분명히 본다.

『연세춘추』(1977년 9월 12일)

한국철학회 50년과 나의 삶

1. 한국철학회와 나

나의 한국철학회와의 첫 만남은 그러니까 내가 대학 3학년쯤이었던 1963년경이었던 것 같다. 한국철학회 정기 발표 모임에서 회원은 아니지만 뒷자리에 쭈그리고 앉아 있었다. 지금 희미하게 남아 있는 기억에 따르면, 한 분이 교실 흑판 앞에서 왔다 갔다 하면서 이야기를 하는데, 아무런 발표 원고도 없이 "에, 에"를 연발하면서 이런저런 이야기를 하는데, 학부 학생 실력으로는 도저히 종잡을 수 없는 지루한 장광설처럼 들렸다. 그런 발표가 끝난 후 10명 안팎의 사람들이 모여 앉아 총회를 하고는 산회를 했다.

그때 어린 나로서는 학회란 것이 이런 것인가 하는 막연한 느낌을 가졌을 뿐이다. 그러니까 지금부터 40여 년 전 시절의 한국철학회의 한 모습인 셈이다. 세상 물정 제대로 모르는 어린 대학생의 기억에 남아 있는 한국철학회의 40년 전의 희미한 그림자이다.

그 후 철학연구회가 만들어졌고 내가 공군사관학교 철학 교관으로 있으면서 철학연구회 제2회 연구 발표 모임에서 'Tractatus의 중심 사상'이라는 제목의 발표를 했던 기억이 있다. 그때 나는 철학연구회의 회원이 되었고 또 한국철학회의 회원으로 등록했다. 철학연구회가 탄생하게 된 것은 박종홍 교수의 회갑 논문집 발간이 계기가 되었고 그 당시 서울대학교 1-2회 졸업생들을 필두로 하여 10회 이내의 졸업생들이 주요 회원으로 구성되었던 것 같다. 당시 한국철학회가 그 당시 젊은 사람들이 보기에는 무언가 '무력한 것'같이 느껴져서 젊은 사람들이 중심이 되어 활기찬 학문 활동을 공동으로 모색하자는 취지에서 만들어진 것으로 알려지고 있다.

내가 한국철학회의 회원으로 본격적으로 참여하게 된 것은 미국 브라운대학교에서 돌아와 외국어대학교에서 교편을 잡기 시작한 1973년 가을 학기부터이다. 그것은 그러니까 내가 대학생으로 철학회 모임에 가본 때로부터 만 10년이 지난 때였으며, 한국철학회가 창립된 지 20년이 되는 때였다. 그때부터 지금까지 창립 50주년을 맞이하는 30년 동안 내가 한국철학회의 제대로 된 회원 노릇을 해온 셈이다. 이렇듯 한국철학회는 내가 어린 대학생 때 첫발을 들여놓기 시작한 때로부터 40년 동안나의 삶의 한가운데를 차지하고 있었던 셈이다.

1970년대 중엽에 이르러 김여수 교수, 소흥렬 교수와 함께 종로서적 사장실을 빌려 주말에 분석철학 관련 주요 논문들을 함께 읽고 토론하는 모임을 갖기 시작했다. 모임의 명칭은 '분석철학회' 정도로 해놓았다. 그 당시 이 모임에는 박홍규 선생님과 한전숙 선생님 같은 당시의 어른들도 열심히 참여했다. 말하자면 철학에서 새로움을 갈망하는 탐구심이 많은 사람이면 자기 전공 분야에 구애되지 않고 참석했다.

1970년대 말에 김태길 선생님이 한국철학회 회장을 맡았는데 그때 이남영 교수와 내가 간사 일을 맡아 심부름을 했다. 그 당시 한국철학회 회칙에는 오늘의 한국철학회 정관 속에 있는 상임이사들이 없었다. 그래서 '간사'라는 사람이 회장을 보좌해서 학회 일을 처리했다. 김태길 회장 재임 시 오늘의 한국철학회 정관의 근간을 이룬 새로운 학회 회칙 개정 작업이 이루어졌다. 그 핵심은 상임이사제도를 도입한 것과 분과 연구 모임의 설치를 가능케 한 것이었다. 그동안 분석철학회라는 명칭으로 모이던 이 모임은 한국철학회 산하 분과 연구 모임으로 편입되었다. 그리고 새로운 여러 분야 모임들이 결성되었다. 그리고 또 한 가지 중요한 변화는 연구 발표의 형식을 모든 발표에 논평자를 지명하여 토론하도록 한 것이다.

그런데 이러한 새로운 발표 형식의 도입은 상당한 저항을 불러일으켰다. 사실 남으로부터 자기 눈앞에서 비판을 받는 일처럼 곤혹스러운 일은 없는 것인지도 모른다. 이러한 점을 감안해서 새로운 형식의 발표를 처음 도입하면서 나름대로 세심한 배려를 해보려고 하기도 했다. 그래서 학회 발표 모임을 갖기 전에 발표자와 논평자들이 별도의 저녁 식사 모임을 갖고 서로 인간적인 우애를 나눔과 함께 토론에서의 비판이 발표자의 인격에 대한 비판이 아님을 서로가 양해하도록 했다. 그러나 막상 학회 발표장에서 비판적인 토론이 벌어지자 일종의 감정싸움으로 번져 가면서 '회원 탈퇴'를 선언하는 지경에까지 이르렀던 적이 있었다. 참으로 곤혹스러운 사태가 일어났던 것이다. 그러나 그 모든 혼란은 시간과 함께 사라져갔다. 하기야 개인적으로 나도 많은 수난을 받았다. 나에게는 '앙팡 테리블(enfant terrible)'이라는 훈장이 주어지기도 했다. 말하자면 철학회의 '악동'이 된 셈이다. 그러나 나는 그것을 나에 대한 애칭으로 여겼다. 이러한 철학회의 토론 문화는 다른 학회의 학자들에게 '전염'되어 갔다. 한때 젊은 학자들의 술자리에서는 "철학회를 닮아라"는 취중 발언이 심심찮게 나돌았다.

이러는 사이에 지방에서도 지역별 학회들이 활발하게 전개되어 갔다.

물론 이런 학회 활동의 활성화는 대학에서 교수들의 연구 활동을 촉진한 것과 연결되어 있었다. 말하자면 연구 발표를 하고 연구 논문을 출판해야 할 넓은 공간이 요구되었던 것이다. 그에 더하여 1980년대의 이념적 갈등이 젊은 지식인들에게 확산되어 가면서 이념에 따른 학문 분파적 연구가 활발히 진행되었다. 이러한 새로운 상황 아래서 한국철학회가 중심이 되어 전국철학자연합대회 모임을 주선하기에 이르렀다. 학문 분야의 다양화, 이념적 분화, 그리고 지역적 분화에 따른 다양한 학회의 활동은 그 나름대로의 독자성을 유지하되, 이 모든 칸막이를 넘어선 공동의 '토론의 광장'을 마련해 보자는 것이 그 근본 취지였다. 이 일을 성사시키기 위해 소광희 교수와 소흥렬 교수를 모시고 기차를 타고 지방을 드나들던 즐거운 기억이 남아 있다. 지방에서는 하영석 교수가 매우 열성적으로 이 일을 위해 나섰다. 이러한 전국철학자연합대회 행사의 일환으로 한민족철학자대회를 서울에서 개최하게 되었을 때 당시 소광희 회장을 모시고 당시 동아일보 김중배 편집국장을 만나 동아일보와의 공동주최를 주선하고 포항제철로부터 1억이 넘는 후원금을 얻어내는 데 성공했다. 한국철학회로서는 처음 받는 거액의 지원금이었으니, 그 기억이 아직도 너무나 생생하다.

한국철학회는 그 사이에 새로운 인물들이 많이 나오면서 그 운영이 좀 더 세련되지 않으면 안 되는 상황으로 몰려갔다. 가능하면 많은 사람들이 참여하여 일을 하고 연구 발표를 할 수 있도록 함과 동시에 학회 운영을 더욱 체계적으로 해야 할 필요가 강하게 나타났다. 이러한 일을 제대로 해내기 위해서는 무엇보다도 재정적 안정성을 확보해야 한다. 이러한 새로운 상황에 직면하여 학회의 법인화가 요청되었다. 그와 함께 이러한 법인을 주축으로 한 모금 작업이 요청되었다. 김여수 교수가 회장이 되어 이러한 일을 잘 수행했다. 학회 행정의 체계적이고 효율적인 운영을 위해서는 회장의 교체와 무관하게 일을 연속적으로 집행할 수 있는 새로운 장치가 요구되었다. 사무총장제의 도입은 그런 요구를 충족 시키기 위해 도입된 제도이나, 아직까지 제대로 정착되지 못한 것 같다. 그리고 학회 재정의 안정성을 확보하기 위해서는 이전과 같이 외부 연구 용역비의 일부에서 충당하던 관행은 이제 더 이상 가능하지 않게 됨에 따라 회원의 회비를 효과적으로 관리하는 시스템이 요구된다. 이러한 사무총장제의 도입과 회비 관리 시스템의 개선 작업은 내가 회장으로 심 부름하던 때 시도됐으나 아직까지 원만하게 운영되는 것 같지는 않다. 앞으로 잘 정리되어 갈 것으로 믿는다. 구멍가게 운영하듯이 한국철학 회를 운영할 수 있는 때는 이미 지났기 때문이다. 회원이 1천여 명을 넘 는데다가 세계의 철학자들과 철학적 담론을 주고받는 지구촌 시대의 한 국철학회의 활동은 구멍가게식 운영을 허락하지 않는다. 최근 10여 년 동안 한국 철학자들은 세계의 석학들과 머리를 맞대고 오늘의 철학적 문 제들을 토론하는 세계적 차원의 사유의 공간을 넘나들고 있다. 그것은 특히 다산기념철학강좌를 운영함으로써 더욱 활성화되고 있다. 50년의 역사치고는 놀랄 만한 변화라 하지 않을 수 없다.

2. 나의 개인적 삶의 역정

신의주에서 태어나 오늘에 이르기까지 나는 어쩌면 근세 한국 역사의 골짜기를 거의 다 넘나든 역사의 행운아처럼 느껴진다. 산다는 것은 단 순히 생명을 부지하기 위해 무언가를 먹고 입고 자는 일 이상의 것이다. 이왕 세상에 태어났으면 세상에서 일어나는 일들의 몰골들을 보고 체험 해 보는 것이 매우 중요하다. 조용히 골방에 들어앉아 밥 먹고 배설하고 잠자는 일만 일생 되풀이하는 것보다는 험한 골짜기도 다니며 온갖 생명 들의 살아가는 모습을 보며 자기 생명을 유지하는 것이 훨씬 멋있는 일 이 아닐까. 이렇게 생각해 보면 나는 행운아가 아닌가 싶다. 세상의 험한 골짜기에서 이런저런 구경을 좀 해보았으니 말이다.

나는 태평양전쟁이 한창 벌어지던 때 지금은 북한 땅인 신의주에서 아홉 남매 중 일곱째로 태어났다. 신의주는 한국과 중국의 접경지로서 압록강 다리 하나만 건너면 딴 세상이다. 내가 살던 신의주 석상동은 행정구역상으로는 도시에 속하지만 실제는 농촌이다. 우리 집 뒤에도 산, 앞에도 산이다. 우리 집과 앞산 사이에는 시냇물이 흐른다. 그런가 하면 5리 정도 가면 신의주시의 시가지가 나타난다. 그러니까 나는 촌놈이지만, 아무것도 모르는 막 촌놈은 아닌 셈이다.

우리 아버지는 막 무식쟁이 농사꾼은 아니다. 스스로는 유식한 사람이라 자부하는 분이다. 그러나 그는 서학(西學)은 모른다. 서학의 입장에서 보면 그는 무식쟁이라 할 수밖에 없다. 그는 자신이 양반의 후손임을 자랑스럽게 여기는 유학적 전통 속에서 사람과 세상을 보는 데 익숙한 분이다. 그는 대부분의 한국 사람들이 그랬듯이 일본으로부터 '조선'의 독립을 목 타게 원했던 사람이다. 그리고 누구보다도 김구 선생을 가장 본받을 만한 '조선 사람'이라고 여겼던 분이다. 그가 그 당시 해방 후 남쪽과 북쪽을 바라보는 시각은 김구 선생의 그것과 크게 다르지 않았던 것 같다.

이런 아버지의 유언에 따라 우리는 월남하게 되었다. 김구 선생이 계신 곳이 사람이 살아야 할 제자리라고 그는 생각했던 모양이다. 어렸던 우리 형제들은 아버지의 유언을 실천하려는 어머니의 손을 붙잡고 북쪽을 버리고 남쪽으로 맨손으로 도망쳐 왔다. 얼마 안 되는 땅과 집을 그냥 버리고 말이다. 그러나 우리를 남쪽에서 기다리는 것은 아무것도 없었다. 집이 있었던 것도 땅이 있었던 것도 아니다. 그렇다고 그것을 살 수 있는 돈이나 금은보화가 있었던 것도 아니다. 그 당시 나로서는 전혀 이해할 수도 없는 그 어떤 입장, 아버지가 선택한 노선 때문에 우리 형제들과 어머니는 정말 알거지 신세가 되는 것을 선택했고, 우리는 그 어머니의 손에 붙들려 알거지가 되는 길로 들어섰다.

남쪽을 찾아온 우리 식구들에게 주어진 절체절명의 과제는 '입에 풀칠할 거리'를 찾는 일이었다. 우리가 삼팔선을 넘은 것은 그러니까 6 · 25 전쟁이 터지기 3년 전인 1947년쯤이었다. 입에 풀칠할 거리를 찾기에 여념이 없던 우리 식구들은 6 · 25 전쟁이 일어났을 때는 제주도 고산이라는 시골 마을에 있었다. 나는 거기서 당시 국민학교 2학년에 입학하여 졸업을 했다. 6 · 25 전쟁 중에는 피난민이라 하여 먹거리를 배급받을 수 있었다. 우리가 신의주에서 서울로 도망쳐 왔을 때 서울 사람들은 우리를 보고 '이재민'이라 불렀다. 그 당시 이재민에게 주는 배급 쌀 같은 것은 없었다. 이재민에게 그 당시 베풀었던 시혜는 일본 사람들이 버리고 간 소위 적산 건물에 가마니를 두르고 칸을 막아 기거하게 하는 것뿐이었다. 이렇게 보면 6 · 25 전쟁을 하는 동안이 우리 식구들에게는 평안하게(?) 살 수 있었던 때였던 것 같다. 배급받는 먹거리가 있었으니 말이다. 물론 그것은 먹고사는 데 충분한 것은 아니었다. 겨우 목숨을 연명하는 데 필요한 최소의 것이었던 것 같다. 어쩌면 나는 6 · 25 덕분에(?) 제주 시골 국민학교를 다닐 수 있었던 것 같다.

서울이 수복된 후 어머니와 형제들은 나만 제주도에 남겨놓고 서울로 떠나버렸다. 새로운 삶의 터전을 찾아 제주를 떠난 것이다. 그들이 찾아나선 것은 그럴듯한 집도 아니요, 그럴듯한 직장도 아니었다. 그냥 입에 풀칠할 거리만을 찾아 전쟁의 포화로 폐허가 된 서울로 간 것이다. 나는 제주에 혼자 남아 우리 가족에게 주어지는 배급 쌀에 의지하여 살았다. 그래서 국민학교를 졸업하고 이전에 고등공민학교였다가 막 정식 중학교가 된 고산중학교에서 한 학기를 공부했다. 나 혼자 언제까지 제주에 남아 있을 수는 없었다. 나는 혼자 괴나리봇짐을 싸들고 배를 타고 목포로 가서 거기서 서울행 삼등 열차를 타고 영등포역에 늦은 밤에 내렸다. 역전에 있는 '하꼬방' 여관에서 밤을 보낸 후 어머니와 형제들이 산다는 노량진행 전차를 탔다. 전차는 내가 이북에서 나와 와우산 남쪽에 있는 창전동에 있을 적에 가끔 어른들의 치맛자락에 숨어 올라탔던 멋있는 쇠마차였다.

이렇게 서울에서의 나의 삶은 다시 시작되었다. 그런데 그 삶 속에는 내 또래들에게 어울리는 알맹이가 없었다. 배움의 알맹이가 없었다. 서울에 올라와서 내가 첫 번째 얻은 일거리는 '목욕탕 보이' 노릇을 하는 것이었다. 새벽 네 시쯤부터 시작해서 밤 열한 시까지 그 당시 목욕탕 특유의 냄새—아마도 때 냄새였던 것 같다—를 종일 맡아야 했던 그 생업에 나는 몰두해야 했다. 그런데 그 목욕탕 일은 나에게 교회에 다녀올 틈도 주지 않았다. 나는 어릴 적부터 어머니의 손에 붙들려 교회에 다녔다. 어머니는 밥은 못 먹어도 교회는 가야 한다고 했으며, 일요일은 안식일이니 절대 공부도 해서는 안 된다고 우리를 가르쳤다. 그런데 교회엘 못 간다니, 나의 그때 상식으로는 있을 수 없는 일이었다. 그래서 나는 목욕탕을 떠났다. 교회에 갈 수 없는 곳에서는 일할 수 없다고 주인에게 분명히 말한 후.

사실 우리 어머니가 교회에 우리를 데리고 나가게 된 것은 아버지의 유언에 따른 것이었다. 아버지는 세상을 떠나면서 두 가지 유언을 남겼다. 하나는 북쪽을 버리고 남쪽으로 가라는 것이요, 또 다른 하나는 교회에 나가라는 것이었다. 우리 어머니는 이러한 아버지의 유언을 실천에 옮겼다. 나는 나이가 들어가면서 우리 아버지가 왜 그런 유언을 남겼을까에 대해서 나의 상상력을 총동원해서 여러 가지를 생각해 보았다. 내가 나름대로 추적해 본 우리 아버지의 사고의 주제는 우리의 전통적 사상을 가지고 어떻게 새로운 시대를 감당해 낼 수 있을까였던 것 같다. 그리고 그가 내린 결론은 자기가 일생 동안 견지해 온 전통에 대한 추종에 뭔가 문제가 있다는 것이 아니었을까? 그의 유언은 바로 그런 문제에 대한 응답으로 나타난 것이 아닐까? 그러나 아직도 나는 이러한 나의 추적은 어디까지나 하나의 추측에 불과하다고 생각한다.

내가 목욕탕 일을 버리고 그 다음에 얻게 된 일은 전차표 파는 일이었다. 박스 같은 매표소에서 혼자 새벽부터 전차 운행이 끊어지는 때까지 구멍을 통해 돈을 받고 표를 내밀어 주는 일을 했다. 전차표 파는 일은 요즘 버스표 파는 일과는 전혀 다르다. 버스표를 못 사면 돈을 내면 되는데 전차를 타려면 반드시 전차표를 내야 한다. 전차표 파는 사람이 없으면 전차 승객은 전차를 탈 수 없다. 그러니 한순간도 자리를 비울 수가 없다. 상자 같은 감옥 속을 한시도 떠날 수가 없다. 전차 운행은 전차표 파는 놈의 생리 조건에는 아랑곳하지 않는다. 전차가 움직이는 동안 전차표 파는 놈은 그 속에서 모든 것을 해결해야 한다.

내가 전차표 팔이의 감옥을 탈출한 다음 얻은 일은 동아일보를 배달하는 일이었다. 비가 오나 눈이 오나 신문은 배달되어야 한다. 통 속의 감옥에 갇혀 있던 나에게 신문 배달은 해방의 넓은 공간을 가져다주었다. 달리고 또 달리면서 신문을 이 집 저 집에 던져 넣는다. 운동은 피를 돌린다. 피가 잘 돌면 기분이 좋다. 행복이 다른 게 아님을 이때 절실하게 느꼈다. 행복은 피 잘 돌리기. 이 행복의 공식은 요즈음 늙어가는 나에게 삶의 지표가 되고 있다. 그런데 이 행복한 새 일은 그리 좋기만 한 것이 아님을 월말이 되었을 때 깨닫게 되었다. 당시 전후의 서울 시가는 '하꼬방' 전시장이었다. 이 하꼬방 속에 웅크리고 있던 사람들의 마음도 하꼬방 같았다. 월말이 되어 신문 대금을 수금하려 했을 때 하꼬방 속의 신문 구독자는 어디론가 사라지기 일쑤였다. 열 사람만 사라지면 나의 일 값은 제로가 된다. 한 달 애쓴 값이 안개처럼 사라지고 마는 것이었다. 어린 소년에 불과했던 그 당시의 나에게 이것은 충격으로 다가왔다. 한 달 고생이 허탕으로 끝나니 말이다. 그런데 한 달만 허탕이 되면 몰라도 앞으로 계속 그렇지 말란 법이 없으니 어찌할 것인가.

어린 내가 궁여지책으로 생각해 낸 처방은 '관상을 통한 독심술'을 익히는 것이었다. 미리 도망칠 사람을 관상으로 간파한 후에 도망 후보자 주위에 사는 사람들에게 이사 갈 기미가 있는지 나에게 알려달라고 하여 아예 미리부터 대처하는 것이었다. 이때부터 나는 '진짜 관상 철학자'가 되어갔던 것이다. 이때 익힌 관상 독심술은 그 이후 나의 인생살이에 적 잖은 보탬이 되었는지도 모른다. 그렇게 하여 어느 정도 나의 품값을 확 보하는 데 성공을 거둘 수 있었다.

그 이후 내가 얻은 보다 안정된 일터는 어느 학교의 사환이었다. 낮에 는 사환 노릇하고 밤에는 혼자서 중학교 과정 교과서를 공부했다. '주경 야독'의 현대판이 실현된 셈이다. 학교 사환이 하는 일 가운데는 시험문 제지를 등사하는 일이 있었다. 가끔 등사하면서 정답을 중얼거리고 있 으면 담당 교사가 "너 어떻게 아느냐?"고 묻곤 했다. 혼자 공부해서 안 다고 답했다.

결국 이 혼자 중얼거림이 인연이 되어 갑자기 중학교 3학년에 편입되 는 행운을 갖게 되었다. 그때부터는 낮에 일하는 대신에 밤에 학교 숙직 을 하도록 학교에서 배려해 주었다. 이렇게 해서 나는 1년 동안 교실에 서 교육을 받는 행운의 기회를 얻게 되었다. 그러나 학교에서 교육을 계 속 받을 수 없는 상황이 벌어졌다. 학업을 계속할 수 없는 큰 병에 걸렸 다. 결국 나는 병을 치료하면서 독학을 통해서 대학 입학 자격 검정시험 에 합격했다.

그렇게 해서 서울대학교 철학과에 입학한 것이 1960년이었다. 4월에 입학하여 두 주가 조금 지나 터진 것이 4·19였다. 당시 나는 1교시에 영문과 권중희 교수의 'Modern Short Stories' 강좌에 참석하고 있었 는데, 문리대 정원에서 "모여라!"라는 고함 소리를 듣고 뛰쳐나간 것이 이승만 자유당 정권을 붕괴시킨 4·19 혁명이 되었다. 교실에서 뛰쳐나 가 데모에 참가하던 날 나는 그것이 '학생혁명'이라는 거창한 이름을 달 고 역사에 등장하리라고는 상상도 하지 못했다. 나는 그때 부정선거 규탄으로 세상이 시끄러운 것은 알고 있었으며, 그러한 부정선거는 마땅히 시정되어야 한다는 확신 아래 데모에 참여했을 뿐이다. 부정을 눈 뜨고 그냥 지나칠 수 없다는 '양심'의 자연스러운 발로였다.

그로부터 며칠 후 이승만 대통령은 "국민이 원한다면 하야(下野)하겠다"는 대국민담화를 발표한 후 경무대를 떠나 자기 집 이화장으로 돌아왔다. 이화장으로 오는 길가에는 눈물을 닦아내고 있는 시민들이 늘어서 있었던 것을 지금도 기억하고 있다.

이렇게 자유당 정권이 무너진 후 새생활운동이란 것을 학생들이 했는데, 낮에는 다방과 음식점 그리고 영화관 등 사람이 많이 모인 곳에 가서 커피 안 마시기와 양담배 안 피우기, 그리고 일본 가요 안 듣기 등을 외치고 다녔다. 그리고 밤에는 댄스홀에 몰려가서 댄스 등 사치한 생활 안 하기를 호소했다. 그런데 그 당시 무학성 같은 댄스홀에는 외국인들이 많이 드나들었는데 학생들이 떼거지로 몰려드니까 무슨 폭동이 일어난 줄 알고 당황하는 바람에 학생들이 마이크를 잡고 영어로 설득 작업을 벌이기도 했다. 오늘 한국의 대표적인 시민운동가인 손봉호 교수가 댄스홀의 대표적인 침입자의 한 사람이었다는 것은 우연이 아닌지도 모른다. 이삼열 교수와 나는 후배로서 선배의 흉내를 냈는지도 모른다. 그런데 오늘의 입장에서 보면 도대체 커피와 양담배 그리고 댄스 같은 것을 가지고 문제 삼는 것은 너무나 우스꽝스러운 일처럼 보인다. 더구나 그걸 가지고 새생활운동이라는 거창한 구호까지 내걸고 하다니, 가소롭기까지 하다고 말할 수 있을 것이다. 이것을 이해하기 위해서는 당시 상황을 고려하지 않으면 안 된다. 그 당시 학생들이 조사한 바에 따르면 우리나라의 수출품이라고는 거의 없는 상황에서 당시 수출액의 몇 배를 커피와 양담배를 사들이는 데 소비한다는 것이다. 끼니도 제대로 채우지 못하는 상황에서 뱃살에 기름기 하나 없는 사람들이 국제 신사 노릇한다고 커피와 양담배를 즐기는 것은 일종의 자기기만이며 허세이다. 거기다

배고픈 놈들이 춤바람까지 나서 돌아다닌다니 말이 아니다. 이런 인식이 당시 새생활운동으로 학생들을 몰고 갔던 것이다. 나는 새생활운동에 참여한 후 대학 4년 동안 다방에 가서 커피를 한 번도 마신 적이 없다. 그 당시 우리의 빈곤이 어떠했는가를 말해 주는 아픈 이야기가 아닐 수 없다.

자유당 정권이 붕괴된 후 민주당이 집권했으나, 윤보선과 장면이 신구파로 분열되어 정국이 혼미한 틈을 이용해서 박정희 소장이 이끄는 일단의 군인들이 군사 쿠데타를 일으켜 군사정권을 세워놓았다. 대부분의 나의 대학생활은 학생들이 군사정권에 대항하여 일으키는 데모의 와중에서 보냈으나, 유신체제 이후에 진행된 학생 데모에 비하면 '신사적'인 것이었다.

4년 동안 철학과를 다니면서 나의 마음의 세계는 방황 그 자체였다. 1-2학년 때는 키에르케고르와 니체를 비롯한 실존철학에 깊이 빠져 있었다. 그러면서 내가 어릴 적부터 어머니의 손에 붙들려 다니던 교회의 가르침에 대한 회의도 점점 깊어갔다. 3학년이 되면서부터는 헤겔과 칸트 등과 같은 체계적 철학 문헌을 붙들고 늘어졌는데, 따지는 재미는 있었으나, 그 당시 한국의 상황이 나에게 던져주는 문제들과는 너무나 동떨어진 것 같다는 느낌을 지울 수가 없었다. 칸트의 『순수이성비판』을 읽으면서 나는 이런 의문이 들었다. 만일 칸트가 현대의 과학을 숙지했더라면 어떤 인식론을 전개했을까? 이런 의문은 나로 하여금 현대 분석철학에 관심을 갖게 하는 계기가 되었다. 현대과학을 숙지하는 철학자들의 목소리는 어떤 것일까? 그래서 에이어(Ayer)와 카르납(Carnap) 등을 읽다가 비트겐슈타인(Wittgenstein)이라는 특이한 철학자를 만나게 되었다. 비트겐슈타인의 『논고』를 통해 울려 퍼지는 생생한 목소리가 나의 귓전을 때리는 것 같았다. 「비트겐슈타인에 있어서 언표(言表)의 문제」라는 제목으로 학사 논문을 정리한 후, 나도 비트겐슈타인처럼 철학으로부터 자유로운 인간이 되기를 바랐다.

당시 박정희 군사정권은 '기아로부터 해방'을 핵심적인 정치 목표로 내세울 만큼, 한국인의 삶은 너무나 처절한 것이었다. 이러한 현실에 눈 감은 채 이론의 고대광실을 쌓는 데만 몰두한다는 것은 나에게는 너무나 감당할 수 없는 일로 여겨졌다. 그래서 나는 대학 졸업 후 다시 경제학과 학사 편입을 하려고 대학 본부를 찾아갔다. 가능하다는 것이었다. 김태길 선생님을 찾아뵙고 나의 진로에 대한 상담을 구했다. 그의 반응의 핵심은 이랬다. "자네가 추구하려는 것은 경제학을 공부해서 돈 많이 받는 직장에서 일하거나 돈벌이를 하겠다는 것이 아닌 것 같은데, 그렇다면 그것은 넓은 의미의 철학적 작업에 속하는 것이라 할 수 있다. 결국 경세(經世)의 문제로서 경제학을 공부해 보겠다는 것이니까." 선생님의 말씀을 듣고 보니 수긍이 가는 말씀이었다. 그러니 한편으로는 경제학을 공부하면서 대학원에 진학하여 철학을 계속해도 좋을 것 같았다. 그렇게 이런 궁리를 하고 있는데 6개월 후 육군 사병으로 입대하라는 영장이 나왔다. 결국 나는 6개월을 더 기다려 육군 사병이 되기보다는 대학을 졸업하자마자 공군 장교로 지원하는 길을 택했다. 그래서 나는 대학생활보다도 더 긴 세월인 4년 5개월을 공군에서 보냈다. 내 청춘의 노른자위를 군에서 다 보낸 것이다. 군에 있는 동안 다행스럽게도 나는 공군사관학교 철학 교관으로 근무했다. 그때 나는 사관 15기 생도부터 20기 생도까지 철학을 가르쳤다. 그때 나의 학생들이 현재 공군참모총장을 비롯한 공군의 핵심 장군들이 되었으니 내 청춘의 노른자위를 바칠 만하지 않은가. 철학 교관이라는 직책은 나로 하여금 철학 책을 계속 붙들고 있지 않으면 안 되게 만들었다. 거기다가 4년 반이나 되는 세월을 군에서 보낸 후 다시 경제학을 공부하기 위해서 3학년에 학사 편입한다는 것은 당시 나에게는 너무 나이에 어울리지 않는다고 생각되었다. 그래서 하던 철학 공부를 계속하는 것으로 하고 유학을 준비했다.

1968년 나는 브라운대학 대학원에서 '펠로십(fellowship)'을 받았다. 철학으로부터의 탈출이 불가능하게 된 것이다. 1973년 5년의 유학생활을 끝내고 한국에 돌아왔을 때, 우울한 상황이 나를 기다리고 있었다. 서슬 퍼런 유신체제가 사람들의 자유로운 사고를 목 조르고 있었으며, 질풍노도의 어려운 세상 속에서 자식들의 목숨이라도 지탱시키기 위해 온갖 고생을 다하신 우리 어머니가 떠나버린 텅 빈 세상, 그것이 내가 이국에서 돌아와서 발견한 세상이었다.

　5년 동안의 유학에서 내가 배운 것은 '명료하게 생각하기(clear thinking)'이다. 나는 한국이 앞으로 제 발로 서서 제 생각을 하면서 살아갈 수 있기 위해서 무엇보다도 먼저 해야 할 것은 '명료하게 생각하기'를 연습하는 것이라 믿었다. 그래서 내가 스스로 자임한 직책이 '분석철학 전도사' 노릇이었다. 분석철학의 알맹이는 사상 내용에 있다기보다는 그 사고의 방법에 있기 때문이다. 지금 돌이켜보면 미친놈같이 전도하고 다녔던 것 같다. 그래서 적잖은 사람들의 분노와 노여움도 샀던 것 같다. 물론 나 자신은 누구도 철학적인 이유로 미워하거나 원수로 여긴 적이 없다. 그러나 나의 거친 언행으로 인하여 나를 원수처럼 여겼던 분들이 없지 않았을 것이다. 사려 깊지 못한 젊은 혈기에 찬 '미친 전도사'가 저지른 과오라고 생각한다. 나로 인해 마음이 불편했던 이름 모를 많은 분들에게 마음속 깊이 용서를 빌고 싶다.

　외국어대에서 3년 반 동안 월급을 받으며 가르치고, 성균관대, 중앙대 그리고 이화여대에서 강사로 가르치는 한편, 서울대에서 1975년부터 전임강사를 맡아 가르치다 보니 주당 30시간 정도 가르친 적도 있었다. 1977년 서울대에 정식 전임으로 발령을 받은 후부터는 외부 강사 노릇하는 일을 완전히 끊어버렸다.

　1980년 다시 나의 수난의 길이 시작되었다. 박정희 대통령의 암살을 계기로 전두환 소장이 출현하여 새로운 군부 철권 시대가 개막되면서

'도망자', '수인(囚人)', '탈법자', '해직 교수', '백수건달'의 신세가 되었다. 보안사가 중심이 되어 군부통치를 기획한 사람들은 일단 대학의 '선동 교수들'을 대학에서 없애야 한다고 믿고 나름대로의 기준에 의해 축출 교수 명단을 작성하여 행정기관을 통해서 사직서를 쓰도록 했다. 내가 근무하던 서울대에는 네 명의 제거 대상이 선정되었다. 변형윤, 한완상, 김진균 그리고 이명현. 한완상은 5·18 계엄령 선포와 함께 체포되고, 나는 체포 나온 보안사 요원을 피해 한 달 동안 도망을 다니다가 내 발로 경찰서를 찾아갔다. 이른바 자수를 한 것이다. 도망자의 고달픔이 이만저만이 아니었다. 감옥이 오히려 편할 거라는 생각에서 자청해서 감옥으로 들어갔다. 감옥에서 한 달 동안 이런저런 조사를 받은 후, 큰 은덕(?)으로 군법재판에 회부되지 않고 풀려났다. 앞으로 적어도 6개월 동안만은 입을 다물고 있겠다는 신사협정을 한 후 나는 석방되었다. 며칠 후 학교에 출근했는데, 학장실에서 연락이 오길, 사직서를 쓰라고 위에서 명령이 내려왔다는 것이었다. 학장실에 가서 두 말 않고 사직서를 써놓고 학교를 떠났다. 우리 학과 교수 몇 분이 '최후의 만찬'이나 하자고 하여 만찬 대접을 받고 집으로 돌아왔다.

내가 저지른 죄 가운데는 학생 데모 선동죄가 있는 것으로 되어 있는데, 사실 나는 적어도 1980년 5월에는 학생 데모를 선동한 것이 아니라 선동의 정반대 일을 30여 명의 서울대 교수들과 음모(?)했던 것이다. 당시 보안사가 군부의 재집권을 위한 여러 가지 기획을 짜고 있다는 이야기가 항간에 나돌고 있었다. 그래서 이때 학생들이 길거리에 나가 데모를 하게 되면 그것을 빌미로 재집권을 위한 여러 가지 명분을 줄 수 있으니, 제발 학생들이 군부집권을 원치 않는다면 이때야말로 데모를 절대 해서는 안 된다는 생각이었다. 더구나 가두 진출은 절대 금물이다. 이런 취지에 동감하는 30여 명의 젊은 교수들이 모여 학생들을 설득하기로 했다. 그 당시 이 모임을 적극 주선한 분 가운데 한 사람이 김용덕 교수라는 것을 밝혀두고 싶다. 그런데 군부는 나를 잡아다가 엉뚱한 누명을 씌우는 것이다. 그런데 그들의 입장에서 보면, 내가 학생들을 모아놓고 데모를 하지 말아야 한다고 설득한 것은 자기들의 기획을 방해하는 짓이니 고약하기 이를 데 없는 것이다. 군부는 그 당시 가두데모라는 덫을 놓고 거기에 걸려들기만을 기다렸던 것이다.

우리가 가두데모를 그렇게도 말렸지만 학생들은 정문의 저지선을 뚫고 봉천동으로 밀려나갔다. 그 장면을 높은 언덕에서 바라보던 나는 "이제 모든 것은 끝이 났구나." 하고 혼자 중얼거렸다. 어느새 나의 얼굴은 눈물로 뒤덮여 있었다. 그 후 며칠 안 되어서 5·18 계엄이 선포되고 세상은 전두환 소장과 그의 부하들의 것이 되어버리고 말았다. 내가 높은 언덕에서 관찰한 것은 경찰들이 평소 때와는 달리 학생들이 교문 밖으로 나가는 것을 저지하는 척하다가 그냥 풀어주었다는 사실이다. 덫을 놓고 유인하고 있었다는 나의 판단이 맞았다는 것이 현실로 나타나는 순간이었다.

해직되어 백수건달로 세월을 흘려보내고 있던 시기에 이런저런 채널을 통해 나에게 당근과 채찍을 보여주며 회유를 끊임없이 해왔다. 그 당시 내가 서글프게 여겼던 것은 그래도 괜찮은 지식인들이 세상을 너무 짧게 보고 한 숟가락도 안 되는 꿀맛 때문에 멀쩡한 정신으로는 자기도 옳지 않다고 생각하는 편에 손을 들어주는 꼴을 보는 것이었다. 단꿀의 회유를 물리치는 것, 그것이 내가 세상물정을 조금 배운 사람으로서 해야 할 의무라고 나는 믿었다. "펜이 총보다 강하다"는 좋은 말이 있지만, 그것을 실행에 옮기는 것은 너무 어려운 일이라는 것을 나는 몸으로 배웠다. 이것이 내가 세상을 살면서 깨달은 가장 평범한 진리이면서 가장 고통스러운 진리이다.

대학에서 쫓겨나 친구들이 사주는 저녁이나 얻어먹고 백수 노릇을 하던 중 독일 라드니츠키 교수가 나에게 훔볼트 펠로십으로 독일에서 연구

할 것을 권유했다. 그래서 1982년 가을부터 훔볼트 펠로로 트리어대학에 체류하던 중 1983년 여름에 일시 귀국해 보니 독일에서 조용히 연구나 하며 머물러 있을 수 없는 상황이 전개되고 있었다. YS의 단식투쟁으로 민주화 운동이 가열되고 있었다. 우리 해직 교수들도 협의회를 조직하여 정면대결에 나섰다. 그로부터 1년쯤 지난 1984년 8월에 해직교수협의회 소속 교수들은 쫓겨난 자신의 옛 대학으로 복귀했다. 나도 서울대로 돌아왔다.

그러다 보니 나의 삶의 진도가 너무 뒤처져버렸다. 40대 중반이 되어서야 결혼을 하고 50이 거의 다 되어서야 아들을 하나 얻고 몸 둘 곳을 하나 장만하게 되었다. 1997년 나는 선생이 된 후 처음으로 월급을 받으면서 '안식'을 누리는 좋은 기회를 얻어, 하버드대학에 '손님'으로 1년 동안 머물게 되는 행운을 얻었다. 물론 나는 해직 기간 동안 당시 서독의 훔볼트 재단으로부터 펠로십을 받고 1년 동안 프라이부르크와 트리어에 머문 적이 있다. 그러나 그것은 내가 속해 있는 대학이 베푸는 안식년의 특권이 아니었다.

하버드에 머문 지 6개월쯤 된 어느 날 밤 새벽 두 시가 조금 지났을 때 전화벨 소리가 요란하게 울렸다. 반쯤 잠에 취한 상태에서 수화기를 귀에 대고 "여보세요"라고 했다. 상대방의 말인즉, 지금 여기 한국 텔레비전에서 교육부장관으로 임명되었음이 발표되었으니 곧 귀국하여 취임해야 한다는 것이다. 교육부 총무과 공무원의 말이었다. "아닌 밤중에 홍두깨"라는 말이 있거니와 아닌 밤중에 전화 한 통 받고 교육부로 끌려가게 된 것이다. 사실을 말하면 그보다 일주일 전쯤에 당시 김영삼 대통령이 직접 전화를 걸어왔는데, 나보고 같이 일해 보자며 교육부가 아닌 다른 장관 자리를 맡아 일을 해달라고 하기에, 내가 적합한 인물이 아니라는 몇 가지 사유를 들어 사양의 뜻을 피력했다. 그랬더니 그것을 대통령이 양해한다고 하면서, 연구 잘하고 돌아오라는 인사까지 받은 일이 있었다.

이미 세상에 대통령의 이름으로 공표한 인사에 불복한다는 것은 도리가 아니라고 생각하고, 나는 보따리를 싸들고 서울로 돌아왔다. 내가 한때 대통령 자문기구인 교육개혁위원회의 상임위원으로서 교육개혁의 뼈대를 만드는 일을 2년 동안 밤낮으로 몰두했던 일들을 이제 전체적으로 마무리하는 기회라 여기고 만 7개월 동안 '도 닦듯이' 일을 했다. 공직에 봉사하는 일이 매우 어려운 까닭은 무사공평하게 일을 처리해야 하며 더구나 중요한 일일수록 그 일의 결과가 수많은 사람들의 웃음과 눈물로 나타나기 때문이다. 그리고 더 어려운 것은 중요한 일일수록 길게 보아야 하는데, 길게 보는 일이 좀처럼 쉽지 않기 때문이다. 우리는 늘 눈앞의 이익에 눈이 멀기 쉽기 때문이다.

세상은 생각처럼 그렇게 좋게 만들기 어렵다는 것을 나이가 들어갈수록 더 절실하게 느낀다. 좋은 세상에 대한 꿈은 아름다운 것이다. 나는 그 꿈을 그리면서 젊은 시절을 보냈다. 매우 어두운 터널 속을 지날 때도 나는 좋은 세상에 대한 꿈을 그리며 용기와 활력을 얻었다. 그래서 젊음이 좋은가 보다. 나는 좋은 세상을 그리며 좋은 인간을 생각했다. 좋은 세상의 주인은 좋은 인간이기 때문이다.

이제 나이가 조금 들어보니 좋은 세상에 대해서, 좋은 세상을 실현하는 것에 대해서 이전과 같이 그렇게 일직선적이지 못함을 느낀다. 좋은 사람에 대해서도 비슷하다. 문제는 그 '좋음'이란 것에 있는지 모른다. 빛이 있는 곳에는 그림자가 드리우기 마련이다. 그림자 없는 빛만 있는 곳, 그것은 논리적으로는 가능하지만, 현실세계, 우리가 사는 이 세계에서는 불가능하다. 논리적인 가능성만을 좇는 마음, 그것은 얼마나 아름다운가. 그러나 우리가 아름다움에만 현혹되어 우리가 발붙이고 있는 현실을 못 본 체한다면, 우리는 얼마나 어리석은 존재가 될 것인가.

나의 삶의 대부분을 함께한 한국철학회의 발자취는 나의 삶의 역정에

용해되어 있다. 철학은 그 어떤 불변의 실체라기보다 사람의 삶의 숨결처럼 신진대사를 거듭하며 생성 소멸해 가는 생각의 운동이다. 우리는 지난 50년 동안 배우는 데만 우리의 모든 에너지를 동원했다. 오늘 우리가 사는 이 시대는 엄청난 변화의 시대이다. 우리가 지금부터 힘써야 할 것은 이 변화의 때에 알맞은 새로운 사고와 운동을 실현하는 일이다. 이제 한국의 철학도들도 새 시대를 위한 새로운 사고의 운동을 시작해야 할 때가 되었다. 새 시대가 요구하는 새 사고의 운동은 단순한 사고의 놀이일 수만은 없다. 그것은 이 오늘을 사는 사람들과 내일의 사람들의 삶에 새로운 활력을 불러일으키며, 새로운 삶의 방향을 암시해 주는 것이어야 할 것이다.

나에게는 오래전부터 품어온 간절한 소망이 하나 있다. 내가 청년이 된 이후 40여 년 이상 기나긴 사고의 모험을 하면서 나름대로 깨달은 생각의 조각들을 엮어 하나의 책을 만드는 것이 그것이다. 물론 그 생각들은 수천 년 동안 앞서간 동서양의 사상가들의 영향 아래서 형성된 것들이다. 사상에서 창조란 무로부터의 창조일 수 없음은 너무나 자명하다. 모든 새로운 생명이 그렇듯이 말이다. 살아 있는 사상은 자기 시대와 호흡한다. 자기 시대와 호흡하는 생각을 엮은 글은 각주가 다닥다닥 붙은 글일 수가 없다. 내가 쓰길 원하는 글은 각주가 없는 글이다. 그것이 내가 숨을 거두기 전에 가장 하고 싶은 일이다. 이 말은 어쩌면 한국철학회 창립 50주년에 부치는 나의 작은 헌사라고나 할까. 그러나 그것은 참으로 이루어질 수 없는 소망일까, 아니면 단순한 나의 과욕의 허사일까? 어쨌든 소망은 삶의 횃불이 아닌가.

『한국철학회 50년』(철학과현실사, 2003)

버트런드 러셀

1.

　지식인, 그중에서도 철학자란 사람들은 '그저 생각하기'를 즐기는 사람이라 해도 좋을 것이다. 바로 이 점이 지식인의 강점이자 약점이다. 버트런드 러셀은 단순한 지식인이 아니었다.

　그는 젊어서 그의 총명한 두뇌의 성향을 따라 수많은 철학적 난문(難問)의 엉클어진 오라기를 풀어내는 사유의 희열 속에서 정열을 태웠다. 그의 이러한 지적 성향의 소출(所出)은 대단한 것이었다.

　수학은 2,500여 년의 철학사를 통하여 수많은 철학자들의 마음에 항상 경이를 불러일으켰다. 수학의 정체에 신비를 느끼며 그것을 이성의 빛에 의해서만 파악할 수 있는 진리의 표본으로 여겼다. 러셀은 그렇게 신비에 감싸여 있던 수학의 구조를 보다 밝히 해명한 것이다. 수학의 논리학에로의 환원이 가능하다는 그의 분석이 바로 그것이다.

　그리고 그는 수학의 구조 해명에 사용했던 분석적 방법을 여러 가지의 철학적 난문을 푸는 데 적용하여 논리적 원자론(原子論)을 비롯한 여러 가지의 주목할 만한 철학적 이론을 창출했다. 이러한 그의 업적들은 그의 탁월한 지적 재능을 웅변해 준다.

그의 지적 재능이 산출한 업적들은 전문적 철학도들의 존경심을 불러일으키기에 충분하고도 남음이 있다. 두뇌의 명석하기로 러셀을 능가할 사람이 그리 많지 않을 것이지만, 러셀의 위대함을 거기에서만 구하려 함은 잘못일 것이다.

그의 명석한 두뇌는 우리 앞에 놓인 온갖 현상들의 내부를 유리 속처럼 투명하게 들여다보는 일에 그를 집념케 했다. 그러나 그는 단순히 현상들의 진상을 관조하는 지적 희열에 탐닉하는 도사(道士)는 결코 아니었다. 그의 언어는 그저 현상의 진상을 밝히는 면경(面鏡)과 같은 것만이 아니었다.

그는 우리의 결단과 행동을 촉구하는 뜨거운 가슴의 언어를 토(吐)했다. 그러한 뜨거운 가슴의 언어가 몰고 오는 고난과 재앙을 두려워하지 않는 용기가 그에게 있었다. 그의 언어는 불(火)의 언어였다. 그것은 위급을 알리는 말이요, 결정적 행동을 촉구하는 외침이다.

그것은 난롯가에 앉아 조용히 들려주는 슬기로운 할아버지의 말씀이라기보다, 거친 황야에서 외치는 외로운 부르짖음이다. 그것은 들어줄 귀(耳) 없이 황야의 찬 공기를 진동하는 외로운 소리다. 그의 메시지는 비합리적 인습(因襲)과 제도에 묶여 고통 받는 인간의 해방을 외치는 것이었으며, 20세기 인류가 당면한 공동 멸망의 위급을 알리며 이의 구제를 위한 방안을 제안하는 음성이었다.

그의 메시지의 메아리는 박수갈채가 아니라, 불한당, 반역자, 미치광이, 악마의 전령이라는 폭언이었다.

러셀은 장기나 바둑의 묘수(妙手)를 노리는 기사(棋士)의 심정으로 논리적 기동훈련(機動訓練)에 심취하여 철학을 한 단순한 지식인은 아니었다.

그는 맑은 두뇌와 뜨거운 가슴, 그리고 지칠 줄 모르는 힘을 지닌 배를 가졌을 뿐 아니라, 그 모두를 최대한으로 발휘한 전인적(全人的) 인간이었다.

그의 맑은 두뇌는 G. E. 무어와 더불어 20세기 철학에 있어서 분석적 전통의 전위자(前衛者)로, 그의 뜨거운 가슴과 불굴의 기력(氣力)은 20세기 인류의 위대한 경세가(警世家)로 군림(君臨)케 하였다.

2.

러셀은 1872년에 대대로 영국에 저명한 정치가를 배출한 귀족의 가문에서 태어났다. 그의 할아버지는 1832년 개혁안의 제안자로 빅토리아 여왕 시대에 두 차례 수상직을 역임했다. 러셀은 케임브리지대학에서 주로 수학과 철학을 배우고, 모교(母校)에서 철학을 가르쳤다.

제1차 세계대전이 일어나자, 그는 전쟁에 반대하여 평화주의 운동을 전개했다. 제1차 세계대전을 분기점으로 그의 관심은 크게 바뀐다. 낙관적 합리주의자로서 수학의 논리적 분석과 전문적인 철학적 이론에 젊은 정열과 기재(奇才)를 쏟았던 그는, 제1차 세계대전이라는 인류의 무참한 대량학살의 현장을 보면서 그의 삶의 일대 전환이 시작된다.

그는 반전운동에 가담했다는 이유로 케임브리지대학 교단에서 추방당하고, 반전을 외치는 글을 쓴 죄로 6개월 동안의 철창 신세를 졌다. 1916년 케임브리지대학에서 추방당하고 22년이라는 시간이 경과한 후 미국으로 건너가 캘리포니아대학(UCLA)와 시카고대학 등지에서 철학 강의를 하기까지, 그는 저술과 강연으로 생계를 유지했다.

제1차 세계대전 이전에 그가 쓴 저술은 『수학의 원리』(1903), 『프린키피아 마테마티카』(1910), 「지시(指示)에 관하여」(1905), 『논리적 원자론의 철학』(1918) 등과 같은 엄격한 논리적 분석을 요구하는 전문적인 철학적 문제들을 다룬 것들이다.

제1차 세계대전 이후 그의 관심이 수난(受難)하는 역사적 현실에로 크게 쏠리면서 『사회재건(社會再建)의 원리』(1916), 『자유에의 길』(1918), 『권력론(勸力論)』(1938), 『권위와 개인』(1949), 『변화하는 세계를 위한 새 희망』(1951), 『윤리와 정치에 있어서의 인간사회』(1955) 등과 같이, 그의 저술들은 삶의 지혜와 관련된 전통적 가치관에 대한 비판과 새로운 결단과 행동을 촉구하는 행동의 언어가 큰 비중을 차지한다.

1938년부터 1944년까지 6년 동안 미국에서의 그의 삶은 그의 생애에서 가장 파란 많은 시기였다. 그중에서도 뉴욕시립대학 교수 임명 무효 소송은 특기할 만한 것이다. 러셀은 뉴욕시립대학 교수로 초빙을 받고 수락했는데 당시 영국 국교회의 승정(僧正)인 매닝이, 러셀이 "종교와 도덕에 반대하는 선전가이며 특히 간통을 변호하는 인물"이라는 이유로 러셀의 교수 임명에 항의했다가 이것이 관철되지 않자 법정 소송으로 벌어지게 되었다. 결국 러셀은 온갖 종류의 폭언을 뒤집어쓴 채 교수 임명이 취소되는 판결을 받았다.

그는 "미국 제 대학의 철학적 골칫거리"라는 칭호를 얻는 등 온갖 곤욕을 겪다가, 1944년 모교 케임브리지대학의 트리티니 칼리지에 초빙되어 70세의 고령으로 고국에 돌아왔다. 영국에 돌아왔을 때 이전의 반역자 러셀은 시대의 영웅이 되었다.

1950년 국왕 조지 6세는 국왕이 수여하는 최고 영예인 메리트 훈장을 러셀에게 주었다. 같은 해에 "서구에서 자유언론과 사상의 가장 용감한 투사이며, 20세기에 있어서 합리성과 휴머니티의 가장 탁월한 대변자"라는 찬사와 더불어 노벨문학상이 그에게 수여되었다.

그는 80세가 되던 해인 1952년 에디스 펀치와 네 번째 결혼을 했다. 에디스와 결혼하고 나서 약 10년 동안 원수폭(原水爆) 금지의 평화운동과 저작 활동이 점점 활발해졌다. 81세가 되던 해 그는 소설 창작이라는 새로운 영역에 손을 댔다. "나는 생애의 첫 80년을 철학에 바쳤으나 후반 80년은 소설 창작에 바치겠다"고 장담한 81세의 러셀의 기개는 범상한 것은 결코 아니다. 1961년에는 89세의 고령으로 핵무기 해제 운동을 벌이다가 일주일간의 옥살이를 하기도 했다. 러셀은 90세 가까운 나이에도 일에서 떠날 수 없는 행동하는 위인이었다. 매일 국내외의 주요 신문을 읽고, 딱딱한 책을 읽는 이외에 평균 하루 한 편의 추리소설을 읽어냈다.

그가 추리소설을 읽은 것은 투쟁적 본능을 무해한 방법으로 충족시킬 배설구를 찾기 위해서였다고 한다. 1962년 쿠바 위기 때 케네디 대통령과 흐루시초프에게 "우리는 인간 전멸을 원치 않는다. 최후통첩은 전쟁을 뜻한다. 이 어리석은 일을 중지하라"고 역설(力說)했다. 1967년(95세 때)에는 베트남 전쟁의 전쟁범죄자를 재판할 국제법정을 열 것을 제창하여 J. P. 사르트르 등 세계의 많은 지식인들과 스웨덴의 스톡홀름에서 모임을 가지기도 했다.

1967년부터 그가 98세를 일기로 세상을 떠나기 1년 전인 1969년에 완성한 3부작의 자서전이 80여 권의 그의 책 중 최후의 것이 되었다.

3.

러셀이 학생으로 공부하던 당시의 영국 철학계는 브래들리에 의해 유포되는 헤겔 철학이 군림하고 있었다. 러셀도 처음에는 시류(時流)를 따라 헤겔 학도가 되었다. 그러나 칸트나 헤겔의 수학에 관한 이론이 잘못되었음을 발견하고, 헤겔의 철학을 떠났다. 1900년 파리에서 개최된 국제철학회에 참석했다가 이탈리아 수학자이며 논리학자인 페아노와 그의 제자들과 접촉하여, 그들의 기호논리학 연구에 크게 자극을 받아 영국에 돌아와 『수학의 원리』(1903)의 저술에 착수했다. 헤겔의 절대자의 일원론을 버리고 러셀은 실재론적 입장을 취했다.『수학의 원리』는 그런 실재론적 입장 위에서 쓰였다.

그러나 러셀은 논리적 구성론이라는 방법을 확고히 확립한 후부터 마이농 등에 의해 지지되었던 실재론적 입장을 버리게 되었다. 논리적 구성론의 방법을 적용하여 실재론적 입장으로부터 탈피하는 길을 닦은 논문이 저 유명한 「지시(指示)에 관하여」(1905)이다.

논리적 구성론이라 함은, 어떤 주어진 지식(명제)의 타당성은 그것이 보다 단순한 어떤 명백한 것으로부터 구성된 것임이 밝혀졌을 때 획득된다는 이론이다. 이러한 논리적 구성론의 방법을 수학의 구조 분석에 철저히 적용한 것이 A. 화이트헤드와 공저한『프린키피아 마테마티카』(1910)이다.『프린키피아』에서 러셀이 성취하고자 한 것은 순수수학을 논리학의 기본 틀로 서술하는 것이다. 이것은 순수수학과 논리학이 그 논리적 구조에 있어서 동일하다는 것을 의미한다.

물론 여기서 말하는 논리학은 기호논리학이다. 기호논리학은 몇 개의 논리적 연속사(連續辭)로부터 복잡한 논리적 명제를 연역적으로 구성해 낸다.

따라서 순수수학도 같은 방식으로 몇 개의 논리적 연결사로부터 연역적으로 구성될 수 있음을 러셀이『프린키피아』에서 보여주려고 하였다. 러셀의 이런 작업과 근본적으로 유사한 것을 러셀보다 좀 앞서서 독일에서 G. 프레게가 이루어놓았다. 여하튼 수학의 기초에 관한 러셀의 업적은 종래의 수학을 둘러싼 혼란과 미신적(迷信的) 신비감을 말끔히 가시게 하는 데 크게 공헌하였다.

러셀의 제자였고 20세기 분석철학의 슈퍼스타인 L. 비트겐슈타인을 비롯한 그 이후 많은 논리학자들은 수학과 논리학의 명제가 실재세계에 관해 아무것도 알려주는 바 없는 빈 명제, 즉 동어반복이라는 것을 밝혔다. 플라톤을 비롯한 많은 형이상학자들은 이성의 진리로서의 수학을 사다리로 삼아 형이상학의 고루(高樓)에 기어 올라갔다. 수학이 논리학과 마찬가지로 빈 명제라는 것이 밝혀진 이상, 수학을 사다리로 삼아 형이상학에로 접근하는 길은 막혀버린 셈이다. 물론 수학이 빈 명제라는 인식이 모든 형이상학에로의 길을 차단한 것이 아님은 말할 것도 없다.

논리적 구성론에 따라 세워진 러셀의 철학이 논리적 원자론이다. 인간 지식은 명제의 집합으로 아무리 복잡한 명제라도 그것은 궁극적으로 가장 단순한 명제, 즉 원자명제(原子命題)로 분석 환원된다는 것이 논리적 원자론의 기본 주장이다. 비트겐슈타인은 러셀의 이런 기본 주장을 받아들여 그의 전기 사상의 집약(集約)인 『논리철학논고』를 저술했다. 러셀과 비트겐슈타인 사상의 근본적 차이점은 그 원자명제가 어떤 성질의 것이냐에 있다. 러셀은 원자명제를 감각소여(感覺所與)를 지시(指示)하는 경험명제로 보는 데 반하여, 비트겐슈타인은 하나의 논리적으로 상정된 기본명제라고 본다.

논리실증주의자들은 비트겐슈타인보다 러셀의 노선에 더 가깝다. 러셀은 초기에 물심(物心) 이원론을 지지하다가 중성적(中性的) 일원론을 옹호했다. 중성적 일원론의 입장은 W. 제임스에 의해 선구적으로 변호되었다. 마음과 물질은 본질적으로 다른 두 가지의 실재가 아니라 동일한 요소로 구성되었는데, 그 차이는 요소의 배열 양식의 차이에 있다는 것이 중성적 일원론의 주장이다. 러셀의 모든 사상을 제한된 이 지면(紙面)에 요약하는 것은 불가능하다. 두드러진 몇 개의 문제에 관한 그의 입장을 여기에 간추려보았을 뿐이다.

그의 관심은 수리논리(數理論理)의 문제로부터 시작하여 온갖 철학상의 전문적 문제들, 그리고 이상적 국가와 국제정치에 관한 문제, 행복한 삶은 무엇인가, 합리적인 성(性)윤리는 무엇인가에 이르기까지 미치지 않은 곳이 없다.

실천에 관계되는 문제로서 종교에 관한 그의 비판은 많은 전통적 종교가들의 비난과 적의를 샀으며, 과학기술을 총동원한 20세기에 있어서의 전쟁이 지닌 비극적 결과를 경고하는 데 그의 목소리는 어느 때보다도 드높았다.

그는 과학적, 합리적 정신의 열렬한 옹호자이면서, 이 과학기술시대가 지닌 독소(毒素)를 제거하는 데 가장 열정적이었다. 러셀처럼 자기 자신과 역사적 현실의 비판에 있어서 용감하고 정직하기란 참으로 어려운 일에 속하는 것 같다.

지적 성실성, 이것은 러셀을 묘사하는 가장 적합한 단어일 것이다. 러셀의 자서전은 다음과 같은 문장으로 시작한다.

"세 개의 걷잡을 수 없이 강렬한 정열이 나의 삶을 지배해 왔다. 사랑에의 동경, 지식에의 탐구, 인류의 고뇌에 대한 참을 수 없는 연민의 정이 바로 그것이다." 러셀의 삶은 이 세 정열이 엮어간 하나의 멋진 드라마였다.

『성대신문』(1976년 1월 1일)

현대 분석철학의 슈퍼스타 비트겐슈타인

1951년 4월 29일 영국 케임브리지에서 현대에 있어서 가장 영향력 있는 위대한 철학자가 그의 마지막 숨결을 거두었다. 그에게 있어서 철학적 사유는 할 일 없는 한가한 시간에 수행되는 하나의 지적 유희(遊戱)는 아니었다.

젊어서는 생명을 순간마다 위협받는 전쟁터에서, 말년에는 암이라는 생의 마지막 선고를 받고 나서 죽음을 기다리는 순간들 속에서 그는 철학적 사유의 투쟁을 수행했다.

그의 전기(前期)의 철학적 저작인 『논리철학논고(論理哲學論考)』는 그가 제1차 세계대전에 참전하여 총탄의 뇌성 속에서 쓴 것이요, 그의 후기 철학의 마지막 저술인 『확실성(確實性)에 관하여』의 마지막 부분은 그가 숨을 거두기 이틀 전에 쓴 것이다.

그에게 있어서 철학적 사유는 그의 삶과 뗄 수 없는 그의 존재양식의 하나였다. 그렇다고 그는 전문적 '아카데미즘'의 편집광은 결코 아니었다. 철학교수, 그것은 하나의 '산 죽음'과 같은 어설픈 직업이라고 야유했다.

루트비히 요제프 요한 비트겐슈타인(Ludwig Josef Johan Wittgenstein)은 1889년 4월 26일 오스트리아 빈의 부호(富豪)의 집안에서 5남 3녀 중 막내로 태어났다. 그의 부친은 거대한 강철회사의 주인으로 당시 오스트리아 근대 공업의 건설자로 인정받았다. 어머니는 가톨릭 교인이었는데 비트겐슈타인은 어머니의 신앙에 따라 가톨릭교회에서 유아세례를 받았다. 그의 어머니는 예술적 재능을 가진 분이었는데, 그 아들들은 어머니로부터 예술적 재능을 물려받았다.

비트겐슈타인은 어릴 적부터 클라리넷을 잘 불었는데 장차 지휘자가되려는 꿈을 몰래 키우기도 했다. 또한 어려서 그는 정교한 기계를 잘 만들었으며 그가 만든 모형 비행기나 재봉틀은 주위 사람들을 놀라게 했다고 한다.

베를린 공과대학에서 헤르츠에게 물리학을 2년간 배운 후 영국 맨체스터 공과대학에서 항공역학을 연구했다. 여기서 특히 제트엔진 설계에 몰두했다. 이때 만든 정교한 모형은 현대 헬리콥터의 선구가 됐다.

그는 몇 개의 특허(特許)도 얻었다. 그의 관심은 기계 엔진에서 유체역학(流體力學)의 이론을 요구하는 프로펠러의 설계로 옮겨갔다. 유체역학은 전적으로 응용수학적 문제인데, 그의 관심은 이런 응용수학의 문제로부터 순수수학의 문제로, 특히 수리철학적(數理哲學的)인 수학의 기초에 관한 문제로 옮겨갔다.

1910년에 그는 당시 수리철학의 선구적 존재였던 프레게(G. Frege)와 러셀(B. Russel)을 찾아가 자기의 학문적 관심을 토로했다. 1912년 그는 러셀 밑에서 수리철학을 공부하기로 결심하고, 러셀이 가르치고 있던 케임브리지대학 트리니티 칼리지의 문을 두드렸다.

당시 케임브리지대학 철학과 교수였던 G. E. 무어는 비트겐슈타인이 천재임에 틀림없다고 러셀에게 말했다. 케임브리지대학에 입학한 후 첫 학기가 끝날 무렵 비트겐슈타인은 러셀에게 찾아가 물었다.

"내가 완전한 백치입니까, 아닙니까? 만일 백치라면 항공사가 되겠습니다. 만일 백치가 아니라면 철학자가 되겠습니다."

이 질문을 받은 러셀은 방학 동안에 철학적 문제에 관한 논문을 한 편 써오라고 했다. 개학이 되어 비트겐슈타인은 논문을 러셀에게 들고 갔다. 러셀은 논문의 첫 문장을 읽고 나서 "아니다. 너는 항공사가 되어서는 안 된다"고 소리치듯 말했다. 2년 동안 케임브리지에서 철학을 연구한 후 노르웨이의 시골에 가서 자기의 손으로 오막살이를 하나 짓고 1914년 제1차 세계대전이 터질 때까지 혼자 은거했다.

병역이 면제되어 있었으나 그는 모국(母國) 오스트리아군에 자원입대하여 제1차 세계대전에 참전했다.

1918년 8월 그는 이탈리아군의 포로가 되어 이탈리아 남부에 있는 포로수용소에 갇혀 있다가 1년 후 석방되어 오스트리아로 돌아왔다. 그가 포로가 되었을 때 그의 배낭 속에는 『논리철학논고』가 들어 있었다. 이 책은 후일 빈학단(學團)에 의해 제창된 논리실증주의(論理實證主義) 형성에 크나큰 영향을 미친 현대 분석철학의 고전(古典)이 되었다.

1912년, 그러니까 그가 케임브리지에서 공부하고 있었을 때 그의 부친이 세상을 떠났다. 부친의 별세로 그에게는 유산으로 물려받은 많은 재산이 생겼다. 그가 전쟁포로에서 풀려나 집으로 돌아와서 처음 착수한 일은 그의 많은 재산을 전부 처분하는 일이었다. 그는 이미 전쟁 전에도 문예(文藝) 애호심(愛護心)에서 트라클(G. Trakl), 릴케(R. M. Rilke) 등에게 익명으로 돈을 희사한 바 있다.

가진 재산을 다 처분한 후 그는 평생 독신으로 지극히 단순하고 검약한 생활을 했다. 그의 옷차림은 극히 소박하여 넥타이나 모자를 쓴 그의 모습은 도저히 상상조차 할 수 없었다. 그의 가구란 고작해야 침대 하나, 책상 하나, 그리고 몇 개의 딱딱한 나무의자가 그 전부였다. 어떠한 종류의 장식이든 그의 생활 주변에서 배제되었다.

비트겐슈타인에 있어서『논리철학논고』의 완성은 모든 철학적 고뇌의 종식을 의미하는 것이었다. 『논고(論考)』는 적어도 그에게 있어서는 2,500여 년에 걸친 서양의 철학적 난문(難問)의 미로(迷路) 행각의 종착점이었다. 이제 더 골치를 썩여야 할 남은 철학적 문제란 그에게 없었다. 이제 그에게 남은 것은 그저 단순하게 사는 것뿐이었다. 초등학교 선생의 길을 택했다. 그는 그것이 그가 원하는 단순한 생활을 제공해 주리라 믿었다. 그러나 6년 동안 오스트리아의 시골 이곳저곳으로 옮겨가며 초등학교 선생을 했으나, 그 삶이 결코 단순한 것이 아님을 깨닫고 그만두고 말았다. 그 다음 그가 택한 것은 근육을 움직여 사는 길이었다. 그는 어떤 수도원 정원사 조수가 됐다.

그가 훗날 케임브리지대학에서 그의 철학 강의를 듣는 학생들에게 손발을 부려먹는 직업을 택하라고 권고한 말은 그저 입술 언저리에서 튀어나온 빈말이 아님은 여기서 분명해진다.

정원사 조수 노릇을 하는 동안 그는 수도사가 될 생각을 여러 번 했다. 이런 생각은 그 후에도 몇 번이나 그를 사로잡았다. 그러나 끝내 그 생각은 실천되지 않았다.

그는 정원사 조수에서 다시 건축설계사로 전환했다. 빈에 살고 있는 자기 누나의 저택을 2년 동안에 걸쳐 설계했다. 이 기간 동안 그는 친구의 스튜디오에서 조각도 했다.

이렇게 건축과 조각에 자기의 재능과 시간을 바치고 있던 이 시기에 그는 당시 빈대학 교수인 M. 슐리크를 만나게 된다. 슐리크는 비트겐슈타인이 전쟁터와 포로수용소에서 쓴『논리철학논고』를 읽고 깊이 고무되어 그 저자를 찾아왔던 것이다. 두 사람은 가끔 만나『논고』의 철학적 사상을 논의했다. 슐리크는 가끔 후일 논리실증주의의 거성(巨星)들이 된 와이즈만과 카르납을 데리고 비트겐슈타인과의 모임에 나타나곤 했다. 이들은 비트겐슈타인과의 접촉을 통해 논리실증주의의 뼈대가 되는 사상을 암시받았다. 슐리크는 논리실증주의를 제창한 빈학단의 영도자(領導者)였다.

1929년 초 드디어 그는 케임브리지를 다시 찾아갔다. 그는 그의 저서 『논고』 속에서 모든 철학적 문제로 더 이상 골치를 썩여야 할 근거가 없다는 것을 이론적으로 말끔히 밝혀놓았다고 믿었다. 그리고 그는 철학을 떠났다. 그러나 『논고』의 완성과 함께 완결되었다고 믿었던 문제들이 이제 다시 새로운 빛 아래서 재검토되기 시작했다. 그것은 그에게 철학의 새로운 수업을 의미하는 것이었다. 그는 케임브리지대학에 연구생으로 등록했다.

그러나 얼마 되지 않아 연구생이라는 신분이 그에게 어울리지 않는다는 생각이 교수들에게 들게 되었다. 그것은 40세라는 그의 연륜 때문이라기보다는 8년 전에 출판되어 이미 커다란 철학적 관심의 대상이 된 『논고』에 의해 성취된 그의 학문적 높이 때문이었다.

전쟁 전에 그가 등록했던 것이 학위 취득에 필요한 학점으로 인정되고 『논고』가 박사학위 논문으로 받아들여져, 어울리지 않는 그의 제2의 학생생활에 종지부가 찍혔다. 그 다음 해 그는 케임브리지대학 트리니티 칼리지의 대학 평의원에 임명되었다.

비트겐슈타인은 케임브리지로 돌아오자 곧 자기의 철학적 사색의 결과를 적어놓기 시작했다. 1929년에서 1932년 사이에 산출된 사상은 그의 사후(死後)에 『철학적 고찰(*Philosophische Bemerkungr*)』(1964)이라는 제목이 붙어 출판되었다. 『논고』 이외에 비트겐슈타인 자신이 출간한 철학적 작품은 「논리적 형식에 관한 고찰」이라는 논문뿐이다.

1930년 이래 그는 도중에 약간을 빼고는 계속 케임브리지에서 강의했다. 1933-35년 사이의 강의 내용이 『청갈색본(*The Blue and Brown Books*)』이라는 이름으로 그의 사후(死後) 1958년에 출판되었다.

그 속에 나타난 그의 사상은 분명히 『논고』 속에서 그가 주장했던 철학적 논점들과 전적으로 다른 종류의 것이다. 말하자면 우리가 그의 후기 철학이라고 부르는 그의 새로운 사상의 분명한 자태가 여기서 드러나기 시작한다.

1936년 그는 전에 노르웨이에 지어놓은 오막살이로 가서 약 1년 동안 그의 후기 철학의 대표작인『철학적 탐구(*Philosophische Untersuchunger*)』의 집필에 몰두했다.

1939년 드디어 그는 무어의 후임으로 임명되어 명실상부한 케임브리지대학의 철학의 영도자가 되었다. 그의 강의는 특유했다. 강의 장소는 그의 연구실이나 친구의 방이었고 청중은 몇 년 계속 듣는 사람에 한했으며 시간은 엄수되어야 했다. 그리고 강의는 아무 노트도 원고도 없이 진행되었다.

그의 강의는 강의실에서 집중된 사고를 통해 창조되고 발전되는 그야말로 진리의 산실(産室)이었다. 강의하는 동안 그의 표정은 집중의 화신(化身)과 같았다.

제2차 세계대전이 일어나자 그는 다시 대학을 떠났다. 그는 이제 총을 메고 뛰기에는 힘들 정도의 나이가 되었다. 그는 처음에는 런던의 한 병원에서 짐꾼으로 일하다가 나중에 병원을 옮겨 실험실에서 일했다.

전쟁이 끝나자 대학으로 돌아왔다. 그러나 대학교수로서의 생활은 그에게 고통스러웠다. 그는 당시 케임브리지대학이 지닌 아카데미즘 속에 도사린 허세를 역겨워했다.

1947년 드디어 그의 사표가 수리되었다. 그는 케임브리지를 떠나 아일랜드의 농촌과 해안가를 찾았다. 거기서 혼자 은거하면서『철학적 탐구』의 제2부를 완성했다.

1942년 그는 그의 가장 가까운 제자이며 그의 철학의 대표적 계승자인 코넬대학의 말콤(N. Malcolm)의 초청을 받아 미국을 다녀온 후 암에 걸렸다는 의사의 진단을 받고 2년쯤 죽음과의 대결 속에서 철학적 사색을 하다가 62세의 길지 않은 삶을 끝냈다.

그가 의식을 잃기 전 의사가 앞으로 2-3일밖에 더 못 살 것이라고 하자 그는 이렇게 외치듯 말했다.

"좋습니다. 내가 멋있는 삶을 살았다고 나의 친구들에게 전해 주십시오."

『일요신문』(1962년 11월 15일)

현대 서양철학의 행방: 분석철학을 중심으로

1. 분석의 시대

화이트(Morton White)는 현대를 가리켜 '분석의 시대'라고 했다. 분석이 현대인의 사고방식의 특징이라고 생각해서 그렇게 말했는지도 모른다. 실존철학과 분석철학은 그러한 분석의 시대인 20세기의 대표적인 두 사조(思潮)이다. 제2차 세계대전을 전후하여 독일과 프랑스를 중심으로 기세를 올렸던 실존사상은 이제 퇴조기(退潮期)에 접어든 모양이다.

반면에 분석철학의 조류는 지금 미국과 영국을 비롯한 영어를 국어로 사용하는 나라들과 북구(北歐) 여러 나라의 철학계의 중심 세력을 형성하고 있다.

이러한 현대의 분석적 사상의 계보(系譜)는 영국의 버트런드 러셀과 G. E. 무어에서 비롯한다. 그 뒤를 이어 L. 비트겐슈타인이 하나의 혜성처럼 나타났다. 그는 현대 분석철학의 커다란 두 흐름이라 할 수 있는 논리실증주의(論理實證主義)와 일상언어학파(日常言語學派)의 형성에 결정적인 영향을 준 원천적 존재였다. 철학적 작업은 '언어의 명료화'라는 논리적 분석의 성격을 가질 때에만 그 지적 작업의 정당성을 가질 수 있다고 비트겐슈타인은 주장했다. 분석철학은 철학의 성질에 관한 이러한 비트겐슈타인의 선언 위에 기초하고 있다.

논리실증주의 계열에 속하는 철학자들은 과학언어의 분석에 치중한 데 반하여, 일상언어학파 계열에 속하는 철학자들은 일상언어 분석의 중요성을 강조했다. 그러나 이 두 계열에 속하는 분석가들은 다음과 같은 점에서 의견을 같이한다. 철학은 인간을 포함한 세계 안에 존재하는 어떤 대상이든지 그것을 직접 연구의 대상으로 삼지 않고, 다만 그러한 대상들을 설명하는 과학의 언어나 일상언어를 논리적으로 분석하는 작업이라는 것이다.

철학의 성격에 관한 이러한 분석가들의 견해는 종전의 철학의 개념과는 상당한 거리가 있는 것 같다. 그렇다고 종래의 철학이론들이 철학 자체의 성격에 관해 물론 일치된 견해를 가졌던 것도 아니다. 철학사는 그야말로 철학 자체에 대한 다양한 자기규정의 전시장과 같이 느껴진다. 우리는 철학사의 문맥(文脈) 속에서만 철학에 대한 다양한 자기규정의 참된 의미를 깨달을 수 있다. 이러한 역사적 연관을 떠나서 철학의 정체를 붙들려고 할 때 우리는 당황하게 된다. 그것은 마치 안개의 정체를 붙들려는 것과 같다. 멀리서 볼 때는 형태를 잡을 수 있는 듯하다가도 가까이 다가서면 흩어지고 마는 그런 당혹감 말이다.

현대 분석가들의 철학의 성격에 관한 주장의 의의를 분명히 깨닫기 위해서 우리는 서양철학사의 전개과정을 살필 필요가 있다. 우리가 철학이라고 부르는 서양의 학문은 'Philosophia'라는 그리스어에 근원을 두고 있음은 주지의 사실이다. 'Philosophia'라는 말이 처음 탄생되었던 고대 그리스 시대에는 물론 오늘날 우리가 보는 바와 같은 학문의 분화(分化)는 없었다. 이때 'Philosophia'라는 말은 오늘날 우리가 순수학문이라고 부르는 것에 해당되는 것을 가리키는 말이었다고 볼 수 있다.

순수학문은 구체적인 이용가치를 미리 염두에 두고 시작된다기보다는 지혜를 사랑하는 순수한 지적 동기에 근거하고 있다고 볼 때, '지혜를 사랑함'이라는 'Philosophia'의 어원은 순수학문과 통하는 것이다.

2. 문제의 변천

사실상 서양에서 Philosophia를 하는 철학자는 모든 이론적인 문제를 주무르다시피 했다. 따라서 철학은 존재하는 모든 것에 관해 탐구하는 학문처럼 생각되었다. 이러한 철학의 지적 왕국은 학문의 분과화(分科化)와 더불어 변모되기 시작했다. 뉴턴이 물리학의 체계를 세운 것이 현대적 의미의 학문 분화의 본격적인 시작이라고 볼 수 있다. 그러나 뉴턴은 자기의 물리학 책을 『자연철학의 수학적 원리』라고 불렀다.

우리는 여기서 오늘 우리가 물리학이라고 부르는 것도 당시 사람들에겐 하나의 (자연에 관한) 철학이론이라고 여겨졌던 사정의 한 단면을 엿볼 수 있다.

철학이라는 대가족 속에 동거(同居)하던 지적 탐구는 물리학을 필두로 서서히 분가(分家)하기 시작했다. 이러한 학문의 분과화는 19세기에서 20세기에 이르는 사이에 급속히 촉진되었다. 이렇게 학문이 분과화됨에 따라, 종래 인간과 우주를 통째로 탐구하는 것으로 자처하던 철학은 새로운 자기규정이 불가피하게 요구되었다. 칸트는 뉴턴 물리학의 분가 후 철학의 개념 위기(identity crisis)를 가장 날카롭게 의식했던 철학자였다.

그리하여 그는 우리의 감관을 통해 파악되는 대상세계의 성질과 구조를 밝히는 것은 자연과학이요, 철학은 그러한 과학적 지식의 가능 근거를 분석, 검토하는 비판 작업이라고 보았다. 과학이 자연세계를 설명하고자 하는 하나의 이론이라면, 철학은 그러한 이론에 대한 이론이므로, 오늘의 용어로 말하면 메타이론(Metatheory)이라고 파악된 셈이다. 칸트는 이러한 메타이론적 작업을 선험적(先驗的)이란 말로 특정지었다. 칸트는 철학의 과제로서 이러한 메타이론적 작업 이외에도 도덕과 종교의 근거를 정립시키는 작업을 이야기했다. 그러나 그러한 후자에 속하는 작업도 전자에 속하는 작업을 토대로 해서만 달성될 수 있다고 칸트는 믿었다.

칸트 이후의 서양철학사가 칸트가 구획해 놓은 문제의 영역을 엄격히 준수한 것은 아니었다. 그 이후 철학은 기독교 신학과 밀착된 거대한 형이상학적 체계로 나타나기도 했고(헤겔), 자연과학에 대립되는 정신과학의 위치에 자기 자신을 정립시키려 하기도 했다(신칸트학파, 딜타이 등). 그러나 철학이 인간존재를 그 대상으로 삼는 정신과학이라는 견해는 심리학의 분과화와 더불어 크게 위협을 받게 되었다. 그리하여 심리학적 대상이 아닌 인간의 정신적 영역을 확보하지 않으면 안 되었다. 후설의 현상학은 그러한 지적 투쟁의 한 형태로서 이해될 수 있다.

물리학의 출현은 철학이 우주에 관한 근본원리를 탐구하는 학문이라는 주장을 특별한 단서를 붙이지 않고서는 할 수 없게 만들었고, 분과 학문으로서의 심리학의 출현은 철학이 정신적 존재로서의 인간에 관한 탐구의 학문이라는 주장을 '마구' 할 수 없게 만들었다. 여기에 철학은 보다 세심한 구별과 단서를 붙여 자기의 정체를 규정하지 않으면 안 되었다.

3. 메타이론의 등장

우리는 이러한 철학의 역사적 전개과정의 배경 속에 분석철학의 기본 입장을 고찰할 때만 그 참된 의의를 분명히 파악할 수 있다. 이제 각개의 분과 학문들은 존재하는 갖가지 대상을 여러 영역으로 나누어 그 성질과 구조를 설명하려고 한다. 물론 인간도 그러한 분과 학문의 연구 대상 속에 포함된다. 그렇다면 여기에 하나의 문제가 제기된다.

철학은 도대체 무엇을 그 연구 대상으로 삼는 지적 탐구인가? 더구나 철학자는 자기 이론의 진위(眞僞)를 가리기 위해서 다른 분과 학문에서와 같은 실험이나 수집된 자료와의 대조 등과 같은 '검증'의 절차를 밟지도 않는다. 그러한 검증을 철학자가 구태여 안 하는 것은 그에게 무슨 지적 특권이나 탁월성이 주어졌기 때문일까?

어쩌면 이러한 물음의 제기는 모든 분과 학문의 눈부신 활동상을 눈앞에 보는 현대인에겐 너무나 자연스러운 것 같다. 이러한 물음에 대하여 분석철학은 다음과 같이 응답한다. 철학은 인간을 포함한 모든 존재하는 현상들을 직접(일차적으로) 탐구하는 것이 아니라, 그러한 현상을 탐구하는 이론(언어로 표현되는 명제)에 대해 분석, 검증함으로써 간접적으로(이차적으로) 존재세계의 모습을 규명하고자 한다. 그리고 철학이 사용하는 방법은 실증적이 아니라 논리적 분석이다. 왜냐하면 그 연구 대상이 경험적 실재가 아니라, 그 실재에 관한 이론(언어 속에 표현된 명제의 체계)이기 때문이다.

말을 바꾸면 하나의 논리적 체계가 바로 학문의 이론이기 때문에, 철학의 탐구 대상은 논리적인 것이며, 따라서 그것을 연구하는 방법은 논리적인 분석이다. 따라서 철학적 작업은 전적으로 '메타이론적'이라는 특색을 지닌다.

분석가들은 이러한 특색을 지니지 않은 모든 지적 작업을 철학의 영역에서 배제한다. 따라서 그들은 사실에 관한 명제들을 체계화하는 작업(개별 학문)을 철학의 고유 영역으로부터 분리시킬 뿐 아니라, 가치규범을 설정하는 규범윤리학 같은 것도 철학의 고유한 영역으로부터 분리하려고 하였다.

따라서 그들은 그러한 규범윤리학적 진술에 대한 논리적 분석을 일삼는 메타윤리학적 문제만을 철학의 고유한 영역 속에 포함시켰다. 그러나 이런 극단의 입장은 차츰 완화되어 규범윤리학의 문제도 분석철학자들의 철학적 작업의 대상으로 삼는 경향이 점점 늘어가게 되었다. 그러므로 분석철학자들이 다루는 철학적 문제는 크게 두 가지 유형으로 나누어진다.

첫째는 논리적 분석, 즉 메타이론적인 것이요, 둘째는 가치규범적인 것이다. 첫째 유형에 속하는 철학적 문제들을 열거하면, 논리철학, 수학철학, 자연과학의 철학, 사회과학의 철학, 역사학의 철학, 정치이론 혹은 정치학의 철학, 심리학의 철학 등이 있다. 둘째 유형에 속하는 것으로는 규범윤리학, 사회윤리학, 사회철학, 정치철학 등을 들 수 있다.

여기서 유의해야 할 점은 첫째 유형에 속하는 사회과학의 철학과 둘째 유형에 속하는 사회철학의 구별, 그리고 첫째 유형에 속하는 정치이론 혹은 정치학의 철학과 둘째 유형에 속하는 정치철학의 구별이다. 첫째 범주에 속하는 것들은 각각 사회과학과 정치학의 이론체계와 기본 개념에 대한 논리적 분석이요, 둘째 범주에 속하는 것들은 각각 바람직한 사회제도, 정치제도가 무엇이냐에 관한 가치판단을 포함하는 규범적 명제를 제시하는 작업이다.

분석철학에 있어서는 전통적 철학의 형이상학적 문제 중 일부는 언어에 대한 논리적 오류에 근거한 사이비 문제로 진단되어 제거되고, 일부는 위의 두 유형에 속하는 문제로 파악된다.

4. 철학과 인간

우리는 이러한 분석철학의 움직임과는 달리 '인간'을 철학적 탐구의 중심 테마로 삼아야 한다는 주장이 요즘 독일에서 철학적 인간학, 사회철학이라는 이름 아래 제창되고 있음을 본다. 사실 인간존재는 고대 그리스에서부터 시작한 서양철학의 영구한 테마였다. 그러나 오늘에 있어

서 철학이 인간존재를 그 탐구의 테마로 삼으려 할 때 다음과 같은 방법
적 문제에 봉착하게 된다.

　엄밀한 의미에서 인간존재의 해명과 무관한 학문은 없다. 심리학, 사
회학, 인류학 등은 말할 것도 없이 인간의 심리적 현상, 사회적 연관 속
에서의 인간존재의 모습을 밝혀내려고 한다. 정치학, 경제학도 인간 활
동이 포함하고 있는 정치적, 경제적 문제와 결부되어 있다. 화학, 생물
학도 인간의 생리적 국면과 결부되어 있으며, 심지어 물리학까지도 인
간의 육체적 동작, 나아가 인간의 생명현상의 해명과 무관하지 않다. 이
렇게 모든 이론적인 개별 학문이 인간존재 해명과 결코 무관한 것이 아
니라면, 인간에 대한 철학적 접근은 어떤 형태의 것일 수 있는가?

　우리는 세 가지 가능성을 생각해 볼 수 있다. 첫째, 현재의 개별 학문
에서 다루지 않는 인간의 문제를 다루는 경우, 둘째, 인간존재 해명을 주
목표로 삼는 개별 학문들의 이론적 장치(기본전제, 기본 개념, 방법 등)
를 논리적으로 분석, 검토하여 그러한 이론 장치에 의해 파악될 수 있는
인간존재의 성격을 간접적으로 파악하는 경우, 셋째, 인간존재에 관한
연구와 결부된 개별 학문의 연구 성과를 종합하여 인간에 관한 전체적인
모습을 그리는 경우이다.

　첫째 경우에 해당되는 작업이 가치규범적인 문제라 할 수 있고, 둘째
경우에 해당되는 것이 메타이론적 작업이라 할 수 있다. 따라서 분석철
학에서는 이러한 측면에서 '인간'을 철학의 테마로 삼고 있다고 볼 수
있다. 분석철학에서는 셋째 경우에 해당되는 접근은 본격적으로 수행되
지 않고 있다. (과학의 성과를 검토하는 일은 과학사를 전공하는 철학자
나 과학사가(科學史家)에 의해 이루어지고 있지만.) 여기서 우리는 독일
에서 철학적 인간학이나 사회철학의 이름으로 인간존재를 철학적 탐구
의 테마로 삼으려 할 때 위의 세 접근방법 중 어떤 길을 택하려는 것인지
분명치 않다.

세 가지 접근방법은 분명히 구별되어야 한다. 그렇다고 세 가지 방법이 서로 배타적인 관계에 있다는 것을 의미하려는 것은 아니다. 세 가지는 분명히 구별되어야 하며, 오히려 그 구별을 통해서 그것들은 인간존재의 해명을 상호보완적으로 수행해 나갈 수 있을 것이다.

현대에 있어서 철학이 인간을 그 탐구의 주제로 삼으려 할 때, 제 개별 학문의 성과나 방법과 무관하게 성취할 수 있다고 믿는다면, 그것은 하나의 지적 환상에 지나지 않을 것이다. 그렇다고 제 학문의 방법과 성과를 무조건 받아들여, 단순한 분석이나 종합을 일삼는 과학의 시녀(侍女) 역할을 철학이 수행해야 한다는 이야기는 결코 아니다.

철학은 철저한 비판을 그 기본정신으로 삼는다. 따라서 제 학문의 개념적 장치와 그 성과를 분석, 종합하려는 것은 어디까지나 비판을 밑바탕으로 하여 인간의 그 자신과 세계에 대한 인식을 보다 편견 없는 차원으로 끌어올리려는 데 철학함의 사명이 있다. 현대의 제 학문은 논리와 실증을 두 축(軸)으로 하는 합리성 위에 기초해 있다. 그러나 그러한 합리성의 극대화가 곧바로 인간존재 그 자신의 향상의 극대화로 연결되지 않는다는 통찰이 오늘을 사는 우리에게 더욱 짙어가고 있는 듯하다.

여기서 우리는 커다란 두 가지의 문제를 발견한다. 첫째는 그러한 합리성을 토대로 한 제 학문의 개념적 장치로 인간 자신의 모습이 제대로 밝혀질 수 있는가 하는 것이고, 둘째는 그러한 합리성을 최고의 법정(法廷)으로 삼는 과학의 진보와, 그러한 과학(학문)을 토대로 한 문명과 문화가 문명의 주인공인 인간 자신에게 어떤 의미를 가지고 있는가 하는 것이다. 이러한 커다란 두 물음에 대한 대답을 위하여 오늘을 사는 누구보다도 철학자가 그 지적 관심을 집중시켜야 한다고 느낀다.

『독서신문』(1975년 4월 27일)

이명현

계간 『철학과 현실』 발행인
심경문화재단 이사장
서울대학교 인문대학 철학과 명예교수
2008년 세계철학자대회 조직위원회 위원장
제37대 교육부장관
미국 하버드대학교 철학과 Visiting Scholar
서울대학교 인문대학 철학과 교수
독일 트리어대학교 연구교수(Humboldt재단 fellow)
서울대학교 철학과 학사 · 석사
미국 브라운대학교 철학과 박사(Ph.D)
청조근정훈장 수상
저서 : 『이성과 언어』, 『신문법 서설』, 『열린마음 열린세상』, 『길이 아닌 것이 길
이다』, 『보통사람을 위한 철학』 등
역서 : 『열린사회와 그 적들』 등

새 문명 새 철학

1판 1쇄 인쇄	2019년 3월 5일
1판 1쇄 발행	2019년 3월 10일

지은이	이 명 현
발행인	전 춘 호
발행처	철학과현실사

출판등록　1987년 12월 15일 제300-1987-36호
　　　　　서울특별시 종로구 동숭동 1-45
　　　　　전화번호 579-5908
　　　　　팩시밀리 572-2830

　　　　　ISBN 978-89-7775-815-5 93110
　　　　　값 18,000원